JN140417

SHOW THEM JESUS

見せよう イエスさまを

福音に生きる子どもたちを育む

著者　ジャック・クランペンハウワー
訳者　楠 望

謝辞

この本の執筆は、私の妻であるジョディーの助けなしには成しえませんでした。私が本書を出版することの意義を見失いそうになった時も、妻は私を励まし続けてくれました。New Growth Pressのチーム、Sergeのスタッフ、特にボブ・オズボーンもまた、私が行き詰まった時に、このプロジェクトを推し進める力となってくださいました。彼らが私を信じ、いつも助けてくれたことに心からの感謝を申し上げたいと思います。

ここに、私の牧師として長年の間、仕えてくださった方々の名前を挙げないわけにはいきません。特に、クライド・ゴッドウィン牧師、リック・ドーン牧師、ハンター・ドッカリー牧師、ジェフ・ドベシュ牧師、そして私の父であるゲイリー・クランペンハウワー牧師です。彼らの語る福音の説教は、毎週私のたましいを養い、救い主に思いを向けるよう私の心を訓練してくれました。私にイエスを見せてくれた彼らの誠実は、数え切れないほど、本書の一頁一頁に刻みこまれています。

序章　選ばれた七十二人

　私が通っていた教会は、問題を抱えていました。多くの家族は教会に魅力を感じていて、子どもを持つ親たちは、積極的に子どもたちを教会学校や平日のユースの集まりなどに連れて来ていました。もちろん良いことです。問題は、これだけの子どもたちを教える奉仕者が常に不足していたことでした。私はすでに教師として仕えていたので、この問題の解決のために呼ばれました。

　私たちは、あらゆる手を尽くしました。年度末、気が重くなるような教師募集の季節が訪れるたびに、牧師が講壇から呼びかけました。週報にチラシも挟みました。教会の友人たちに、教師をしてみないかと個人的にお願いしました。志願者が出てくるのを懇願しました。しかし、誰からも「忙しすぎる」「教えるのは得意じゃない」という返事ばかりが戻ってきました。

　そこで、私たちは教える作業を簡単にしてみました。教会のスタッフがすべての教材を準備します。ゲームや工作を交えた、ガイドライン付きの分かりやすいレッスンが毎週用意され、先生はただその場に来るだけでOKというかたちです。さらに、私たちは教師のための祈禱会を毎週開いていましたが、それもあくまで自由参加だということを強調しました。

　すると、教師不足はさらに悪化したのです。皆さんは、私たちの問題点にもうお気付きかもしれませんが、私はなおも頭を抱えたままでした。しかしあるとき、一人の男性に教師にならないかと説得していた際、私はハッとしたのです。そのときに私が口走った、とんでもなく侮辱的な言葉を今も覚えています。私は彼に、こう言ったのです。「簡単なんだよ。準備はぜんぶこちらでやってあるから。君にぴったりの奉仕だと思うんだ。」

もしかしたら、どんな馬鹿にもできる仕事だ、などという酷いことも言っていたかもしれません。この男性こそがその馬鹿だと言わんばかりです。彼が妙な顔つきをしたので、私はそこで初めて、自分がいかに愚かだったかということに気付きました。うっかりしていたにもほどがあります。教師たちがサポートを必要としているとはいえ、そんなに簡単ならきっと重要でもなんでもないはずの仕事に、一分でも時間を割きたいと思うでしょうか。そして私は、自分はイエスのために何時間も費やしてレッスンに取り組み、全身全霊ささげているのに、他の人はそうではないと、天狗になっていたのです。もうこのような過ちは二度と犯したくありません。

つまり、そういうことなのです。世の中には、教会学校での教え方を簡単にするための良書が多くありますが、この本は、その類ではありません。

イエスとの仕事

ルカの福音書には、イエスもまた、教師不足と同じような問題に直面した話が記されています。イエスは神の国を宣べ伝えるための働き手を探しておられました。何人かが自分たちの条件で手伝いを申し出ましたが、イエスはそれを断りました。そして、その働きに何が伴うか、何を犠牲にしなければならないかについて語られました。それから、イエスは別に七十二人を指名し、その働きのために遣わされました。「収穫は多いが、働き手が少ない。だから、収穫の主に、ご自分の収穫のために働き手を送ってくださるように祈りなさい。さあ、行きなさい。いいですか。わたしがあなたがたを遣わすのは、狼の中に子羊を送り出すようなものです。財布も袋も持たず、履き物もはかずに行きなさい。道でだれにもあいさつしてはいけません」（ルカ10・2～4）。

その後、何が起こったかは、福音書に記されているとおりです。「さて、七十二人が喜んで帰って来て言った。『主よ。あなたの御名を用いると、悪霊どもでさえ私たちに服従します。』イエスは彼らに言われた。『サタンが稲妻のように天から落ちるのを、わたしは見ました。確かにわたしはあなたがたに、蛇やサソリを踏みつけ、敵のあらゆる力に打ち勝つ権威を授けました。ですから、あなたがたに害を加えるものは何一つありません。しかし、霊どもがあなたがたに服従することを喜ぶのではなく、あなたがたの名が天に書き記されていることを喜びなさい』」（同10・17～20）。

イエスは、神の国を宣べ伝える働きは危険なことだと言っておられます。これは勇気のいる働きです。熱心に祈ることも求められます。この働きには、賜物より信仰が求められ、神が備えてくださるもの以外は何も要りません。超自然的な武具を用いる、高難度の霊的な戦いです。これほどハイレベルな戦いに自ら挑む人は、誰でもこの働きに必要とされています。そのような冒険者は、類（たぐい）稀（まれ）な力と、謙虚さと、目を見開くような喜びとが、すべて合わさったような収穫を得るでしょう。

なんと魅力的な働きでしょうか。私が一生懸命押し売りしていた軟弱な教会学校とは、雲泥の差です。

熱心な教師たち（教会の教師たちだけでなく、家庭でイエスのことを教える両親たちも含め）がこの働きを続けるのは、ここで語られているイエスの言葉ゆえなのだと、彼らと話す中で私はようやく悟りました。彼らは神のために、そして子どもたちのために、本当の意味での変化を起こしたいと願っているのです。もちろん、それが大変な仕事だと分かっています。イエスが語られたように、サタンが反撃してくることも分かっています。それでもかまいません。彼らは、神に召されているという実感があります。彼らは、イエスの福音の素晴らしさすべてを、語らずにはいられないのです。その働きにどのような犠牲を払おうとも。

この仕事を常にうまくこなすことができる人など、一人もいません。私たちは忙しかったり、疲れたり、いい加減になったりします。そこそこの期待に応えれば十分だと、妥協してしまいます。しかし、このように常に目を覚ましていることができない中でも、私たちは、あの七十二人のようになることを夢見ているのです。ですから、私たちは与えられた召しにふさわしく生きることができるように、互いを励まし合う必要があります。

それが、この本の目的です。

子どもたちがあなたを心底必要とするわけ

この本の最重要ポイントは、私たちは福音を教える働きに召されているということ――福音とは、イエスというお方に関することとすべて、そしてイエスがご自身と結ばれている人々を救うために、その生涯、死、復活を通してなされたみわざすべて――、そして子どもたちとの働きの中で、その福音を宝物とすることです。パッケージ化されたレッスンや家庭礼拝のガイドブックなどは、そのほとんどがこの基準に達していません。ですから、あなたは自ら、意識的に努力をしてレッスンを作る必要があります。しかしその努力は、あなたの教える子どもたちへの意義深い働きかけとなって報われるでしょう。

今日、教会やクリスチャンホームで育ちながら、一度もイエスの福音に心をとらわれたことがないという子どもの数は、恐ろしいほど大きな数に膨れ上がっています。小学生、中高生の頃はクリスチャンであるように見えても、大学生になったり働き始めたりすると、やめてしまうのです。彼らは教会をやめてしまいます。そして、イエスに献身しようという思いも断たれてしまいます。

実際、このような子どもたちには、やめてしまうだけの理由があるのです。振り返ってみると、クリスチャンとしての振る舞い方や、教会らしい経験は確かに多く学んできたでしょう。しかしイエスについて学んだことで、子どもたちが決定的に変えられることはありませんでした。イエスが彼らの唯一の、最も強力な希望となり、彼らの最大の愛をささげる対象となるほどに、イエスを衝撃的な存在として見たことがありません。彼らは、イエスが他の何よりも何億倍もすぐれた方であると、一度も確信を得たことがないのです。

私たちの目標は、子どもたちがイエスこそ「世界を揺るがす」ほどのお方であると見いだすことでなければなりません。こんなものは、ただの絵空事でしょうか？　とんでもありません。私たちには、キリストの内にある神の愛のメッセージがあるのです。祈りもあり、聖霊も与えられているのです。さらに私たちは、この超自然的な戦いに勝つための武具も手に入れているではありませんか。これを知ったうえで、私たちは、機会が訪れるたびに、イエスは間違いなく何よりもすぐれた方であると、信仰をもって子どもたちに見せ続けなければなりません。そして私たちもまた、そのことを自分自身で信じなければなりません。そうすれば、私たちの人生は、罪人を変えるイエスの力を子どもたちに証しするものとなるのです。

確かに、大変な働きと言えるでしょう。しかし、この働きは「どれだけ成功したか」ではなく、「あなたがたの名が天に書き記されている」という福音を土台とするものですから、重荷にはなりません。世界を揺るがす働きでありながら、プレッシャーはないのです。

実際には、この働きはどのように行われるのでしょうか？　一つ例を挙げてみましょう。

怖いレッスン

数年前、大人数の小学生クラスで、ヨシュア記を教えていた時のことです。神が民たちをヨルダン川に導き、エリコの城壁を打ち壊してくださったことを教えました。しかし私が使っていたカリキュラムは、その次の一章を飛ばしていたのです。それは、アカンの物語でした。

アカンはイスラエルの兵士でした。彼は、神からの直接の命令を無視して、エリコでの略奪品の一部を自分のものにしました。彼の罪は、その後の戦いで神がイスラエルの民を敗走させた時に明らかになりました。誰の罪のせいで戦いに負けたのかを明らかにするため、神は恐ろしい手段を取られました。それは、初めにくじで部族を選び、次に氏族を選び、そして罪を犯した家族を選ぶというものでした。それによって有罪とされた家族が一人ずつ前に進み出た結果、神はアカンを選ばれました。そこで民はアカンを石打ちにし、彼の妻、子どもたち、家畜にも石を投げました。そして彼らを火で焼き、真っ黒に焦げた死体の上に石を積み上げたのです。そこまで成し遂げて、ようやく神は怒りを収められました。

ここまで説明すれば、なぜこの物語が飛ばされていたのかは容易に予測できるでしょう。さて、どうしたものでしょうか？　私は聖書の「いいとこどり」はしたくありません。しかし、そのクラスの子どもたちは比較的幼い年齢でした。レッスンが怖すぎるものであっては良くないとも思いました。最終的に私は、もしイエスの福音をテーマにすることを前提とするなら、アカンについて教えることができるはずだと決断したのです。

その日、私についてくれた奉仕者の一人は、クラスにいる生徒の母親でした。クラスが始まる直前にレッスンの内容について尋ねられたので、私が説明すると、彼女は動揺した様子でした。娘は怖い夢にうなされているの、とその母親は話しました。緊迫感のある物語などが引き金となるそうです。私は胃がキリキリと痛むような気持ちになりました。まったく、こんなレッスンを小さな子どもたちに教えられるわけがない、なんて愚かなことを考えたのだろうか、と思いました。しかし変更する時間もなかったので、私は結局アカンについて教えたのです。死んだ兵士たち、選ばれるまでのプロセス、石打ち、火あぶり。何もかも醜い場面ばかりです。

　私が教えていると、心配していた母親はさらに不安そうな顔をしました。子どもたちの中にも同じような表情が見えます。彼らは特に、他の兵士たちや、家族、動物たちまでもが殺されたことに嫌悪感を抱いているようでした。どうしてそんな仕打ちを受けなければならなかったの？　とても良い質問だったので、床に座って話していた私の周りに子どもたちを集めて、話をしました。

「そのとおり、たくさんの人が殺されたよね。」私は子どもたちに言いました。「だけど、それこそ、この物語から私たちが学ぶべきポイントなんだ。」私は彼らに、この出来事について聖書自体が言及している箇所を読みました。「ゼラフの子アカンが、聖絶の物のことで主の信頼を裏切り、イスラエルの全会衆の上に御怒りが下ったではないか。彼の不義によって死んだ者は彼一人ではなかった」（ヨシュア22・20）。

「分かるかい？」　私は言いました。「たった一人の人が罪を犯したのに、多くの人が死んだ。これがポイントだ。」

　子どもたちは混乱したような顔を見せました。誰も、今日のレッスンがこんな展開になるとは思っていなかったのでしょう。みんな注意深く耳を傾けていたので、私は続けました。

「もし君や私が罪を犯したらどうなる？　神さまは、アカンを罰したように、私たちのことを罰するかな？　その場合、他の人も一緒に罰せられるだろうか？　それとも、この物語の結末より、もっと良い結末を導き出すことができる、罪を罰する方法を神さまは作られただろうか?」

子どもたちは、よく分からない、という様子でした。数人の子どもは、神が罪を罰せられないなら、聖なる神ではなくなるということを知っていました。また、神が罪を赦してくださることも知っていました。ただ、それらがどのように組み合わさるのか、分からない様子でした。

「他の人の罪のために、人が死ななければならないという考えは、ここでとても重要なんだ。」私は言いました。「今日のお話では、一人の人が罪を犯して、多くの人が死んだね。しかし、聖書のずっと後に、一人の人――たった一人の人――が、生涯を通して一度も罪を犯さなかったのに、罪の罰を受けたとしたらどうだろう? この人が一度も罪を犯していないのに死んで、そのために多くの人が生きるとしたら?」

子どもたちは、私がイエスのことを話しているのだと理解しました。

私は続けて、いかにイエスが一点の罪もない生涯を送られたかを話し、私たちはそのように生きていないことを話しました。そして世界中の部族、氏族、家族の中で、ただイエスだけが罪のないお方であることを話しました。だから、神はイエスを選ばれました。死ぬために、私たちの身代わりとなるために、イエスは選ばれたのです。それは私たちが、アカンのように罪を抱えたまま震えながら裁きを待つ必要がないよう、私たちが受けるべき罰をイエスが受けるためです。

「君たちの罪は、とっても悪いものだ。」私は子どもたちに言いました。「罪は、たくさんの人を傷つける。だけど、神さまは、君たちのことをとっても愛しておられるから、神さまはひとり子イエスさまを遣わして、イエスさまは人となり、君たちの罪のために死なれたんだ。イエスさまは誰よりも傷つかれたんだよ。」

「私は、この物語は君たちにとって怖すぎるかもしれないと思って、教えるべきかどうか迷ったんだ。これは、神さまの罰を受けるという、この世で一番怖いものについての話だからね。だけど、物語の全体を知れば、怖くはない。もし君たちがイエスさまにつながっているなら、イエスさまが君たちの罰を受けてくださったので、神さまは君たちのお父さんになる。だから、どうか怖がらないでほしい。君たちは、何も怖がることはないんだよ。イエスさまが、この世で一番怖いものを取り除いてくださったんだからね。」

何とかうまくいったと思えたのは、レッスンの後、心配していた母親が私に感謝の言葉を伝えてくれたからでした。彼女は、とても良い話だったと感想を述べました。しかし、本当のサプライズはその数週間後に訪れたのです。その母親が満面の笑みを浮かべて私のところに来て、言ったのです。娘が悪夢にうなされなくなった、と。娘は母親にこう言ったといいます。「イエスさまがいるなら、もう怖がる必要はないって分かったんだ。」

教師がこのような結果を耳にすることはとても珍しいことですし、私も最初は疑ってしまいました。たった一度イエスについて教えただけで、そんな問題が解決するだろうか？　悪夢はじきに戻ってくるかもしれない、と思いました。しかし、何か月経っても、その母親の喜びは消えることがなかったのです。

私はようやく、福音の力を信じていなかったのは自分自身だったということに気付きました。私は福音を教えながら、それがこんなに素晴らしい影響をもたらすとはみじんも期待していなかったのです。もちろんそれはすべて、この物語を生きられたイエスによるものです。私はその物語を繰り返し語るという特権を得ただけにすぎません。このような物語は、ほかにありません。私は初めからこのような結果を期待すべきだったのです。

アカンのエピソードを教えるとしたら、盗んではいけないという倫理的なポイントが主軸になることがほとんどでしょう。それも良いかもしれません。しかし、この女の子はさらに大きな聖書的視点を得る必要がありました。罪は神とともにあるいのちを滅ぼす、という視点です。そして、彼女には、聖書全体のテーマである、最大の視点が必要だったのです。それは、罪が滅びをもたらすところに、イエスは癒やしをもたらす、ということです。

この女の子はイエスについて学び、信じました。また、イエスを信じることは人生を変えるほどの力があるということも発見しました。彼女はイエスが間違いなく、他の何よりも優れた方だと知ったのです。

教師たちのマニフェスト

では、この本を書く私は何者なのでしょうか？　まず、私は専門家ではありません。学校や教会にフルタイムで雇われたこともありません。分かち合いたい経験談はありますが、成功例と同じくらいの失敗例もあり、その中で私が学んだことが中心になります。いまだにうまくできないことも含まれています。今もまだ、もがいている状態です。

私は、子どもたちや中高生と共に働き、教会学校のレッスンやその他のクリスチャンの活動を運営している一人の親、または一人の奉仕者にすぎません。私は一人の聖書の教師にすぎないのです。あなたのように。

そう、あなたは教師です。たとえ、あなたの役割が準備されたレッスンを教えることではなく、キッズ・ユースミニストリーに関わる多くの重要な仕事のほんの一部を担っているだけだとしても、あなたは教師です。または、あなたが自分の子どもたちのために、家族のデボーションタイムや聖書のレッスンをしている——またはやり始めたいと思っている——なら、あなたも教師です。子どもたちはあなたを見て、あなたから学んでいます。そしてあなたには、彼らにイエスを見せるという仕事が与えられているのです。

これからお話しすることのほとんどは、教会学校の教室での体験からきています。その場所こそ、私がイエスについて教えることを学んだ場所だからです。しかし、この本で伝えることを自分のものにすれば、どこで教えるかは関係ありません。私は、子どもたちとの何気ないやりとりの中でも、自分の子どもたちに家庭で接する時にも、同じ考え方を活用しています。同じように、あなたがさまざまな場所で子どもたちと接する時も、その助けになれば幸いです。

あなたもおそらく専門家ではないと、私は推測しています。イエスが採用された教師たちは、決して初めからうまくできたわけではありませんでした。心構えがあったわけでも、特別なスキルを持っていたわけでもありません。ですから、もしためらいを感じていたり、先ほど例に挙げたようなレッスンが自分に教えられるだろうかと不安に思っていたりするなら、あなたはここにいて正解です。私はただ、子どもを持つ親、教会学校の教師、ユースグループのリーダー、バイブルクラブの責任者、キャンプカウンセラー、ワーシップリーダーなど、子どもたちと関わる働きに携わるすべての人に、このマニフェストの宣言に加わっていただきたいと思います。

私たちは福音を教え、子どもたちにイエスを見せることを、ここに誓います。

この本を通して、このマニフェストがどのように実践されるのか、紹介していきたいと思います。私自身の体験談を、子どもたちを守るために彼らの名前や細かい設定だけは変えて、分かち合いたいと思います。私の経験上、他の教師たちを観察することは（長所も短所も含め）、より良くなっていくための最善策だということを知っているので、どうか私がどのようにやってきたかを見てください。また、身近な聖書の物語をどのように教えてきたか、という例も挙げたいと思います。これらの例は、決してその物語を教える唯一の良い方法ではありませんが、どれもイエスを喜び祝う教え方です。

本書の前半では、なぜ福音を伝えることが重要なのかを説明し、まず実践し始めるための方法をお伝えします。これを読んで、イエスのことを伝える喜びが新たにされたら何よりです。教師であるあなた自身が「イエス熱」という名の不治の病にかかることが、何よりも大きな力になることは間違いありません。

後半では、子どもたちにイエスを見せる方法について、私自身が学んだことを分かち合いたいと思います。三十年あまり、自分で教えたり、他の人からヒントを得たりしてきたことから、私にとって手応えのあった考え方や実践方法があります。どうぞ、使えそうなものは使って、あなたのミニストリーに合うように付け足したりアレンジしたりしてください。さらに展開させ、より良いものにしてください。あなたの教えることが、イエスが言われたとおりのものになるまで、どうか、やめないでください。

神の民が福音を再発見する時には、たいていリバイバルが起こります。ですから、私たちは火遊びをすることになりますから、気を付けてください。私たちのマニフェストは破壊的です。私たちは、悪魔とも、善人とも対立することになります。それを守るには、神の霊による変革のみわざに、全人生をかけて、深く信じ委ねていくことが求められます。この本は、私たちの戦いを、あの七十二人のレベルにまで引き上げたい人のためのものです。

ついて来れますか？　さあ、始めましょう。

目次

謝辞　2
序章　選ばれた七十二人　3

第1部　なぜ福音を教えるのか

第1章　教えることはひとつだけ――必要なのはイエスだけだから　20
第2章　神さまの成績表――福音のほかに良い知らせなどないから　42
第3章　「福音デー」の罠――福音は教会に通う子どもたちのためでもあるから　77
第4章　初期設定の四年生――福音は石の心をも変えるから　111
第5章　エステル妃の寝室にいる母親――福音は聖書のテーマソングだから　145

第2部　どのように福音を教えるか

第6章　おしゃべりろばとイエス――旧約聖書から福音を教える　174

第7章　教会で一番長いリスト――新約聖書から福音を教える　216
第8章　福音を教えてくれたぶどう――レッスンの時間を超えて福音を　248
第9章　罪と悪しきポップソングとの戦い――福音を人生のすべての場面に　284
第10章　ボイラールームの教室――祈りを通して福音に生きる　315
第11章　未経験のままのスキー――福音が最大の希望となるように　336
最後に　真の教師とは　354
付録　神の無償の恵みの教えは、怠惰な従順を招くか？――反論に対する十二の応答　357
レッスンテーマの索引　365
訳者あとがき　366

装幀　光後民子

第1部

なぜ福音を教えるのか

第1章　教えることはひとつだけ――必要なのはイエスだけだから

キリストなしの説教！　まるで小麦粉なしのパンのようではないか。そんなものはたましいにとって何の足しにもならない。

――チャールズ・スポルジョン[1]

冒頭に戻るようですが、私は長年自分が良い教師だと思っていました――けれども、そこからすべてが変わったのです。

教会学校のレッスンを面白く教えることができるのは、私の賜物でした。聖書の知識も豊富でしたし、私が物語を工夫して楽しく話すと、小さい子どもたちは身を乗り出して聞いてくれました。中高生も、その日の聖書箇所から喜んでディスカッションに参加していました。大人でさえ、私のクラスを覗(のぞ)いては、見学していきます。私のレッスンは、主題もはっきりしていました。徐々にヤマ場に向けて盛り上げ、神のために生きることを教えます。どうすれば日々の生活に適用できるか、ディスカッションをしながら掘り下げました。子どもたちは、次の日からすぐに実践できるような具体的な教えを胸に刻んで帰っていきます。

イエスが私たちのために死んでくださったことについても、私は折にふれて教えました。このようなレッスンの場合、実践的なポイントはキリストを救い主として受け入れることです。その場で決心を促すことがなかったとしても、時には気まずい思いをすることもありました。また、このテーマを教えるプレッシャーもありました。救いへの「招き」が決して「押し付け」になってはいけないことに加え、十字架自体に漂う物悲しさもあります。それでも私は、このテーマを教える前には特に時間をかけて祈り、腰を据えて教えたものでした。

私は自分の「ミニストリーの持ち場」に自信がありましたし、それを変えようとも思っていませんでした。ところが神は、ジョーの噂を私のところに届けたのです。

ジョーは同じ教会の教師です。賢そうな男性ですが、やや退屈そうな雰囲気の人でした。子どもたちの心を摑(つか)むタイプではないだろうな、という印象です。それなのに、ジョーは私のように大人数のレッスンを教え始めるようになっていました。彼の教える様子を見た人は、みんな感心して、あなたもきっと気に入るよと、私に勧めます。同じことを三度目に言われたとき、私はいよいよ危機感を覚えました。そこで、私はあえて勧めに乗ってみることにしました。

私は、ジョーのレッスンを見学しました。部屋の後ろに座った私は、自分自身に、羨(うらや)むな、自惚(うぬぼ)れるな、と言い聞かせました。つまり彼の教え方と自分の教え方を比較するのを避けたかったのです。しかし、比較なしに見られるわけがありません。それでも、とにかくジョーのレッスンを見学してしまえば、私は改めて自分が教師チームの中で一番だと再確認できる、そのはずでした。

ジョーから学ぶ

その日のレッスンは、まだ少年だったサムエルが神に召され、預言者となる話でした。私はすぐさま、こう思いました。これなら、語り手にとっては最も理想的なエピソードの一つではないか。主人公が少年なので、子どもたちは自分に関連付けやすく、分かりやすいストーリー展開があり、最後に大きなヤマ場があります。神は夜、サムエルの名を何度も呼ばれます。サムエルはそのたびに、祭司エリに呼ばれたと勘違いし、彼のもとへ駆けていきます。何が起こっているのかを最終的に理解したエリは、今度神に呼ばれたらすぐに応え、その御声をよく聞きなさいとサムエルに伝える、という流れです。

この物語からよく教えられるのは、良い聞き手になろう、という教訓です。サムエルは神の声に耳を傾けたので、神は彼を通して偉大なことをしてくださいました。教会学校の子どもたちにも次のように語りかけることができます。みんなは家で話をよく聞いているだろうか？　学校では？　友達と遊ぶ時は？　神さまの声をもっとよく聞いたら、神さまはどんなことをしてくださるだろう？　私はジョーのレッスンをじっくりと観察しました。今挙げたアプローチのうち、どのように使ってくるだろうと、興味を抱いていました。

ジョーは決して、ドラマチックな語り手とは言えませんでした。しかし、サムエルの話の最終場面に向けて、筋書きをうまく説明していたことは確かでした。彼は、サムエルが生まれるより以前には、神の沈黙の時代が長く続いていた、ということを説明しました。国の指導者たちは無能で、祭司たちも堕落していました。最後の偉大な預言者も、数世紀前にとうに死んでしまっていました。人々は神の義を求め、神の声を聞くことに飢え渇いていたのです。

ジョーがこの背景を説明したのには、理由がありました。驚いたことに、彼のレッスンのメインポイントは、サムエルの聞く力ではなく、神が民に呼びかけようとしておられる姿だったのです。ジョーは、神が実際にサムエルの寝床のすぐそばまで近づいて、サムエルの名を呼ばれた、というところに注意を向けました。そんなこと、私は今まで気がつきませんでした。さらに、ジョーは子どもたちに向かってこう続けました。サムエルがエリの声だと勘違いするほど、神さまはきっと、普通の人間のような声で彼の名を呼ばれたんだね、と。

人々が何百年も待ち続けた、神の義なる声がついに発せられたとき、それは幼い子どもの耳に実に優しく、親しく響く、人間のような声だったのです。そのことに、ジョーは心躍らせていました。「このことから、神さまがどういうお方だと分かる?」ジョーは子どもたちに問いかけました。そして、神が今もなお、私たちに親しく、人間のように語りかけてくださるということを示すために、彼はヘブル人への手紙1章1～2節を読みました。「神は昔、預言者たちによって、多くの部分に分け、多くの方法で先祖たちに語られましたが、この終わりの時には、御子にあって私たちに語られました。」

御子にあって――。ジョーは、主題をイエスのほうに向けていたのです。私は感服するほかありませんでした。こんな大胆な展開は、私は試そうと思ったこともありません。イエスが実際に出てこない物語からイエスについて教えることは、私にとって簡単ではありませんでした。しかし、ジョーはそれをやり切ったのです。彼は、イエスも同様に、私たちに語りかけるためにこの世に来られたんだよ、と続けました。「イエスさまは、ほかのどの預言者にも教えられなかったことを私たちに教えてくださった。イエスさまは私たちと共に歩き、共に笑い、いじわるな人を叱り、悪霊を追い出し、悲しみに満ちた私たちの目を見つめ、共に涙を流してくださった。そのようにして、イエスさまは神さまの御顔を私たちに示してくださったんだ。」

「そして何よりも、イエスさまは十字架での死を通して、私たちに語ってくださる。正義と愛の両方を私たちに与えた、このイエスさまのみわざは、他の誰も語ることのできなかった美しいメッセージを私たちに届けているんだ。何世紀も昔、神さまは天を離れて、サムエルの寝床のそばに立たれた。それと同じように、神であるイエスさまは、その栄光をすべて手放して、天を離れ、君たちのそば、私のそばに来てくださったんだ。それは、私たちのために死ぬためだった。」

そして、ジョーはこう言いました。「イエスさまは、復活された。そして、神さまの御霊を私たちに与え、今度は御霊を通して私たちの心に語りかけてくださっている。その声はうっとりするほど、柔らかい声なんだ。しかし同時に、力に満ちているから、私たちはその言葉に従わなければならない。神さまは今でも語っておられるし、これからも語り続けてくださる。かつてないほどに——。」

イエスを味わうために

こうして書くと、ジョーがとても流暢に話していたかのように聞こえるかもしれません。率直に言うと、これらのことを教えるのに彼は何度も言い間違えたり、つまずいたりしていました。語り口調は淡々としたものでした。途中で退屈し始める子どももいました。それでも、彼がイエスに焦点を当てて聖書を教えたことは、正しいことだと思いましたし、きっとこの後、イエスを救い主として受け入れる、お決まりの招きのフレーズがくるのだろうと待ち構えていました。ところが、ジョーはそれをしませんでした。ただ最後に祈っただけです。どうか、今日イエスについて学んだことが私たちの心を動かしますように、という心からの祈りをささげ、レッスンは終わったのです。

あれ、適用は？　せめて、サムエルのように良い聞き手になりましょう、と子どもたちに教えるつもりはなかったのでしょうか？　しかし、彼の考えは違っていました。徐々に分かったことですが、彼の最大の目的は、ただ子どもたちがイエスのことを今までよりほんの少しよく知ること、ほんの少し深く知ることだったのです。

実際、ジョーは、子どもたちが学んだことを生活に関連づけるために、友達と遊ぶ時のことについてディスカッションの時間も設けていました。子どもたちが思いやりのない言葉の標的になった時は、神がサムエルにどのように語られたかということ、そしてイエスがどれほど豊かに一人ひとりに語っておられるかということを思い出してほしい、という内容でした。これなら、子どもたちが悪い言葉に対して信仰をもって対処する助けになるでしょう。ただし、彼は子どもたちにルールを与えたというより、あくまで心の中の問題として教えていました。
このように実践に関連づけたのは、良い方法だと思いました。そしてこの方法がうまくいったのは、ジョーが適用のポイントを話す前から、彼のレッスンはすでに子どもたちの——そして私の——心を揺さぶり始めていたからです。彼の言葉が響いたのは、クリスチャン生活の原動力が、良い生き方のための原則ではなく、イエスの十字架であるからです。ただ、イエスというお方を味わうだけで、私は、神の声をよく聞きたいという思いになりました。これは、ジョーが「よく聞きましょう」と言っただけなら、決して湧いてこなかった気持ちでしょう。イエスを喜ぶこと、これこそが適用だったのです。

イエスのほかには何も

コリント人への手紙第一2章1～5節のパウロの言葉を、ジョーはよく理解していたのでしょう。私も、彼を通して理解するようになりました。

兄弟たち。私があなたがたのところに行ったとき、私は、すぐれたことばや知恵を用いて神の奥義を宣べ伝えることはしませんでした。なぜなら私は、あなたがたの間で、イエス・キリスト、しかも十字架につけられたキリストのほかには、何も知るまいと決心していたからです。あなたがたのところに行ったときの私は、弱く、恐れおののいていました。そして、私のことばと私の宣教は、説得力のある知恵のことばによるものではなく、御霊と御力の現れによるものでした。それは、あなたがたの信仰が、人間の知恵によらず、神の力によるものとなるためだったのです。

イエスと、イエスの十字架のほかには、何も教えまいというパウロの決意の言葉には、あっけにとられます。それ以外、何も？　本当に？　もし本当なら、私たちの教え方についての意味合いは非常に大きくなります。ここで、この聖句が語る三つのポイントについて考えてみます。

第一に、メッセージの内容が重要です。内容はイエスについてでなければなりません。コリントは、個人的な成功や宗教的な洞察についての知恵を吹き込む旅の賢者たちの中継地でした。パウロは彼らとは違います。キリストの十字架に関する彼のメッセージは、非常に優れていたので、彼はそれを淡々と、弱々しく、恐れおののきながら語ったといいます。彼は、十字架そのものに語らせたのです。

決して、活き活きとした語り方が良くないと言っているのではありません。ジョーも、もっと人を惹（ひ）きつける話し方をしていたら得することもあったでしょう。しかし、ジョーは一番肝心なところを捉えていました。彼はパウロのように、一つのことにひたむきでした。最も重要なのは、キリストが十字架にかかってくださったことです。ジョーは、子どもたちと過ごす時間がこの一点のために費やされることを望み、それ以外の考えを脇へ押しやったのです。良い聞き手になる方法なら、学校の先生や子ども向けのテレビ番組が教えてくれます。子どもたちには、彼が伝えるべき、より良いメッセージがありました。それは、私たちの聞く態度がまったく変わってしまうほどに、キリストの語りかけは私たちをとらえて離さないものである、ということです。

第二に、キリストの十字架は、クリスチャン生活全体に適用することができます。十字架は、クリスチャンになるために信じるだけのものではありません。十字架は、クリスチャンとして生きるための骨格です。パウロはコリントに一年半滞在しましたが、その期間、ただ十字架のみを人々に教えました。おそらく、パウロが来てしばらく経った頃には、コリントのクリスチャンたちはほかのことも教えてくれと彼に訴えたことでしょう。彼らは十字架のことはもう知っているつもりでいました。新しいことを知りたかったのです。しかし、イエスの十字架の美しさは、そのほんの一部を捉えるだけに生涯をかけたとしても足りないほど壮大なものなのです。

事実、パウロはコリントの教会でさまざまな話題を取り上げていました。コリント人への手紙第一だけを見ても、言い争い、性的な罪、結婚生活、そしてヘアスタイルに至るまで、その内容は豊富です。では、キリストのほかは何も教えないと言っていたのは単なる誇張だったのでしょうか？そうではありません。それは、教会生活で起こりうるどのような罪でも、最も強力な対処方法は、キリストの十字架をより深く理解し適用することだというメッセージなのです。

もしジョーのレッスンに、イエスを初めて受け入れる信仰への招きがあったとしたら、それもまた良かったかもしれません。しかし、あえて招きをせずに、イエスの十字架のみを教えたことによって、ジョーはより力強いメッセージを子どもたちに伝えました。彼は、すでにクリスチャンである子どもたちにとっても、十字架は私たちを動かす力なのだということを教えたのです。

第三に、このメッセージにある信仰は神によるものです。神のメッセージを神の方法で語るべきなのは当然のことです。なぜなら、神こそが、真の悔い改めと霊的成長をもたらすお方だからです。

ここに、私が自分のレッスンで十字架を中心テーマにしなかった、本当の理由があります。何だか陳腐に聞こえると思ったのです。言い方が悪いかもしれませんが、いわゆる普通の話の時に、むりやり霊的な雰囲気にしたくありませんでした。私は、自分が教えている子どもたちに何が一番効果的か、また**何が自分を賢く見せるか**、分かっているつもりでした。神に頼ると言いながら、神の考えや聖霊に動かされるままに自分のレッスンを委ねるのを恐れていたのです。

イエスの死と復活のメッセージは、聖霊が心を動かす道具です。ただ、口うるさく言うものではありません。ジョーは、子どもたちにその場限りの良い答えを求めるのではなく、そのメッセージが子どもたちを**良い方向に向かわせる**道具となるよう、神に信頼したのです。

EUANGÉLION

聖書の時代、「良い知らせ」や「福音」を表すギリシア語（euangélion）は宗教的な言葉ではありませんでした。もともとは、誰もが聞き、反応を示すような、使者または伝令官から告知される良い知らせ——おそらく戦いに勝ったとか、王が即位したとか——を指していました。イエスや新約聖書の著者たちはこの言葉に注目し、キリスト教の核心を表現する言葉として用いたのです。

ルカの福音書では、euangélion はイエスの誕生を知らせるために神が呼びかけた言葉でした。天の御使いは羊飼いたちにこう告げました。「私は、この民全体に与えられる、大きな喜び（euangélion）を告げ知らせます」（ルカ2・10）。これ以降もルカは、福音書と使徒の働きの中で同じ言葉を二十回以上使っています。

マルコの福音書では、euangélion は真っ先に出てきます。「イエスはガリラヤに行き、神の福音を宣べ伝えて言われた。『時が満ち、神の国が近づいた。悔い改めて福音を信じなさい』」（マルコ1・14～15）。このイエスの言葉は、聖書にあるイエスの教えを最も簡潔にまとめた一文かもしれません。そしてこれはまさに、euangélion についての言葉です。

パウロは、書簡の中で euangélion を七十回以上、何らかの形で使用しています。「良い知らせ」「福音」は、最も教会を力づける表現なのです。

クリスチャンは「典型的宗教人」ではない

ここから何を学ぶべきでしょうか。少なくとも、私たちは福音を典型的な宗教のように扱ってはいけません。典型的な宗教とは、自分の神もしくは神々の要求することを行うことであり、何らかの目標や承認を得るために自分の信念や手段に従って行動することです。これは、古代の寺院で異教徒のいけにえをささげたり、瞑想によって悟りを得ようとしたりすることと同じです。つまり、何かを得るために行動するのです。

目を背けてはいけません。キリスト教も、このようにパッケージ化されていることが、なんと多いことでしょうか。良い人生を送れば、すべてはうまくいく。あなたに合った霊的な助けを見つければ、祝福される。イエスを心に迎え入れれば、救われる。多くの人が、どの宗教も同じだと言うのも当然です。ある意味で、その見解は合っていると言わざるをえません。

しかし、イエスは典型的な宗教を私たちに知らせたのではありません。福音を知らせたのです。

私は、テレビ局のニュース編集室で働いていたことがあります。報道番組でヘッドラインを飾るニュースは、いつも視聴者の生活にすぐに直接影響を与えるものだと決まっています。例えば、大吹雪の予報があれば、地方のニュースはまずその話題を初めに放送します。「このようなことが起きました、この事態はあなたの生活を変えるでしょう」というメッセージがニュースの原則です。「あなたのすること」がニュースになるのではありません。あなたに影響を与える「ほかの誰かがしたこと」が、ニュースになるのです。

福音（グッド・ニュース）とは、私たちが自分自身の価値を証明するために何をしたかではなく、イエスがあなたにしてくださったことに基づいて、あなたが神と関係を持つということです。もしすでに信じているなら、福音は、神があなたを完全に受け入れてくださっているというメッセージになります。神はあなたを神の子としてくださった――それはあなたのために十字架にかかって死んでくださったイエスと一つにされたからです。

そう、これを信じることは、人生が変わることを意味します。間違いなく、変わるのです。あなたはイエスを知ることに飢え、もう離れられません。イエスの後をひたすらに追いかけるでしょう。ただし、それはあなたが、イエスの中に安らぎを得ているからです。イエスに従おうとする努力はすべて、イエスがすでに成し遂げてくださったことへの応答であり、イエスの好意を得るための演技ではありません。そのような策略は必要ないのですから。プレッシャーも要らなければ、見せかけの態度も要らないのです。

しかし、よくある子ども向けの聖書クラスでは、このようなメッセージが伝えられていません。たいていは、私の教え方が長年そうであったように、神のためにどう生きるべきかについての単なる講義にすぎません。このようなレッスンは、プレッシャーを生み出し、うわべだけの振る舞いを励ましてしまいます。

私たちは良い知らせの代わりに、良いアドバイスを提供してきただけです。それがいかに良いものでも、いずれ子どもたちは大人からのアドバイスに疲れてしまうでしょう。そして、大半の子どもが教会を離れます。残りは、とりあえず教会に通い、毎日をそれなりに生きていくかもしれませんが、キリストへの情熱は生まれません。私たちはそれを見て、なぜあの子たちは福音を拒んだのだろう、あんなにしっかりと教えたはずなのに、と首をひねるのです。しかし、実際にはそうではありませんでした。私たちはイエスの話や無償の恵みについて話したかもしれませんが、自己満足で水を差してしまっていました。子どもたちの耳に入ったのは、その水で薄まった福音なのです。

教会学校教師の皆さん、私たちに与えられた仕事は、イエスの福音をはっきりと、一貫して宣べ伝えることです。決して、子どもたちがイエスを典型的な宗教指導者と同じカテゴリーに置くようなことがあってはいけません。私たちの使命は、福音の熱狂的ファンになることです。私がこれを強調するのは、そう言い聞かせなければ、私もイエスについて間違った印象を与えるような教え方をしてしまうからです。「私たちは、子どもたちがイエスのようになり、イエスを手本にして生きるよう教えなければならない」などと言ってしまいかねません。これこそ、典型的な宗教ではありませんか。

もし、完璧な人生を送ったイエスが、自分のようになりなさいという教えを中心に教えられたとしたら、イエスは何という暴君でしょうか。そんなもの、失敗するに決まっています。私たちの人生は、もはや落胆と不安で埋め尽くされてしまいます。まるで、仮面で正体を隠して踊る舞踏会のようではありませんか。私たちの希望の中心は、イエスによる指図ではなく、イエスの完全なる救いのみわざであるということを、しっかりと理解しなければなりません。この福音を子どもたちにひたすら浴びせなければ、彼らは期待に応えねばならないと、もがき苦しむ生き方から抜け出せなくなるのです。

福音について、もう一つ言っておきたいことがあります。福音を教えるとき、私たちはみな、不器用です。私たちは誰もが、生まれた時から神の御前で我が道を切り開こうとする傾向にあります。私たちはみな、その初めからある本能に逆らって教えることを学ばなければならないのです。

Q&A

――教師向けのマニュアルに記されているレッスンポイントに従って教えたり、子ども向けのデボーション集を読んで聞かせたりするのでも、十分ではないですか？　これらの教材の執筆者は、きっと私より知識もあるでしょうし、子どもたちが教わるべき内容を知っているはずでは？

出版されている教材の中には、確かに比較的良いものもあります。探せば、良書がいくつか見つかるでしょう。しかし、そのような本にそのまま従って教える人は、実は少ないのではないでしょうか。多くの場合はそれらを導入として用いつつ、自分たちに合うものを選び取って活用していくことになります。内容を一部変えたり、自分の正しいと思う考えやプログラムを加えたりします。子どもたちと一緒に、私たちにとっての問題は何だろうかと話し合ったり、また、私たち教師の考える彼らにとっての問題を投げかけることもできます。良い教え方は個人的なレベルで教えることです。出版物を使うなら、福音を基にして、レッスンを組み立てていくようにしましょう。

――イエスに関することを付け加えたとしても、その解釈が間違っているとしたら？

レッスンの内容について一歩踏み込んで考え、イエスについて学んだことを伝える熱心な教師は、臆病な教師よりも常に優れています。確かに、毎回イエスを中心にメッセージをしようとすると、中途半端になってしまうこともあるかもしれません。できればそれは避けたいので、本書の後半ではそのための対処方法を記しています。しかし、それでも間違うことはあります。それはそれで良いでしょう。それよりも深刻なミスは、聖書を教えながら、イエスについてまったく話さないまま終わってしまうことです。

――イエス中心というより、神中心と言ったほうが良いのではないでしょうか？　イエスにばかり注目していて、神の教えという重要課題を見過ごしていませんか？

聖書に、これとまったく同じことを言った弟子がいます。しかも、イエスに直接物申したのです。「『主よ、私たちに父を見せてください。そうすれば満足します。』イエスは彼に言われた。『ピリポ、こんなに長い間、あなたがたと一緒にいるのに、わたしを知らないのですか。わたしを見た人は、父を見たのです。どうしてあなたは、「私たちに父を見せてください」と言うのですか。わたしが父のうちにいて、父がわたしのうちにおられることを、信じていないのですか』」（ヨハネ14・8～10）。私たちは、神の全体像を知るために聖書全体を見ますが、最も完全な神の姿は、イエスご自身です。「『闇の中から光が輝き出よ』と言われた神が、キリストの御顔にある神の栄光を知る知識を輝かせるために、私たちの心を照らしてくださったのです」（Ⅱコリント4・6）と聖書にあるとおりです。イエスに注目することは、神を中心とすることに等しいのです。それに、イエスを愛することは、考えうるかぎり最も「神的な」ことです。父なる神は、御子を完全に、永遠に愛されました。イエスを愛することは、御父を無視するどころか、御父に倣うことなのです。神学者ジョン・オーウェンは、このように記しています。「イエス・キリストへの愛ほど、私たちを神に近づけるものはない。イエスは神の愛の本質的な対象であり、イエスにあって神のたましいは安らぎ、イエスにあって神は常に喜ばれる。[2]」

――読み間違いでしょうか？　本当に「イエスを心に迎え入れれば救われる」というのは福音ではないのですか？

子どもたちが信仰をもってイエスを受け入れることはもちろん必要であり、そのための招きは福音の一部分です。しかし「イエスを迎え入れる」だけが福音ではありません。私たちは、信仰を単なるお願いごとのように――お決まりの祈りを祈ることだけのように――扱ってしまいがちです。それでは結局、私たちが追加で行うことが重要な部分であるかのようになってしまいます。ペンテコステのとき、ペテロはイエスが成し遂げてくださった福音を語りました（旧約聖書から語ったので、ジョーと同じです）。ペテロは、福音によって人々の生き方が変わることを即座に求めるより、まずは人々の心が動かされるままにしました。「人々はこれを聞いて心を刺され、ペテロとほかの使徒たちに、『兄弟たち、私たちはどうしたらよいでしょうか』と言った」（使徒2・37）。ペテロはこのとき初めて、神がすでに彼らのうちに働いておられるのを見て、その働きに必要な部分として、悔い改めとバプテスマを勧めたのです。未信者の心の内に、福音がどのように働きかけるかについては、第3章で詳しく述べたいと思います。

――サムエルは神の声をよく聞いた少年として、良い手本であると思います。なぜそれを教えるべきではないのですか？

もちろん教えても良いです。それを教えることが間違いなのではありません。聖書には、私たちの手本となるエピソードがたくさんあります。しかし、レッスンの教訓がその一点だけで終わってしまうことがあまりに多いのです。その場合、子どもたちは最も聞くべきメッセージを聞けていません。もし、子どもたちの印象に残るのが「偉大なる語り手の神」に対する感謝と喜びではなく、「良い聞き手のサムエル」だけであるなら、神との関係性は「～しなければ」という考えに基づく不安だらけのものになってしまいかねません。ジョーが、ディスカッションの場で友達と遊ぶ時のことについて話した内容は、とても重要です。彼は、三千年前に神がどのようにサムエルに語りかけたかということが、現代を生きる私たちにも関係しているということを示したので、子どもたちはそれを信じ、行動に移す励みに変えることができました。子どもたちが神に従うことができるよう、励ますことは良いことです。ただし、それが単なる道徳心からではなく、イエスの愛に対する信仰から生まれる応答であることを確認しなければなりません。

また、神の語り方という点を必ずしも強調する必要はありません。サムエルのエピソードには、不義を終わらせる神の決意や、良い王を備えてくださる神（サムエル記第一の、より全体的なテーマ）など、ほかのテーマもあります。これらもまた、イエスに導くための優れたレッスンになるでしょう。第６章では、そのようなレッスンの組み立て方について説明します。

──ジョーがサムエルの話を教えた方法は、私には難しすぎます。そんなアイディアは絶対に思いつきません。

それでも大丈夫です。ジョーは実際、経験豊富なベテラン教師でした。まずは小さなことから始めれば良いのです。イエスの福音が、あなたの教えるレッスンにどのように適用されるか、一つか二つ言及することから始めてみましょう。慣れてくれれば、そこから展開していくことができます。パウロも、福音を特別上手に話せているとは思っていなかったことを思い出してください。力は、メッセージ自体に宿っています。もしあなたがイエスの福音を知っていて、それを伝える勇気があるなら、話の上手下手に関係なく、あなたには神の国を前進させる最高の賜物が与えられているのです。

今すぐイエスが見えるように

あれこれ思案するだけではなく、すぐに行動に移すのは良いことです。これらのアイディアを今すぐ活かすには、どうすれば良いでしょうか。以下のリストの中から、一つ、または複数の提案を参考にしてください。

教師のために──次回のレッスン、ディスカッション、礼拝など、どのような場であれ、特定の機会を選んでイエスの十字架について話してみましょう。これによって、子どもたちがイエスを見いだすのを助けるだけでなく、二つのことを成し遂げることができます。

(1) クリスチャン生活のあらゆる部分に、十字架を関連付ける方法を探すことに慣れる
(2) 十字架について話すことに慣れる

慣れるまでは、不自然に感じるかもしれませんが、あなたがリードするすべてのグループで、意識的にこれをしてみましょう。すべての機会で実践してください。何度も繰り返していると、イエスが私たちのために死んでくださったことを話すのが、決して難しいことではなく、自然なことになるはずです。

他の教師の中で、子どもたちに教えるたびに、イエスを「見せる」ことに重荷を持っている人を見つけましょう。そして、その教師のクラスを見学させてもらいます。その後、その教師が福音を教えるために取り入れた方法、つまりあなたが学べるポイントを書き留めます。その教師の悪いところを批判するのではなく、正しいところから学ぶことを忘れずに。そして、あなたが良いと思った点をぜひその教師に伝えましょう。

両親のために――イエスが私たちのために死んでくださったことについて子どもたちと話すことに抵抗があるなら、今すぐ十字架について話す習慣をつけることから始めましょう。家族でのデボーションや、車での会話など、どんな状況でも良いのです。もし、十字架について話す時間が見つからなければ、食前の祈りや就寝前の祈りに、次のように加えるだけでも良いです。「父なる神さま、私たちの罪のために死んでくださったイエスさまを感謝します。」もちろんこの言葉どおりである必要はありませんが、このことを毎日祈ることが大切です。そうすることで、イエス

や十字架のことについて話すことが、決して気まずいことではなく、自然なことになっていきます。

孫をもつ祖父母のために――もし孫に定期的に会えないなら、一人ひとりに手紙を書いてみましょう。パウロがコリントの信徒に宛てて手紙を書いたように、必ずイエスについて書くようにします。子どもは手紙を受け取るのが大好きです。おじいちゃん・おばあちゃんからもらう手紙なら、なおさらです。

すべての人のために――少年サムエルの話（Ⅰサムエル3章）を数日間、個人的なデボーション箇所として使ってみることをお勧めします。次の三つのステップで実践してみましょう。

(1) このエピソードの中で、神がどのように行動しておられるかに注目する。この章で紹介した以外にもたくさんあるので、書き留めておきましょう。

(2) 黙想の中で、イエスが新約聖書や現代の世界でも同じように行動されることがあるか、思い巡らす。イエスが、そのような救い主でいてくださることに感謝しましょう。

(3) 分かち合う。教会の子どもたちと話す機会がある時や、教会学校のレッスンで時間が余った時などに、あなたがサムエルの話から学んだことを分かち合いましょう。イエスを見いだしたいというあなたの情熱を、子どもたちが見ることができるように。

注

1　Charles H. Spurgeon, “Christ, the Glory of His People,” in *Metropolitan Tabernacle Pulpit: Sermons Preached and Revised by C. H. Spurgeon During the year 1868* (Pasadena, TX: Pilgrim, 1970), 14:467. 日本語訳は本書訳者による。

2　John Owen, “Christologia, or A Declaration of the Glorious Mystery of the Person of Christ,” in *The Works of John Owen* (London: Richard Baynes, 1826), 12:184. 日本語訳は本書訳者による。

第2章　神さまの成績表——福音のほかに良い知らせなどないから

これは、キリストの御血における福音の偉大なる奥義である。日ごとに罪を犯す者が、その命のかぎり、神との平和を持つとは。

——ジョン・オーウェン[1]

クリスマスの次の日曜日のこと。私のクラスでも、この週の典型的な光景が見受けられました。ほとんどの子どもたちが帰省してしまうのです。残った数人の子どもたちは、親戚が泊まりに来ているのか、従兄弟たちを連れて教会学校に来ていました。

連れられて参加した子どもたちの中に、ニコールという中学生の女の子がいました。彼女は教会に慣れている様子でした。お祈りの輪の中にも入り、ワーシップソングもいくつか知っていました。クリスマスまでの数週間、私たちはルカの福音書からイエスの誕生物語を学んできましたが、その内容を復習すると、ニコールは進んで知っていることを皆とシェアしてくれます。きっと福音についてもしっかりと理解しているんだろう、と私は考えました。彼女が教会に通っていたことも、後で分かりました。

従った唯一のお方

クリスマスが終わってからも、私たちはルカの福音書を続けて学び、十二歳のイエスがエルサレムを訪れる物語に移りました。この時点で、私は福音を毎週教えるということを心得ていました。そこで、私はまず、イエスの誕生物語の登場人物が赤ん坊イエスのことを、救い主、神の子、そして罪を赦してくださる永遠の王と呼んでいたことを子どもたちと振り返り、こう尋ねました。「では、イエスさまはご自分のことをどう呼ばれたか、知っているかな？　イエスさまが来られた理由について、聖書で最初に何と書かれているか、知っている人は？」

答えはもちろん、イエスが両親とエルサレムを訪れる物語にあります。家に向かう帰り道、彼らはイエスがいないことに気付きます。両親は三日間探し回り、ようやく宮でイエスを見つけるのです。そこで、最初に記録されたイエスの言葉を聞くことができます。「わたしが自分の父の家にいるのは当然であることを、ご存じなかったのですか」（ルカ２・49）。この一言には、かなり多くの意味が含まれています。イエスはただ宮を指して言ったのではありません。父の家にいる、ということは、御父に雇われているという意味があります。つまり、御父に従うということです。それは、御父が命じられることを行い、そのわざを完成させることを意味するのです。

イエスは両親と家に帰り、「両親に仕えられた」（同２・51）とあります。神に従うことの代償は、ルカの福音書が展開していくにつれて明らかになっていきます。イエスは最後に再びエルサレムを訪れ、その時もまた、そこを去られませんでした。危険から逃れる代わりに、イエスはあえて壁を超えて、兵士たちが捕まえにくるであろう場所に足を踏み入れられたのです。それがゲッセマネでした。その場所でイエスは御父にこう祈りました。「わたしの願いではなく、みこころがなりますように」(同22・42)。

私はこの全体の流れを説明するために、これらすべてをレッスンに組み込んでいました。ルカが十二歳の少年イエスについて書いたのは、子どもたちが共感できる、従うべき模範を示すためではありません。むしろルカは、神の律法にも、十字架による贖いの計画にも、完全に服従した救い主の姿を描いています。私たちはその姿を、ただただ驚きをもって見届けるだけなのです。大切なポイントは、私たちも同じように従うべきだ、ということではなく、イエスが従われた、という点です。

これはなかなかよくできたレッスンだと、私は思いました。しかし、ニコールは混乱しているようでした。そこで、私は続けて説明しました。両親や神に従うことに失敗することも多いけれど、クリスチャンである私たちは、それでも確信を失わず、喜びをもって、次もまた進んで従おうとすることができる。それは、私たちがイエスさまに属しているからだ。このお方は、私たちの人生が神の御前に喜ばれるものとなるために、私たちの代わりに従い、死んでくださった。この説明で、ニコールも納得するだろうと思っていました。

しかし、そうはいきませんでした。ニコールは、イエスの服従が、なぜ彼女に対する神の考えを変えることになるのか、理解できない様子でした。「そんなのおかしいよ。」ついに、彼女はこう言い放ちました。

私は何を言っていいか分からず、しばらくそこに座っていました。ふと、私の教材ボックスの中に、この窮地を救うかもしれない視覚教材があったことを思い出しました。私は子どもたちに少し待つよう告げ、ボックスを漁（あさ）ってみました。案の定、そこには「神さまの成績表」があったのです。

まずは、警告から

ニコールがどうなったかは、本章の最後に教えることにしましょう。まず、「福音」が何を意味するのかについて、さらに詳しく説明する必要があります。

まずは、警告です。福音は、皆の気分を害します。ある時点では、あなたの気分をも害するでしょう。それは、身震いするほど恐ろしい十字架のせいかもしれません。または救いが完全に無償であることや、自分で決断する人生を手放さなければならないことによるものかもしれません。または、それとはまったく別の理由があるかもしれません。とにかく、もし心底本音を打ち明けるなら、あなたもどこかの時点で、「待てよ、この話はどうも気に入らない」と言うはずなのです。

パウロも同じ論点を述べています。「ユダヤ人はしるしを要求し、ギリシア人は知恵を追求します。しかし、私たちは十字架につけられたキリストを宣べ伝えます。ユダヤ人にとってはつまずき、異邦人にとっては愚かなことですが、ユダヤ人であってもギリシア人であっても、召された者たちにとっては、神の力、神の知恵であるキリストです」（Ⅰコリント1・22〜24）。

一世紀に生きていたユダヤ人やギリシア人は、とうの昔にいなくなっていますが、彼らがどういう人々であったかは分かります。ギリシア人は世の知恵に長けており、血のいけにえが主流であった当時の未開の宗教を信じる人々より、自分たちが賢いと考えていました。十字架は、彼らの賢明な感性に反していたのです。神が御子を死なせるために遣わすなど、愚かで、原始的で、無意味なことだ、この世の中で成功するためにそれがどう役に立つのか、と彼らは考えました。

一方で、ユダヤ人にはいけにえに対する反発はありませんでした。しかし、彼らは自己義認と宗教的儀式を要求する態度を捨てようとしませんでした。「なぜでしょうか。信仰によってではなく、行いによるかのように追い求めたからです」（ローマ9・32）。ユダヤ人は、神を感心させるために何かしなければならないという考えに固執していたのです。

私の知るかぎり、教会に通う人のほとんどは、口先では十字架を称えますが、心の底ではギリシア人かユダヤ人のいずれかのようです。「ギリシア人」的な人は、十字架を恥じています。十字架は罪と神の怒り、そしてすべての規則を定める神に従わなければならないことを表すからです。このような悲観的な話は避けるほうが健全ではないか、というのが彼らの考えです。「ユダヤ人」的な人にとっては、十字架は危険なものです。盛大な祈りや宗教的な行いは、時に私たちを神から遠ざけることにしかならない、という恐ろしい印象を与えるからです。神が十字架で私たちの一生分の罪を拭い去ってくださる――教会の奉仕をどれだけしようが無関係――という概念も、どうも落ち着きません。結局、すべてのみわざが十字架で成し遂げられたのなら、私たちはどうやって人と優劣をつけつつ、なおも狭い道にたどり着くことができるのでしょうか？

どちらの立場にとっても、十字架は隅に追いやっておくほうが良いのです。不快で物議を醸すものだからです。

このような影響から、私たちは十字架を軽く扱ってはいないでしょうか。そうすれば誰の気分も害さずにすみます。私は、まさにこの理由で、何年もの間、十字架を当たり障りなく扱ってきました。しかし、それは福音自体を害することになります。そもそも神が十字架を計画されたのは、あらゆる人に衝撃を与えるためであったということに、私はようやく気付き始めたのです。

というわけで、皆さんに警告はしました。あなたが真の福音を教えているかを確かめる一つの方法は、あなたがその侮辱に個人的に悩まされてきたことです。または、遅かれ早かれ、誰かが――おそらく「教会の要となる人」でさえも――あなたの教えていることを耳にして、苦情を呈してくるでしょう。

福音とは何か?

福音を知るには、あらゆることを網羅しなければなりませんが、コリント人への手紙第一15章の冒頭部分には要点がよくまとめられています。

兄弟たち。私があなたがたに宣べ伝えた福音を、改めて知らせます。あなたがたはその福音を受け入れ、その福音によって立っているのです。私がどのようなことばで福音を伝えたか、あなたがたがしっかり覚えているなら、この福音によって救われます。そうでなければ、あなたがたが信じたことは無駄になってしまいます。私があなたがたに最も大切なこととして伝えたのは、私も受けたことであって、次のことです。キリストは、聖書に書いてあるとおりに、私たちの罪のために死なれたこと、また、葬られたこと、また、聖書に書いてあるとおりに、三日目によみがえられたこと（です。）」（Ⅰコリント15・1〜4）

「最も大切なこと」は、キリストが「私たちの罪のために死なれたこと」である、と簡潔に示したパウロの言葉の本質を巡って、議論を組み立てましょう。三つのステップで、福音の確信を掘り下げていきます。

(1) キリスト
(2) 死なれた
(3) 私たちの罪のために

福音とは、イエス・キリストに関することです。

福音は、永遠の神の御子がイエスという名の生きた人間となり、死んでよみがえり、今も生きておられるという事実の知らせです。コリント人への手紙第一15章を読み進めると、パウロは復活後のイエスを肉眼で見た人を次々と登場させているのが分かります。

イエスの死と復活は、私たちが神を愛するようになるための痛烈な思想というだけではありません。もちろん、そこから神への愛は生まれますが、それは十字架が私たちの愛を呼び起こす実際の愛の行為であるからです。そしてイエスは、ご自身の民すべてを救い出す、真の復活の救い主であられるからです。

イエスは、どのようなお方だったでしょうか。これ以上ないほどの激しい嵐を権威の一言で黙らせたかと思えば、次の場面では重い皮膚病で膿んだ肌に愛をもって触れられます。自慢ばかりの宗教指導者たちを悪魔の子と呼び捨てたかと思えば、売春婦にあなたは赦されたと告げられます。死んだ人をよみがえらせましたが、そのみわざへの称賛はご自身から遠ざけられます。なんと並外れたお方でしょうか。

イエスの称号「キリスト」とは、「油注がれた者」を意味します。聖書の時代では、祭司、預言者、王の職務に就く者はみな、油注ぎを受けていました。イエスもまた、私たちの祭司であり、御父との仲介者です。しかし、それだけではありません。イエスは最高の預言者であり、私たちが神の神秘を学ぶための教師でもあります。また私たちの創造主、王であり、私たちがすべての忠誠を誓う永遠の監督者です。イエスは受肉された知恵、良い羊飼い、主の主、王の王です。このお方が、私たちの罪のために死なれたのです。

福音とは、イエスの死と復活です。

福音がクリスチャン生活のすべての場面に浸透していることを考えると、これは狭い定義だと言えるでしょう。しかし、狭めることで分かりやすいこともあります。私たちが福音のほかのいろいろな側面にスポットライトを広げる時も、焦点は十字架と復活に置かれたままになるからです。

神の救いのみわざは、すべてつながっています。それはつまり、福音には、十字架よりかなり前に起こった重要なことも含まれるということです。神は「世界の基が据えられる前から」イエスにあって私たちを選ばれました（エペソ1・4）。救いは、旧約聖書の物語、律法、預言、知恵の中ですでに動き始めていました。したがって、広い意味では、これらも福音と呼ばれるべきです。しかし、私たちにとっては、御使いが羊飼いのもとに現れて、イエスが宣教を始められるまで、明確に福音の宣言は聞こえてきません。しかも、十字架に至るまで、私たちは福音の実感すら得られないのです。

同じように、イエスの勝利が私たちに適用されるのは、復活の後です。これは、福音の範囲を考えるうえで決して忘れてはいけないことです。イエスは私たちのためにとりなし、私たちを治めるために昇天されました。私たちには神の子とされる約束と、聖霊によるきよめと、将来の栄光が与えられています。しかし、これらはみな、イエスが十字架上で完成されたみわざから流れ出るものなのです。私が福音をより狭い意味で語るのはこのためであって、すなわち、パウロの言う「最も大切なこと」とは、この点です。特に、私たちが続けている良い行いも、福音そのものとは切り離すほうが考えやすくなります。私たちが神の国のためにいのちをささげることでさえ、それはイエスが与えてくださったいのちの残響に過ぎません。

福音とは、イエスが私たちの罪のために死なれたということです。

イエスは完全な人生を歩み、責められるべき罪は一つもありませんでした。しかし、イエスは私たちの身代わりとなってくださいました。これは、私たちが今も罪を犯すにもかかわらず、同時に、罪を忌み嫌われる聖なる神に完全に受け入れられ、愛されることを意味します。

福音を教える教師は、神の要求を甘い砂糖菓子で塗り固めてはいけません。聖書の示す罪とは、神に対する、また宇宙の喜びとなるものすべてに対する、私たちの意図的な反抗です。神は父、子、聖霊からなり、それぞれの位格が互いを愛しています。神は、その愛を私たちに映し出し、神の造られた良い世界を守るために私たちを創造されました。しかし、私たちは神の美しさより、利己心や自己努力を選び、私たちの創造主を拒絶したのです。私たちの偶像礼拝は、神の創造された世界に悪臭を放ちました。自分の家にスカンクの死骸があったら、当然それを排除するべきでしょう。同じように、神が私たちを滅ぼそうとされることは、真っ当なことです。

しかし、神は私たちを滅ぼされませんでした。その代わりに、イエスが私たちの身代わりとなって、その罪の苦しみを受けてくださいました。

- 罪は、私たちが死ぬ運命にあることを示します。しかし、イエスは私たちに永遠のいのちを与えるために死なれました。「主が私たちのために死んでくださったのは、私たちが、目を覚ましていても眠っていても、主とともに生きるようになるためです」（Ⅰテサロニケ5・10）。
- 罪は、私たちがのろわれた者であることを示します。しかし、イエスは私たちを祝福された者とするためにのろわれた者となってくださいました。「キリストは、ご自分が私たちのためにのろわれた者となることで、私たちを律法ののろいから贖い出してくださいました」（ガラテヤ3・13）。
- 罪は、私たちが恥ずべき者であることを示します。しかし、イエスは私たちに栄光を与えるために十字架の恥に耐えてくださいました。「今は、神が御子の肉のからだにおいて、その死によって、あなたがたをご自分と和解させてくださいました。あなたがたを聖なる者、傷のない者、責められるところのない者として御前に立たせるためです」（コロサイ1・22）。
- 罪は、私たちが有罪であることを示します。しかし、イエスが有罪とされ、その刑罰を受けてくださったので、私たちは無罪の宣言を受けることができました。「私たちに不利な、さまざまな規定で私たちを責め立てている債務証書を無効にし、それを十字架に釘付けにして取り除いてくださいました」（同2・14）。
- 罪は、私たちが神の敵であり神の怒りを受けるべき者であることを示します。しかし、神が私たちに好意を向けられるよう、イエスはその怒りをご自身のほうに向けられました。「敵であった私たちが、御子の死によって神と和解させていただ（きました）」（ローマ５・10）。

- 罪は、私たちが神との交わりから締め出されたことを示します。しかし、イエスが孤独のうちに十字架で死なれたことで、私たちはもう二度と孤独になることはありません。「キリストも一度、罪のために苦しみを受けられました。正しい方が正しくない者たちの身代わりになられたのです。それは、……あなたがたを神に導くためでした」（Ⅰペテロ３・18）。
- 罪は、私たちに永遠の幸せという希望がないことを示します。しかし、イエスは私たちに永遠の喜びを与えるために悲しみを背負ってくださいました。「まことに、彼は私たちの病を負い、私たちの痛みを担（いました）」（イザヤ53・４）。

かつて、霊的悪臭を放ち、神に喜ばれなかった私たちは、今や復活の救い主に仕えるために自由の身とされたのです。「キリストはすべての人のために死なれました。それは、生きている人々が、もはや自分のためにではなく、自分のために死んでよみがえった方のために生きるためです」（Ⅱコリント５・15）。まさに目を見張るような変化です。

そして、その理由は何でしょうか？　刑罰を受け、殺され、拒絶され、恥とされるなどといった仕打ちを受けさせるために、神がそのひとり子を与えられた理由は、ほかでもない、私たちを愛しておられるからです。御父が御子に抱いておられるその愛――永遠で完全なる父の愛――は、私たちにも注がれているのです。

泣いていた子ども

私たちが救われていると知ることは、きわめて重要です。もし私たちが、自分は地獄の危機にさらされたことなどないと何となく思っているなら、イエスを立派だと思うことはあっても、イエスを愛することはないでしょう。

以前、私は未就学児のグループを担当していたことがあります。そのとき、私たちはときどき怒ることがある、という話をしていました。すると一人が、「イエスさまは、怒る人は地獄に落ちると言われたよね」と大きな声で言ったのです。私は、確かにイエスさまはそのようなことを言われたね、と答えました。

すると、別の小さな男の子が泣き始めました。私は何ともいたたまれない気持ちになりました。罪と裁きの問題について深堀りしすぎたか、と考えました。どうしよう？　ただ私には、ディスカッションの内容を福音に切り替えるだけの判断力はありました。そこで、私はこう言いました。

「そうだね、イエスさまは確かに、良くない理由で怒るなら、神さまの罰を受けなければならないと言われた。だけど、イエスさまは良くない理由で怒ったことは一度もないんだ。では、誰が罰を受けるべきだと思う？　みんなか、イエスさまか、どっち？」

「ぼくたち。」子どもたちは答えました。

「でも、実際に罰を受けたのは誰？　十字架で死なれたのは誰かな？」　私は尋ねました。

「イエスさま。」

「そうだね。」私は続けました。「イエスさまが、すでに罰を受けてくださったんだ。だから、みんながイエスさまに属しているなら、もし君が怒ったとしても、神さまは君を罰することはなさらない。すでにイエスさまが身代わりとなって罰を受けられたのに、君にも罰を与えるとしたら、それは間違っているもの。」

泣いていた男の子が、目を上げました。彼は数秒ほど私が真剣かどうかじっと見ていました。そして、にっこり笑いました。歯が見えるほどの、満面の笑みです。あまりにも嬉しそうな笑顔に、私のほうが思わず泣きそうになったほどでした。

　長年にわたる教師としての働きが報われたと感じられるのは、このような瞬間です。ただし、このような瞬間は、単純に「イエスが私たちのために死なれた」とだけ教えていたのでは、決して訪れることはありません。あの男の子も、この決まり文句は前から耳にしていたはずです。しかし今回、彼は聖なる神の御顔の前に、自分の罪をひときわ深く実感させられ、救われる必要性を感じたため、福音は彼に喜びをもたらしました。あの笑顔は、彼の賛美だったのです。彼にとって、イエスは大きな存在となりました。

クリスチャンらしく「立つ」には

福音は、刑罰から逃れることだけではありません。福音は、新しいいのちです。コリント人への手紙第一15章には「しっかり覚えている」ようにと書かれています。福音が宣べ伝えられ、それを受け取ると、私たちは「その福音によって立っている」のです。イエスにあって、私たちは神の前に立ち、神の命令を行い、神が配慮してくださるのを楽しむ立場(ステータス)を得ます。この言葉が現在進行形であることに注目してください。私たちは日々福音の中に立ち続けています。そこには、継続的な価値があるのです。

福音は、私たちの行いではなく、イエスが成し遂げてくださったことです。とはいえ、それを信じるなら、福音は私たちに行動を起こすよう強く促します。パウロはこれについて、このように説明しています。「この恵みのゆえに、あなたがたは信仰によって救われたのです。それはあなたがたから出たことではなく、神の賜物です。行いによるのではありません。だれも誇ることのないためです。実に、私たちは神の作品であって、良い行いをするためにキリスト・イエスにあって造られたのです。神は、私たちが良い行いに歩むように、その良い行いをあらかじめ備えてくださいました」(エペソ2・8〜10)。

私たちの救いは、寛大で、すべてを満たします。そう、私たちは恵みによってのみ救われました。しかし、神は私たちが悪臭を放ちながらも愛されていれば良いというのではなく、悪臭を放たない人間になる必要があることを知っておられます。神は、真の礼拝を救い主にささげ、良い行いをするように、私たちが新しく生まれ変わることを救いの一部とされたのです。

私たちは、キリスト・イエスの内に造られました。信仰によってイエスと結ばれたので、以前は考えられなかったことができるようになりました。真の意味で献身的な行いができるようになったのです。神の愛を獲得するためにこのような行いをするなら、それは一円の価値にも満たないでしょう。神が私たちを喜んでくださるのは、私たちがキリストの内にあるからです。たとえ不器用でも、感謝をもって神にささげるなら、神は受け入れてくださいます。私たちは「恐れなく主に仕えるように」贖われました。それは、「私たちのすべての日々において、主の御前で、敬虔に、正しく」仕えるためです（ルカ1・74〜75）。

福音は私たちを癒やし、そして力を与えます。神と隣人に仕えたいという願いを起こさせるのです。聖霊が私たちの内にそのような願いを育て、イエスにあって得た立場と力をさらに明らかに示すことによって、生きているかぎり、福音は私たちを新しく変え続けます。それは、世界中の教師が子どもたちのために願っていることです。

神が成績をつけられるなら

ニコールをはじめ、この章の冒頭に出てきたほかの子どもたちは、イエスの従順がなぜ彼らに関係があるのか理解できませんでした。私の話はやや教理的で、毎日の生活にほとんど影響しないような、つまらないレッスンに思えたでしょう。

私は、教材ボックスから一つの茶封筒を取り出し、子どもたちに見せました。封筒には「成績表」という文字が印刷され、その下には名前を記入する欄がありました。私はそこに、「わたし」と書きました。

「想像してごらん。これは君の成績表で、君はこれを神さまに見せなければならない」と子どもたちに言いました。「学校の勉強とは違って、ここでは五つの信仰の科目ごとに成績がつけられる。両親に従う、寛大である、親切である、うそをつかない、人を優先する、というものだ。君なら、どんな成績がもらえると思う？」

一つか二つなら「A」があるかもしれない、と考えた子どもも数人いました。しかし、大半の答えは、私が長年にわたって何百人もの子どもたちから聞いてきたとおりでした——自分は「B」か「C」しかもらえないだろう、と。ニコールは、とりわけこの質問に身を乗り出して、自ら「親切である」には「B+」を、「寛大である」には「D」をつけました。「私は自分の物が好きすぎるもの。」彼女は説明しました。「神さまは私にもっと寛大になってほしいと思ってるって、分かってる。」

「私も同じように思うよ。」私はニコールに言いました。「でも、君が神さまの厳しさに気づいてくれて嬉しく思う。実際、神さまはあまりにも厳しいから、私たちがどれだけ良い生き方をしようと、神さまはみんなに同じ成績をつけられるんだ。」

私は封筒を開けて、成績表を取り出しました。一つひとつの信仰の科目の横には、太字で書かれた大きな「F（失格）」の文字があったのです。

　何人かの子どもは驚いた様子でした。それで私は、神はあまりにきよいお方であられるから、私たちは完璧でなければならないこと、完璧になれないならすべて「F」になることを説明しました。「全部『F』がつけられた成績表を家に持って帰るとしたら、どんな気持ちだろう？」私は尋ねました。

　きっとがっかりすると思う、と子どもたちは答えました。お父さんやお母さんが怒ったり、罰を与えたりするのが恐ろしくなるだろう、と話していました。ある男の子は、お父さんが学校に迎えに来てくれなくなるかもしれない、と心配したほどでした。「お父さんの車に乗るところを誰かに見られて、もしその人たちが『F』の成績のことを知っていたら、ぼくたちは悪い家族だと思われるかもしれない。」

　この男の子の告白に、私たちの心は沈んでしまいました。私たちは、恥が罪の結果の一つであることについて話し合いました。「だけど、良い知らせがあるんだ。神さまは私たちの罪の問題を解決してくださる。」私は言いました。「神さまは何をしてくださるか、知ってる？」

「赦してくださるんじゃない？」誰かが提案しました。

「そう。」私は言いました。「それは、私たちの『F』を全部消してくださるようなものだね。でも、もっと良いことができないかな。もし成績表の『F』を全部消したら、何が残る？」

「何も書かれていない成績表だね。」

「そのとおり。」私は続けました。「何も書かれていないのも、良い気持ちにはならないと思うんだ。その空白を埋めるために、うんとがんばって、良い成績を取ろうと努力しなければならないだろう。神さまがただ赦してくださると考えるだけなら、そういうことが起こるんだよ。私たちはなおも、神さまを喜ばせるために良いことをしようと無理なプレッシャーを感じたままになってしまうんだ。」

「神さまは全部の成績を『A』にしてくれるんじゃない？」

「いいぞ、近くなってきた。」私は言いました。「でも『A』は誰かが獲得しないと意味がない。だけど僕たちは『A』を取れるほど優秀じゃない。だとしたら、その『A』はどこからくるのかな？」子どもたちは、首を傾げました。答えに詰まったようです。

「よし、では良い知らせを見せてあげよう。」私はそう言って、教材ボックスの中から二つ目の成績表を取り出しました。その封筒には、「イエス」という名前が印刷されていました。

「イエスさまは、完璧な人生を生きられた。」私は言いました。「イエスさまは全部の科目で『A』を取られたんだ。」そして、私はイエスと書かれた封筒を開き、その成績表を取り出しました。すべての科目に「A」と書かれています。私はその成績表を、「わたし」と書かれた封筒に入れました。そして、すべての科目に「F」がついている成績表を、「イエス」と書かれた封筒に入れました。

抗議

「ちょっと待って！　そんなことできないよ。」こう言ったのは、ニコールでした。

私は答えました。「イエスさまと私で、成績表をとり替えっこしたんだ。どうしてだめなの？」

「そんなことをしてはいけないよ。」ニコールは私に言いました。「間違ってる。」

このような反応が来るだろうと思っていました。私が神さまの成績表のからくりを明かすと、必ず毎回誰かが抗議するのです。たいていの場合は、あまりに簡単にオール「A」を手に入れたことが納得できないという意見です。今回の場合、ニコールはその逆のことに心を騒がせていました。彼女はイエスがオール「F」を取ったことに納得がいかなかったのです。

私は尋ねてみました。「イエスが君の罪のために死なれたということを、聞いたことがあるだろう？」

もちろん、彼女は聞いたことがありました。しかし、彼女の説明を聞くうちに、彼女の描いていたのは、気高いイエスさまが勇敢に十字架の死に向かわれた、というイメージであったことが分かってきました。今、ニコールは、イエスが背負ってくださったものがそれ以上のものだったことに衝撃を受けているのです。それは最悪の成績表を家に持って帰り、罰を受け、恥にさらされ、身に覚えのない怒りを受けるようなものです。「イエスさまは恥ずかしかっただろうに。」ニコールは説明しました。

「そうだよ。」私はその言葉に同意しました。「誰かのために死んだという人はたくさんいる。だけど、イエスさまが君のためにしてくださったほどのことをした人は、ほかに一人もいないんだ。イエスさまは、本来罰を受けるべきお方ではなかった。復活はそれを証明している。でも、十字架の上で、イエスさまは君が受けるべき罰をすべて受けてくださった。君の恥でさえも。イエスさまはすべてを背負われたんだ。」

何も獲得せずとも

ニコールはまだ、イエスが「F」の成績を取ったことについて、なぜ私が嬉しそうに教えるのかを知りたがっていました。そこで私は、彼女が神にどんな感情を抱いているかという話題に切り替えました。「君は賛美もするし、お祈りもするみたいだね。」私は言いました。「なぜ、賛美やお祈りをするの？」

「楽しい時もあるし……。」彼女は答えました。「でもたいていは、そうすることが良いことだと思うからよ。神さまは私にそうしてほしいんだと思う。楽しいと思わない時でも、後で気分が良くなるから。」

「私は、君が賛美をしたり、お祈りをしたりすることを嬉しく思っているよ。」私は言いました。「でも、どうも君は神さまに好かれるためにそうしてるみたいだよね。賛美やお祈りをすると、気分が良くなる。でも、しないと申しわけなく思う。」ニコールはうなずきました。

そこで、私は子どもたちに呼びかけました。「では、すでにオール『A』の成績表をもらえたらどう思うか、話し合ってみよう。」

　子どもたちは、怖がる気持ちはなくなる、と言いました。ある女の子は、きっとお母さんがご褒美にアイスクリームを買ってくれるだろうと話しました。そこで私は、ひとつ提案してみました。その好成績はすべてイエスから与えられたのだから、子どもたちが自分のやったこととして誇りに思えるように、自分で獲得できる点数をあと少し足すように努力したらどうだろう、というものです。しかし、子どもたちはみな、そんなことは愚かなことであり、イエスが与えてくださったものに対して失礼だ、と理解していました。

「いいね。」私は言いました。「もう君たちは、クリスチャンとほかの人との大きな違いを一つ理解したようだね。私たちクリスチャンは、良い成績――これを聖書は『義』と呼ぶ――を、神さまからいただく。私たちの行いによるのではないんだよ。悪いことをやめようとする人は多くいるけれど、クリスチャンは、自分がいかに良い人間かを証明しようとするのをやめるんだ。」

　レッスンの時間が終わりに近づいていました。そこで、私はニコールのほうに向いて、こう言いました。「もし君がイエスさまと結ばれているなら、神さまは君のことを喜んでおられるよ。神さまがイエスさまを喜ばれるのと同じようにね。君が、それほど完璧に従っているかのように。もちろん、君には神さまに従うという仕事が残っている。でもその仕事というのは、神さまを怒らせないように恐々(こわごわ)することではないんだよ。すでに愛され、愛のうちにいるからこそ成せる崇高な仕事なんだ。イエスさまがオール『A』を取ってくださったから、君はただイエスさまから得た義によって、完全に、完璧に、受け入れられるんだ。もう恥は取り去られているんだよ。」

「信じるんだ。君はイエスさまの内にあって守られていると、信じるんだ。イエスさまの君への愛は決して変わることがないと、信じてほしい。信じれば信じるほど、お祈りをしたり、聖書を読んだり、賛美をしたりすることは、恐怖や義務感からではなくなる。そうしたいと願うからこそ、お祈りや賛美をするようになるはずだよ。」

ニコールは真剣な顔でうなずきました。彼女が理解したことは分かりましたが、それを信じるには至らなかったようでした。それでもいいでしょう。福音（良い知らせ）は、信じられないほど「良い」のですから。私はニコールに笑顔を向け、その日のレッスンを終えました。

何よりも良いもの

神さまの成績表は、非常に深いたとえです。このたとえは、私たちの罪のためのキリストの死を土台とする人生が、神に近づくためのほかのどの方法よりも良いことを明らかにしてくれます。

道徳主義よりも良い

ただ良い生き方をするよう努力させることは、子どもたちを誇らせるか、いら立たせてしまいます。しかし、福音は誇らせることはありません。私たちは与えられた義を得るために何もしていないからです。また、落胆させることもありません。基準に達すべきはイエスのみであるからです。

子どもたちは謙遜になれると同時に、神の承認に、この上ない自信を持つことができます。

不本意ながらの赦しよりも良い

罪は、必要なときには神が私たちを赦してくださっても、私たちが最善を尽くすことを期待し、しばしば私たちを見下ろし睨（にら）みつけている……という嘘を突きつけます。何も書かれていない成績表のように、不本意ながらの赦しは、神のために生きることについて、子どもたちに不安を抱かせます。福音は子どもたちを解放させ、彼らは味方でいてくださる神に仕える人生を楽しむことができるのです。

安っぽい恵みよりも良い

福音は、ある程度良い人間であったり、正しい祈りをしたりすれば、簡単にあなたを愛してくれる、神にとって問題はなく、それ以上の要求はない、という甘やかしの神の概念に勝ります。安っぽい恵みは心地よく聞こえますが、結局神は無関心で退屈な存在になってしまいます。福音は、罪がどれほど深刻なものであるかを示しています。その深刻さは、イエスの犠牲的な愛を必要とするほどのものなのです。福音は、神こそ生涯の悔い改めをささげるにふさわしいお方であると教え、子どもたちの心を捉えます。

「癒やし系」宗教よりも良い2

私たちも、クリスチャン生活とは、正しい祈り、賛美、教え、そのほか「イエス関連のこと」を行うことで、気分が良くなったり、より良い習慣を身につけたりすることだと考えがちです。しかし、クリスチャンとしての体験とは、私たちの存在自体が根本的に変わることだと福音は教えています。神は私たちを死からいのちへ、恥から栄光へと、救い出してくださいました。これは、自己改善よりはるかに意欲をかき立てるものです。

イエスさまをお手本に、よりも良い

この世の中で、イエスがなされたように良いことをするのは重要です。しかし、イエスさまをお手本に、と子どもたちに教えるだけでは、イエスが示された自己犠牲の生き方を実践する力を与えることにはなりません。福音によって力を得てはじめて、彼らは自分からイエスの生き方に従うのです。そうなると、もはや彼らを止めることはできません。

福音は、キリスト教をガイドブックに仕立て上げ、子どもたちが自分の人生をそれにはめ込むようなものではありません。はめ込むだけでは十分ではありませんし、ルールだけでは、家族経営に何の権利も持たない下働きの立場のようなものです。私たちは、王の相続人なのです。私たちは新しく生まれ変わりました。私たちは、神によって絶望的な状況から一気に救出され、言葉を失い、高揚感に満たされ、後戻りはできないほどに変えられたのです。

私は、これらを全部ニコールに伝えたかった、と思いました。私が教えたのは、イエスと結ばれていることのほんの一側面だけです。私たちが子とされたことも付け加えたかったですし、それによって、私たちを愛し、迎え入れてくださる御父に従うことが大きな喜びとなることも教えたかった、と思いました。私たちが聖なるものとされていること、それによってキリストにある新しい人として大胆に生きることができることも伝えたかったのです。永遠の希望について、そして復活の約束が熱心に神に仕える原動力であることについても、話すことができたでしょう。福音のすべての側面が、確信をもって生きるクリスチャン生活の燃料となるということを考慮すべきだったのではないでしょうか？

ニコールはすでに、従姉妹たちと廊下を歩き始めていました。追いかけようか、と私は考えました。もしかすると、昼食でも食べながら、互いの家族も交えて、もっと話をすることができるかもしれません。しかし、私は自らを引き留めました。彼らには予定もあったかもしれません。それに、せっかくのクリスマス休暇に、イエスについてまくし立てる教師の話を聞きたいと思う中学生なんているでしょうか。

すべてを語り、その奥義を完全に伝えるには、時間がかかりすぎます。一生かかっても無理でしょう。

Q&A

――クリスチャンとして、私たちがどのように振る舞おうと関係ないと言っているように聞こえます。私たちは、神に従うよう努力する必要があるのではないですか?

私たちがイエスにあって受け入れられているという、ショッキングなほどの神の気前の良さが提示されるたびに、このような反発を必ず受けます。これは、聖書の時代にまでさかのぼります。「それでは、どのように言うべきでしょうか。恵みが増し加わるために、私たちは罪にとどまるべきでしょうか。決してそんなことはありません。罪に対して死んだ私たちが、どうしてなおも罪のうちに生きていられるでしょうか」(ローマ6・1～2)。もちろん、罪を犯し続けて良いわけはありません。神の恵みが私たちに罪を犯させるのではという考えは、クリスチャンになることの変化の大きさを見誤っています。罪を犯してうまく出し抜いてやろう、という態度は、古いいのちに属する考えです。私たちは新しく生まれ変わったのです。私たちは、新しいいのちを得、神に従う動機も新しく、より良いものとなったのです。

――しかし、神さまの成績表では、「良い成績」をいただく前に、イエスを受け入れる必要があることを盛り込むべきではないですか?

悔い改めの祈りをすること、福音に信仰をもって応答することの必要性は、私もよく教えています。しかし、このレッスンに限っては省くことにしました。理由は二つあります。第一に、イエスが私たちのためにしてくださったことに焦点を絞りたかったからです。なぜなら、私たちは自分がしなければならないことに固執しやすいからです。そうなると、福音は見失われてしまいます。聖霊が子どもの心に入ってくだされば、私がおだてなくとも、子どものほうから正しい応答が生まれるでしょう。第二に、福音を信じることは、クリスチャンになった後でも重要な習慣であることを主要ポイントにしたかったからです。このレッスンは、救われるにはどうするか、という内容ではありません。神さまの成績表は、すでに信仰を持っている子どもたちが、神の御前に義と認められているという福音を理解することによって、自信と喜びを得るためのものです。

――イエスだけが救いへの唯一の道だというのは、他の宗教を排除し否定しているようです。本当に、イエスはそんなに特別なのですか?

もちろんです。イエスについて、そのように主張することは物議を醸すもの、つまり福音のつまずきの石です。聖書はこのことについて明確に述べているので、それに反対意見を掲げることは聖書を否定することになります。参考に、イエスのようなお方――神の御子が人となり、私たちの罪の罰を背負って苦しみを受け、死んでよみがえられたというお方――はほかのどの宗教にも見られません。イエスは、正真正銘、唯一無二のお方です。もしまだ疑問があるなら、コロサイ人への手紙1章15~23節を注意深く読んでください。そして、そこに書かれてあるような人物が、あなたの知っているほかの宗教にはたして当てはまるかどうか、自問してみてください。

――イエスの教えについてあまり触れていないようです。イエスが教えられたことは、イエスがなされたことと同じくらい重要なのでは？

イエスが教えられたことは、非常に重要です。私はただ、イエスがなされたことを見逃してほしくなかったのです。イエスの救いのみわざから、その土台であるイエスの教えを切り離してはいけません。ルカは「私たちの間で成し遂げられた事柄」（ルカ１・１）と書きました。イエスについて語られるべきは、まず第一に「成し遂げられた事柄」なのです。ルカの福音書、およびマタイの福音書は、来るべきメシアがなぜ重要なのかを最初に述べています。メシアは民を罪から救われ（マタイ１・21）、とこしえに治め、聖なる神の子となり（ルカ１・32〜35）、敵の手から救いをもたらし（同１・69〜71）、救い主となられます（同２・11）。偉大な教師として来られるとは、どこにも書いていません。もちろん、イエスは確かに偉大な教師です。最も優れた教師だと言えるでしょう。イエスを真の救い主として受け入れた人なら、イエスを教師としても愛しているでしょう。それでもなお、イエスの教えは、イエスの地上での歩みのほかの部分と同様に、十字架の中心的な働きを支えているのです。

――私が神さまの成績表の話を用いたとしても、子どもたちからは違った反応が返ってくるでしょう。その場合はどうしたら良いですか？

あなたの生徒たちに強く訴えかける切り口で教えるのが一番です。私も、子どもたちの反応は毎回違うと感じます。イエスが私たちのために死なれたことで解決してくださった問題が、長いリストになっているのはそのためです。そのうちどの問題を取り上げても、福音について良い話ができると思います。ニコールは、十字架の恥という点に大きく反応したので、その切り口を選びました。

――では、他の福音のテーマはどうしますか?

次週にとっておきましょう。または、その次でも大丈夫です。さまざまな視点や角度から福音に触れさせるのは、子どもたちにとても良いことです。それぞれの聖書の物語には、神がご自身の民を守り愛されるユニークな一面が映し出されています。その一面を見つけ、そこを起点に福音を教えることができれば、あなたは生徒たちに、福音を心に触れさせる機会を常に与えることができます。これに関しては、本書の後半でより詳しく学びます。

――罪の認識が必要であることはよく分かりました。しかし、私の教える子どもたちにそのことばかり話したら、彼らは罪悪感を感じて落ち込むだけだと思います。本当にそれが良い方法なのでしょうか?

あなたはたった今、子どもたちの霊的な問題の核心を指摘しました。彼らが本当に信頼しているのは、良いクリスチャンのように行動する自分自身の能力であり、あなたが罪について話すことは彼らが失格者であることを露呈します。自分が良い子であることを信じている子どもは、罪を意識することに対処できません。まさに自分に自信があるため、その自信が壊れてしまうのです。
イエスを堅く信頼している人は、自分の罪を厳しく見つめても、イエスへの感謝が増すだけです。罪の重荷に苦しむ子どもを癒やすのは、罪の話題を無視することではありません（罪について話さなくとも、彼らは重荷に感じているからです）。癒やされるには、大量の福音を投与することで、イエスへの信頼を育てることが必要です。私たちは罪人ですが、今や有罪ではなく、汚れも恥も取り去られているのです。

今すぐイエスが見えるように

これであなたも、神さまの成績表を作って教える準備ができました。もちろん、ここで学んだことを他の方法で実践してみても良いでしょう。以下に、いくつかアイディアを挙げてみます。

両親のために――カード用紙と封筒を用意し、あなたと子どもたちそれぞれの成績表を作りましょう。それぞれ、何も書かれていない封筒に名前を書くスペースと、中には信仰の科目のリストの横に成績を書き込むスペースを作ります。また、もう一セットのカードと封筒を人数分用意し、封筒にはイエスの名前を書き、中のカードには同じように信仰の科目のリストと、「A」の成績をあらかじめ書き込んでおきます。このイエスの成績表は、初めは隠しておきましょう。

(1) 何も書かれていない封筒を子どもたちに配り、自分の名前を書かせましょう。成績表には、各自が考える自分の成績を書き込んでもらいます。

(2) それぞれ自分で書き込んだ成績について話し合いましょう。神は完璧を求めておられることを説明し、子どもたちが自分の成績をオールFに変えざるをえないことを教えます。

(3) この問題について話し合いましょう。子どもに、解決策を提案してもらいます（どれも神の解決策に優るものはないでしょう）。

(4) 子どもたち一人ひとりにイエスの成績表を渡し、神による解決策を明かします。私たちには実現できないオール「A」の成績を、イエスが実現してくださったことを伝え、子どもたちに自分の成績表とイエスの成績表を入れ替えさせます。

(5) 成績表を入れ替えることが、私たち、そしてイエスにとって何を意味するのかを話し合いましょう。イエスはあなたのために何をしてくださいましたか？　神が無償で私たちを赦し、義としてくださったことは、自分の力で義を手に入れることに比べてどう違いますか？　コリント人への手紙第二5章21節を読むのも良いでしょう。「神は、罪を知らない方を私たちのために罪とされました。それは、私たちがこの方にあって神の義となるためです。」

教師のために——上記に示したとおり、神さまの成績表を作り、あなたの教材ボックスに保管しておきましょう。こうしておくことで、レッスン中に話し合いが必要となるような展開になった時に、それを取り出して子どもたちに見せる教材が常に手元にあることになります。あるいは、福音を示す別のたとえがあれば、それを教えるための視覚的な補助教材を作ってみてください。いずれにしても、何か用意しておくことが大切です。いつでも使えるようなイラストや小道具があると、即興であっても福音を説明するのがずっと楽になります。

幼児・低学年クラスの教師のために――神さまの成績表は、八、九歳以下の子どもにはやや抽象的すぎて理解しにくいかもしれません。同じような概念で、年下の子どもに教える代わりの方法を試してみてください。

- 低学年クラス――貼ったり剝がしたりできる、名札サイズのシールを用意してください。子どもたちに、自分の犯した罪の絵をシールに何枚か描いてもらい、それらを子どもたちの身体や服に貼ります。イエスのシールも作ります。こちらには、イエスが神の律法に従った姿（傷ついた人々を助けたイエス、両親に従ったイエス、など）を文字で書くか、絵に描き、「イエスさま」と書かれた厚紙に貼ります。私たちとイエスの違いについて話し合います。その後、シールを交換し、イエスが私たちの罪を負ってくださったこと、そして私たちにイエスの義を与えてくださったことを示します。
- 未就園児クラス――パペット、人形、ぬいぐるみで遊びます。パペットの一つが「悪い子」で、罰を受けなければならない状況（部屋で頭を冷やさなければならないなど）を演じます。ほかのパペットたちは何も悪いことをしておらず、罰を受ける必要もありません。すると、ある無実のパペットが、悪いことをしたパペットの罰を代わりに受けようと進み出ます。イエスもこのように私たちにしてくださったことを話しましょう。私たちは、イエスに従わなかったので、罰を受けなければなりませんでした。しかし、イエスはその罰に値しないにもかかわらず、私たちの代わりに罰を受けてくださいました。

すべての人のために──簡単なバイブルスタディを通して、イエスと結ばれているからこそ得られるおもな救いの恩恵について知り、福音により親しみましょう。

- 義認──あなたは「無実」とされ、キリストによって義と認められています（ローマ３・21〜24）。
- 子とされること──あなたは神の子どもとされました（同８・14〜17）。
- 聖化──あなたはますます、すでになり始めている聖なる者のように生きることを学びます（テトス２・11〜15）。
- 栄化──いつの日か、あなたに対する、またあなたの内における神のみわざが完成し、あなたは完全な者となります（Ｉコリント15・42〜44）。

これらの救いの恩恵を、一つずつ取り上げて、次の二つの問いかけについて考えてみましょう。

⑴　聖書箇所は、イエスにあって与えられるものについて、何が素晴らしいと述べているのでしょうか？

⑵　それは、いかにして、イエスのために生きようとする私たちの原動力となっていますか？

必ずこれらをあなたの教えている子どもたちと一緒に学ぶか、あなた自身が学んだことを子どもたちに分かち合うようにしてください。

注

1 Owen, "A Practical Exposition on the CXXXth Psalm," in *The Works of John Owen,* 14:22. 日本語訳は本書訳者による。

2 「癒やし系」と訳した therapeutic（治癒的）という表現は、2003-2005 National Study of Youth and Religion にて、Kenda Creasy Dean が説明している。*Almost Christian: What the Faith of Our Teenagers Is Telling the American Church* (New York: Oxford University Press, 2010).

第3章 「福音デー」の罠——福音は教会に通う子どもたちのためでもあるから

たましいとキリストを結びつけること、そしていかなる負い目にも、いかなる罪にも邪魔させないことが、私たちの宣教の最終目的である。

——リチャード・シブス[1]

それは雪の降る日曜日の朝のことでした。礼拝や日曜学校が休みになるほどの大雪ではありませんでしたが、自宅の前の雪かきをしてみると、これは家に籠(こも)る家族も多そうだな、と予測するほどの積もり方でした。おそらく私のクラスも欠席者が多いでしょう。

私はがっかりしました。しかし、教会に着いてみると、同じ教師をしているローラが私よりももっと困惑した顔をしているのを見つけたのです。彼女は、生徒が半分しかいない日に、せっかく準備してきたレッスンをするのはあまりにもったいないと思ったようでした。代わりにやることを見つけようと足早に動き回りながら、彼女はこう言ったのです。「今日は『福音デー』の予定だったのよ。」

私には、その意味がはっきりと伝わりました。ローラは生徒たちの救いのために尽くす素晴らしい教師です。彼女のクラスにはイエスを信じる意志表示をした子もいましたが、まだ定かではない子もいました。そこで、少し背中を押してあげるのが良いと思ったのでしょう。少なくとも、神の救いの計画と、それを信じるようにという呼びかけを、彼らにいま一度明確に提示する必要がありました。そこで、彼女は年に一回、そのための日を定めることにしたのです。

しかしその朝、ローラは行き詰まっていました。私にはその理由が分かっていました。私も、「福音デー」の罠にかかったことがあるからです。

罠

福音デーの罠は、福音がとても重要（それどころか救いになくてはならないもの！）であるにもかかわらず、一部の子どもたちだけが聞く必要のあるものだと考えてしまう時に起こります。このような考えから生じる問題は、二つあります。

一つは、年に数回実行される「福音を提示する日」が、不自然で強制的になってしまうことです。子どもたちはプレッシャーを感じます。ローラの場合、教師側もプレッシャーを感じていました。そのため、福音を宣言するとき、喜びとともに羊飼いたちに現れた御使いたちのようにではなく、緊張感に満ちたトーンで話してしまうのです。福音は、本来心を喜びで満たすはずなのに、胃痛を起こしてしまうのです。私たちが福音を「特別なもの」として扱うことで、子どもたちがそれを喜んで受け取る機会を妨害することになってしまいます。福音はプレッシャーを与えるものだと誰もが察知し、むしろほかのトピックのほうが、グループ活動やクラスがもっと楽しくなる、と思わせてしまうのです。これが罠です。

二つ目の問題は、教会に通う子どもたち（つまりクリスチャンホーム出身で毎週教会に来ているから、大丈夫だろうと思われている子どもたち）が、福音をほとんど聞いていないということです。どんなメッセージでも、人生を変えるほどの印象を与えるには、何度も繰り返し聞かせる必要があります。福音なら、これはなおさらです。なぜなら、私たちはもともと罪の性質をもっていて、イエスに信頼するよりも自分でなんとかしたいという傾向があるからです。福音を少ししか耳にしない子どもたちは、イエスを少ししか愛さず、少ししか信頼しない子どもになりがちです。

決して、毎日が「福音デー」であるべきだと言っているのではありません。むしろ、そんな日は必要ないというのが私の考えです。どのレッスンにも福音を織り込み、その日のテーマが私たちの中で息づくために、最も実践的で価値のある唯一の真理として扱うなら、この罠は避けられるのです。

聖書を読むことや祈ることを、年に数回に限定してする人は少ないでしょう。それらが必要不可欠な習慣であることは、私たちも知っています。福音について聞き、それを信じることも同じです。私たちの教える子どもたちには、福音が常に必要なのです。

教会に通う子どもたちには、二つのタイプがあります。救われていない子どもと、救われている子どもです。この両方が、なんとしてでも、イエスを見なければなりません。では、まず救われていない子どもが福音を必要とする理由から考えてみましょう。

教会に通う子どもの多くは、真のクリスチャンではないかもしれません。もしそれが信じられないなら、その証拠を見れば良いのです。真の信仰は、継続的な悔い改めと新しい生き方をもたらします。しかし、教会に集うほかの人々と同様に、多くの若者は一般的な文化とほとんど変わらない人生を送っています。神に従う人生へと生き方を改めようとする代わりに、彼らはごまかせる程度のクリスチャン的な振る舞いで取り繕っているのです。

中には、本当に教会が好きな若者もいるかもしれません。彼らは一見敬虔なように見え、友達にも伝道し、宣教旅行に参加し、祈禱会をリードしているかもしれません。しかし、彼らがこれらのことをするのは、「教会っぽい」ことをすると気分が良いからであって、神との救いの関係によるものではありません。そのような若者は、自分の行動を本当の信仰だと勘違いしているかもしれません。

どんな子どもでも、救われるべき存在である可能性があります。多くの場合、私たちは知らないだけなのです。

いずれにせよ、アメリカの教会に通う子どもたちの半分が三十歳になるまでに教会に行かなくなるという最近の研究結果がある以上、私たちは目を覚ますべきではないでしょうか[2]。ユースグループ、教会学校のクラス、クリスチャン・キャンプなどにおいて、あるいは家庭においてでさえも、多くの子どもたちは、かつての生き方に戻れないほどまでに福音によって捉えられていないのです。

私は、みなさんを落胆させるためにこの話題を取り上げているのではありません。むしろ、この話をすることで、私たちはますます必死の思いで神を見上げるようになることを願っています。救いをもたらされるのは神のみであり、神のあわれみは豊かに、十分に注がれます。私たちが神に依り頼み、神の手段を用いるなら、子どもたちに大きな希望を抱くことができるのです。

真の決断を下す者

これについては、イエスとニコデモの会話から学ぶことができます。ニコデモは宗教の指導者的な教師で、注意深く神に仕える人であり、イエスがなされるしるしを喜びました。しかし、彼の話の切り出し方からは、ある種のプライドも感じられます。「先生。私たちは、あなたが神のもとから来られた教師であることを知っています。神がともにおられなければ、あなたがなさっているこのようなしるしは、だれも行うことができません」(ヨハネ3・2)。

イエスはそれに対して何も答えず、ただ単刀直入にこう言われました。「まことに、まことに、あなたに言います。人は、新しく生まれなければ、神の国を見ることはできません」(同3・3)。ニコデモは、それが見えていると思っていました。彼の学んできたことや、宗教的な行いの数々によって、自分は霊的なものが何であるかを判断できる器だと考えていたのです。しかしイエスは、ニコデモが宗教的な行いに信頼を置くばかりで、本来あるべき神への信仰を持っていなかったことを、「生まれる」という比喩を使って指摘されました。生まれるとは、自分ですることではありません。自分の身に起こることです。御霊が働いて、霊的ないのちが芽生えないかぎり、誰も真に霊的になることはできないのです。

イエスは続けて言われました。「風は思いのままに吹きます。その音を聞いても、それがどこから来てどこへ行くのか分かりません。御霊によって生まれた者もみな、それと同じです」（同3・8）。御霊は、思いのままに働きます。そして誰でも――ニコデモのような立派な信徒でも――神にしか形造ることのできない新しい誕生が必要なのです。これはつまり、自分たちで考えた救いの公式を捨て去らなければならないことを意味します。

私たちは「教会らしい振る舞い」という公式を信頼してはいけません。子どもたちが道徳的に真っ当に生き、クリスチャンとして良い行いをすることは素晴らしいことです。しかし、その行動がイエスへの真の信仰からくるもので、御霊によって促されたものでないかぎり、神はそれを私たちの従順として認められません。「信仰がなければ、神に喜ばれることはできません」（ヘブル11・6）。

私たちは「良い家族」という公式を信頼してはいけません。確かに、神は家族を通して働かれます。クリスチャン家庭で小さい頃から福音を聞いて育ち、年齢的にかなり早い段階で新生と回心を経験したため、イエスを愛していなかった時期など記憶にはないけれども、真の信仰者であるというケースも実際にあると思います。私たちは子どもたちにこのような境遇が与えられることを望み、祈ります。しかし、新生と回心は自動的には起こりません。神の働きかけは絶対に必要であり、神の時は私たちが選ぶよりずっと後であることが多いのです。

私たちは「祈りを唱える」という公式を信頼してはいけません。教会に通う何世代もの子どもたちが、「罪人の祈り」[訳注i]を唱えることでクリスチャンになることを教わってきました。もちろん回心の瞬間において、この祈りはふさわしいのですが、神が心に働きかけてその祈りを促されない限り、祈りは口先だけの呪文になってしまいます。真の決断をもたらすのは神です。バイブルキャンプで手を挙げ、前に進み出るのも、御霊が私たちの内側に変化をもたらしたのでなければ意味がありません。

私たちの語る口調が、これらの公式への信頼を基盤としていることを示すなら、子どもたちもそれを信頼するようになってしまうでしょう。私たちが彼らの救いを宣言しても、彼らは成長してから、自分が本当には変わっていなかったことに気付き、最終的にはキリスト教に見切りをつけてしまいます。そうなると、簡単に彼らを引き戻すことはできません。イエスを試したけれどうまくいかなかった、という誤った結論に至ってしまうのです。

教師の持つ力

両親や教師が「子どもを救う」ことはできません。しかし、彼らを信仰に導くにあたって、私たちには大きな役割があります。ただし御霊の働きに歩調を合わせることが必要です。御霊の公式を使わなければなりません。私たちがすべきことは、福音に対して王の使者がしたことです。それは、伝えることです。神の方法は、未信者が「福音のことばを聞いて信じるように」されることです

（使徒15・7）。

パウロは、テサロニケ人への手紙の中で、教師にある希望をこのように表現しています。「神が、御霊による聖別と、真理に対する信仰によって、あなたがたを初穂として救いに選ばれたからです。そのために神は、私たちの福音によってあなたがたを召し、私たちの主イエス・キリストの栄光にあずからせてくださいました」（Ⅱテサロニケ2・13〜14）。この箇所には、神が信じる者を選ばれ、神が彼らを聖別されたと書いてあります。これが御霊の働きです。しかし、実際に福音を語ったのはパウロです。彼は「私たちの福音」とまで言っています。パウロは福音を語ったので、御霊の働きにおいて力強い役割を与えられていました。それは失われた人々を救うための神の手段でした。「信仰は聞くことから始まります」（ローマ10・17）。

「良い生き方のレッスン」などをしても、霊的に死んだ人の目を覚ますことはできません。死体に向かって教えることになるだけでしょう。あなたの教えている子どもが自己愛に死んでいるままなら、そのようなレッスンをしたところで、せいぜい相手を操る利己的な宗教に励むようになるだけです。しかし、福音が宣べ伝えられるところには新しいいのちが芽生えます。イエスへの不思議に満ちた愛、そして神への真の感謝が生まれるのです。「福音は、……信じるすべての人に救いをもたらす神の力です」（同1・16）。

求めるものしか得られない

過去に、バプテスマをまだ受けておらず、受けたいと願っている十代の男の子を教えていたことがあります。バプテスマを受けるためには、教会の長老たちとの面談が必要でした。私は、このような面談に生徒と同席するという特権を何年も経験してきました。しかし、この時は、いつものようにスムーズに進まなかったのです。

その場を進めていた長老が、どのように救われたのかを彼に尋ねました。その男の子は、イエスが彼のために死んでくださった、と答えました。良い答えです。しかし、長老が聞きたかったのはそこではありませんでした。「なるほど。しかし、**君自身が**どのように救われたのかを教えてくれるかな?」

男の子は混乱していました。「えっと、イエスさまが、僕の罪を背負って、死んでくださったんです。」彼は続けました。数分かかってようやく、彼の口からイエスを救い主として受け入れたという返答を得られましたが、彼はその決断の詳細については話すことができませんでした。長老は疲労困憊し、もうこれで良いでしょう、ということになりました。

長老が信仰の告白を聞きたがったことは、間違いではありません。しかし、例えば「イエスが君の中で働いておられると、どのようにして分かるのか?」などの質問が付け加えられていたら、私はこの男の子をよく知っているので、きっと素晴らしい答えを返すことができただろうと思うのです。彼の両親に証言してもらっても良かったでしょう。彼の振る舞いは以前とまったく違っていたからです。彼はイエスを信頼し、神のために生きたいと願っていました。長老が**内側の信仰と悔い改め**ではなく、**外側の決断**を聞き出そうとしたため、感動の渦に包まれるようなせっかくの証しを聞き逃してしまったのです。

私たちは、神によって著された全人格的な変化の物語と、それを喜んで心に抱く新しいクリスチャンの兄弟姉妹に目を向けなければいけません。当然、子どもたちが福音に対して悔い改めと信仰の応答をするという責任は、一貫して重要です。私たちが人生をかけて行うべきことで、これほど根本的なことはほかにありません。「神が遣わした者をあなたがたが信じること、それが神のわざです」（ヨハネ6・29）。しかし、子どもたちは常に自分の性質に従って選択するものです。罪の性質から、御霊によって新しく生まれ変わることへの回心が、外側の決断を押しつけることによって起こることはありません。罪を自覚し、神の救いの愛について聞き、イエスという唯一無二のお方に喜びを見いだすことによって、起こるものなのです。

教会に通う子ども　タイプ2――救われているが確信がない子ども

救われた子どもが、クリスチャン人生を歩み始めようとするときはどうでしょうか？　この場合も、福音を用いて、御霊と歩みをともにしなければなりません。パウロの言うところの「恵みのみことば」は、「あなたがたを成長させ、聖なるものとされたすべての人々とともに、あなたがたに御国を受け継がせることができ」ます（使徒20・32）。救われた子どもたちも、成長するためには、イエスを見る必要があります。

多くのクリスチャン――とりわけ若いクリスチャン――は、信仰生活が喜びと愛に満ちるほどまでは、たましいの中に福音がしっかりと根付いていません。彼らの信仰がどのようなものか説明するために、三人の架空の人物を紹介します。

不安なアリス

アリスは、キリストにあって完全に赦され、受け入れられているという深い確信を持っていません。イエスを信じると言いながら、実際はその時々にどれだけ神に従うことができるかによって、神の愛を計っています。彼女は常に不安です。そして、罪は彼女を責め立てます。彼女は、神はきっと自分にがっかりしているだろうし、彼女を救ってくださらないかもしれないと思っています。不安なアリスは、神を愛することができません。どうして愛することなどできるでしょうか？　彼女は、神が自分を地獄に突き落とそうとしているのではないか、少なくとも迷惑に思っているのではないか、という疑念から離れられずにいます。神に気に入られようとするあまり、神を恨んでいるのです。神を愛していると言っても、それは偽りであり、自分でもそれを知っています。

うぬぼれセーラ

セーラは、自分の罪深さをしっかりと理解していません。そのため、彼女は高慢で、感謝の心を持っていません。罪を犯すこともある、と認めたとしても、それほど自分は悪くないと信じています。そして、周囲の人にもそう思わせるように、良い印象を与えようとしています。うぬぼれセーラもまた、神を愛することができません。神を愛する理由がないからです。彼女がどれだけ神を嘲っているか、それにもかかわらずイエスがどれだけのことを彼女にしてくださったかについて、彼女は理解のかけらも示そうとはしません。むしろ、自分の罪を認めないので、悔い改めの必要も感じません。彼女がより強いクリスチャンになっていくことはないでしょう。その必要性を認めないからです。

自己満足なカイル

カイルは、神が与えてくださった救いの全体像が見えていません。彼はキリストが罪に打ち勝つ神の力として、また彼を思いも寄らない方法で変えてくださる力として、彼のうちに働かれていることを理解していません。時々、クリスチャンっぽさを利用して良い人間になろうとしますが、本当にきよくなろうと神への全面的な信頼を培うつもりはまったくありません。自己満足なカイルは、ほかの二人と同じように、神を愛することはできません。神との関係に感動を覚えていないのに、どうして愛することができるでしょうか？　格好いいワーシップバンドや人気のリーダーがいるミニストリーに積極的に参加したり、教会のプロジェクトに参加したりすることがあるかもしれませんが、実際のところ、彼はイエスに飽き飽きしています。

さて、重要なのは次のことです。教会に通う多くの子どもたちは、これら三つの状況すべてに悩まされています。中高生のクリスチャンたちにこの三人の描写を見せ、自分が最も近いのは誰かを尋ねると、どれにも当てはまらないという子はほとんどいません。多くが、一人に絞りきれないと言います。

子どもが「うぬぼれ」であると同時に「不安」になれるだろうか、と思われるかもしれません。しかし、福音が私たちの心の中心を占めていないとき、迷い込むのはこのような混乱の中なのです。うぬぼれと不安の両方と戦えるのは、福音しかありません。福音だけが、私たちが恐ろしいほど罪深く、しかし同時に、考えられないほど神に愛されているということを宣言できるのです。福音はまた、私たちのうちに働かれる神の力によって**変わることができる**ということを教えてくれます。

二重の力

子どもたちは福音を聞いてイエスを信じることで救われ、ほかの方法でクリスチャンとして成長していくと考えているなら、それは間違いです。パウロはコロサイの教会に、はじめの信仰に立ち続け、「聞いている福音の望みから外れることなく」（コロサイ1・23）、とどまるようにと言いました。パウロはさらに、後の数節でこの点を強調しています。「このように、あなたがたは主キリスト・イエスを受け入れたのですから、キリストにあって歩みなさい。キリストのうちに根ざし、建てられ、教えられたとおり信仰を堅くし」なさい（同2・6〜7）。私たちは、クリスチャンになった時と同じように、イエスに根ざし、福音に希望を持って成長していくのです。

何世紀もの間、多くのクリスチャンたちがほかの方法でもっとときよくなろうとしてきました。厳正な規則を自ら課した人もいます。僧侶のように質素に生きようとした人もいます。謎めいた祝福や秘められた宗教儀式を追い求めた人もいます。しかし、それらはみな無駄な努力でした。彼らは聖書のシンプルな言葉を見落としていたのです。

十七世紀のイギリスの牧師ウォルター・マーシャルは、福音はクリスチャン人生における二重の力であると見事に指摘しました。

- 私たちが神に赦され、神の子とされ、永遠に愛されているという福音（良い知らせ）は、イエスとともに歩む人生に感謝と希望を生み出す。これは、潮流が船を引き寄せるように、私たちを愛の内に神に**引き寄せる力**である。
- 私たちがキリストの内にあり、御霊を与えられているという福音（良い知らせ）は、私たちの内にある神の力に依り頼むことができることを意味する。これは、風がその船を推し進めるように、罪から逃げるための**動力**である。[3]

潮流と風。引く力と押す力。福音は、それを信じる子どもたちに必要な、二重の力です。

福音を初めに聞いたのは

このことについて、私はある夏に参加したバイブルキャンプでより深く実感したことがありました。私はそのキャンプで、ルカの福音書から一週間教えることになっていました。初めのレッスンはルカの福音書2章がいいだろう、と私はあらかじめ決めていました。イエスの誕生とともに、物語の本筋が動き始める場面だからです。そもそも、この章でルカは、御使いが羊飼いたちに告げ知らせるというかたちで euangélion（福音）をドラマチックに紹介します。福音が、このように身分の低い人々に真っ先に届けられたのだと教えることができれば、大成功間違いなしです！

レッスンの準備として、私は文脈を捉えるために1章をせめて読んでおくべきだと考えました。1章は、祭司ザカリヤの話から始まります。そこには、ザカリヤの生き方に対する高い称賛が記されています。ザカリヤは「神の前に正しい人で、主のすべての命令と掟を落度なく行ってい」ました（ルカ1・6）。彼は、くじで選ばれて神殿に香をたくことになります。これは、めったにできない、胸が高鳴るような特権でした。

すると、ザカリヤの晴れ舞台の最中、主の使いが彼に現れて、彼の妻が男の子を産むこと、そしてその子は神のメシアの前触れとなることを告げます。これは、何世紀も長く待ち望んだ年月に終止符を打つ、喜びの知らせでした。しかし、ザカリヤは手放しで喜ぶより、むしろ慎重な態度を示しました。彼は確証を得るためのしるしを求めたのです。これを、御使いは快く思いませんでした。

「この私は神の前に立つガブリエルです。あなたに話をし、この良い知らせを伝えるために遣わされたのです。見なさい。これらのことが起こる日まで、あなたは口がきけなくなり、話せなくなります。その時が来れば実現する私のことばを、あなたが信じなかったからです」（同1・19～20）。待てよ。良い知らせ？　私はもう一度読みました。ギリシア語の原語も確認しました。確かに、ガブリエルは euangélion（福音）を告げに来たと言っていたのです。

羊飼いに「大きな喜び」が告げ知らされた場面は、ルカが初めに福音を紹介した場面ではありませんでした。ザカリヤが初めだったのです。私のレッスンの根拠は覆されてしまいました。さらに重要なことに、ザカリヤの正しい生き方ですら、一度でも不信仰な態度を示すとほとんど意味をなさなくなるということも、無視するわけにはいきませんでした。彼は無言で神殿を後にしたのです。何が起こったのかを説明しようと身振り手振りをしたものの、ほとんど伝わらなかったでしょう。

ここで、ルカがただ福音の到来を知らせているだけではないことを学ぶ必要がありました。ルカは、教会にいる立派な人にとってさえ、福音を喜んで信じることが人生を決定づける大きな力であることを示しています。私の教えていた子どもたちは、羊飼いのようではありません。彼らは、サッカーキャンプや乗馬キャンプではなく、バイブルキャンプにお金を出してくれる親を持つ子どもたちです。彼らはみことばの暗唱もしますし、教会でどう振る舞うべきかも知っています。**彼らは、小さなザカリヤだったのです。**彼らこそ、いかに福音が「教会の人」に到来したかを知る必要がありました。彼らは、福音が、神とともに生きる人生の中心とならなければならないことを知る必要があったのです。

ガブリエルの知らせは、最終的にザカリヤの心を打ち抜きました。男の子が生まれたとき、彼はついに自分の信仰を言い表しました。御霊に満たされ、彼は神の救いのあわれみを賛美し始めたのです。まさか、真面目で慎重な男性がこのようなことをするなんて、誰も思わなかったでしょう。しかし、彼は変えられたのです。彼の口からは賛美が溢れ出していました。神とともに歩む人生は、彼にとって以前より壮大なものとなりました。神殿で恐る恐る神に近づく信仰生活より、よっぽど良いものとなったのです。

ザカリヤが行き着いた場所は、私たちの知る最も典型的な教会っ子にこそ行き着いてほしい場所です。心の中にあるその場所は、福音を通る道の先にあります。

教師へのインストラクション

テトスへの手紙は、私たちが学べる最高の書物です。なぜなら、パウロは教会の教師に宛ててこの手紙を書いたからです。パウロは長い一文の中で、クリスチャンが神に従う理由を述べています。それを読みながら、福音の部分（神が私たちのためにしてくださったこと）と、良い振る舞いの部分（私たちが神のためにすること）を分けてみてください。

実に、すべての人に救いをもたらす神の恵みが現れたのです。その恵みは、私たちが不敬虔とこの世の欲を捨て、今の世にあって、慎み深く、正しく、敬虔に生活し、祝福に満ちた望み、すなわち、大いなる神であり私たちの救い主であるイエス・キリストの、栄光ある現れを待ち望むように教えています。キリストは、私たちをすべての不法から贖い出し、良いわざに熱心な選びの民をご自分のものとしてきよめるため、私たちのためにご自分を献げられたのです。（テトス２・11〜14）

どうでしたか？　意外と苦労したのではないでしょうか。福音と敬虔な生き方はあまりに密に絡み合っていて、別々に考えるのは非常に難しいものなのです！　神の恵みは、私たちに不敬虔な行いを手離させるよう教えます。キリストの再臨への希望は、私たちが正しく生きる燃料となります。イエスが自らを献げられたことで、私たちは良い行いを熱心に求めるようになるのです。

「熱心に」――実に良い言葉だと思いませんか。最近、数人の子どもたちが十戒のポスターを作るのを手伝ったことがありました。そこには十戒に従う子どもたちの絵が描かれています。私たちは、このテトスの聖句をポスターに書き、神への服従は嫌々することでも、ただ進んですることでもないことを強調しました。福音によって、私たちは**熱心に**従います。それが、イエスが十字架にかかってくださった時に抱いておられた目的の一つです。

もし子どもたちが教会を離れていくなら、それは私たちがイエスの視点、イエスの十字架の視点を、伝えることができなかったからです。彼らの霊的な飢え渇きを満たし、彼らの欲する熱意を与えるほどに、説得力のある言葉がなかったのでしょう。イエスご自身がどんな「伝道集会」よりもすぐれたお方であるということが、彼らには見えていません。イエスは、賛美のために使われる音楽よりすぐれたお方です。イエスは、宣教旅行よりすぐれたお方です。イエスは、お気に入りのユースリーダーよりすぐれたお方です。また、イエスは、お金よりすぐれたお方です。テレビゲームより、ロマンチックな若者向けの映画より、セックスより、名声や権力より、すぐれたお方です。

私たちは、あまりに多くの子どもたちを失ってきました。私たちが彼らに与えたのは、「行い」という名の食べ物です。「高揚するような礼拝体験」という名の食べ物です。その間、私たちは福音をスプーン一杯分すらも与えませんでした。今や彼らは飢え渇き、もう何でもかまわず食べてしまいます。子どもたちは、自分たちに合っていると感じられる**何か**（something）でたましいを満たそうとします。それは、もしかしたら教会っぽいものかもしれません。彼らに必要なのは、自分たちよりすぐれた**誰か**（someone）であるにもかかわらず。

誰が一番良い答えを持っているか？

教会に通う子どもたちは、ほかの子どもたちと同じくらい福音が必要なのではありません。もっと必要です。私が教師として参加した別のバイブルキャンプで、この実例を体験したことがあります。このキャンプの参加者は、ほとんどが教会に通う子どもたちでしたが、ライアンだけが違っていました。彼の母親は、近所の人が誘ってくれたことと、このキャンプが他のイベントに行かせるより安かったことから、参加の手続きをしました。ライアンはほとんど教会に行ったことがなく、家に聖書もありませんでした。

一週間のキャンプが始まるにあたって、私は彼がほかの子どもたちのペースについてこれるかどうか心配でした。しかし、それは杞憂に終わったのです。彼は私の教えていた子どもたちの中で最も積極的で、鋭い質問をしたり、目を輝かせて私のレッスンを聞いたりしていました。

聖書を教える教師の多くは、この現象を体験しています。教会に初めてくる子どもは、メッセージに釘付けになります。それに対して、教会に通う子どもたちは、同じメッセージにあくびを嚙み殺しています。これに対してよく言われるのは、教会に通う子どもたちはメッセージを聞いたことがあるからだ、というものです。しかし、この時、原因はそれだけではありませんでした。私は聖書の物語を語るたびに、福音を教えていました。教会の子どもたちも興味深く聞いていたのですが、福音に心躍らせる様子がないのです。私の教えているレッスンの中に福音のメッセージが語られていることに、彼らは気づいてすらいなかったのです。

週も終わりに差しかかったある夜、私はダビデ王とメフィボシェテについて教えました。ダビデは、彼を狙うサウルが戦死した後、王となっていました。サウロの子孫はあまり残っていなかったので、ダビデにとっては好都合でした。サウロの子孫はダビデの王座を狙う危険性があったからです。

メフィボシェテはサウルの孫でした。彼は少年時代に足が不自由になりましたが、一命をとりとめ、一族の土地から離れたイスラエルの領土の端にある無名の家に住んでいました。ダビデの立場からすれば、彼のような敵になりかねない人物がそのような場所に行き着いて一安心、と考えてもおかしくありませんでした。しかし、ダビデはサウルの一族に親切を尽くそうとする類稀(たぐいまれ)な人物でした。ダビデはメフィボシェテを宮殿に呼び寄せました。歩くことのできないメフィボシェテは恐れたことでしょう。しかし、ダビデは彼にこう言いました。「恐れることはない。私は、……あなたの祖父サウルの地所をすべてあなたに返そう。あなたはいつも私の食卓で食事をすることになる」（Ⅱサムエル9・7）。

ダビデは、メフィボシェテを実の息子のように扱いました。そして、メフィボシェテがいつも王の食卓で食べたことを、聖書は他の箇所で三回も語っているのです。

私は、子どもたちが自由に答えることができる質問を投げかけました。「このレッスンから、私たちは神さまについて何を知ることができるかな？」

数人の手が挙がりました。「私たちも、人に親切にするべきだと思う。」一人が言いました。「神さまは、敵を愛するように私たちに求めておられる。」別の子が言いました。より多くの子が、そのとおりだ、というふうにうなずきました。これらは良い答えです。しかし、一番良い答えでしょうか？

そのとき、ライアンの手が挙がるのが見えました。「まるで、僕たちと神さまみたいだね」と、彼は言いました。「僕たちはメフィボシェテみたいでしょ。僕たちは、傷ついていて、神さまの敵でもある。それなのに、神さまはかまわず、僕たちに親切にしてくれる。神さまってすごいね！」

そう。これが、一番良い答えなのです。しかもライアンは、他の教会に通うどの子どもたちより先に、この答えにたどり着きました。教会に通う子どもたちは、何年も聖書を学んできた経験があり、神についての質問には「自分が神さまのためにすべきことは何か?」ということを真っ先に考えてしまいます。彼らは、イエスが足の不自由な敵である私たちを食卓に招く王であられることに感動する前に、この考えを捨て去らなければならないのです。彼らもライアンも、一週間たっぷりと福音を聞いてきました。しかし、ライアンだけが、神についての質問に「神さまってすごいね!」と答える準備ができていたのです。

クリスチャンの成長が行き詰まる理由

クリスチャンホームで育った子どもや、教会に慣れ親しんでいる子どもにこそ福音が必要である理由は、もう一つあります。今回は悪い理由ではありません。ただ単純に、**クリスチャンの成長はそのようにしてもたらされる**ものだからです。

神が良いお方であり、聖なるお方であることを子どもたちが学んでいくと、神に対する畏れが増していくはずです。これが、成長です。そして、自分自身を吟味し、内面の醜さを見つめることで、罪への責めが増していくはずです。これもまた、成長です。しかし、これらが増すだけでは、彼らは絶望に追いやられるだけです。イエスにある赦しと義に対する理解も、同時に成長しなければなりません。

クリスチャンになったばかりの子どもは、神の光が見え始めたばかりであると考えてみましょう。この子どもが福音を学ぶことで、彼の人生にあるこの光の筋は、二つの現実を照らします。(1) 神の聖なる要求と、(2) その子自身がその要求に応えられないという罪です。Serge（グローバルな宣教と弟子訓練の働き）では、これを分かりやすく図で表しています。[4] 図では、この二つの現実が光の上辺と下辺として表現されています。子どもは十字架も見ており、十字架は自分の罪と神の要求との間を埋めています。その子どもには喜びと自信があります。神のために生きたいと願っているのです。

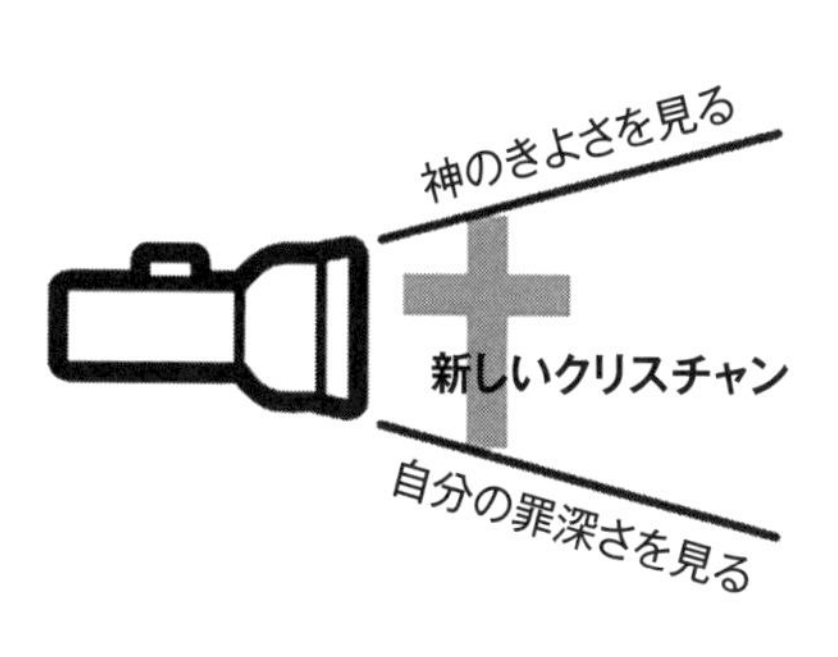

クリスチャン生活が進んでいくにつれて、子どもはさらに学びます。聖なる神の要求に対する理解は、どんどん成長します。同時に、その子の人生、また心は、その要求に決して届かないことをさらに知り、自分自身の罪深さをより深く理解するようになります。このようにして、光の幅が広くなるのです。もしここで、福音に対する感謝の思いも成長していなかったら――もし十字架が彼の人生においても同じサイズにとどまっていたら――すき間ができていきます。

この子どもは、不安なアリスになります。自分の良い行いが不十分であること、また神に対する思いも不十分であることを悟ります。その子は自分が偽善者であることを知っていて、密かに罪悪感に苛

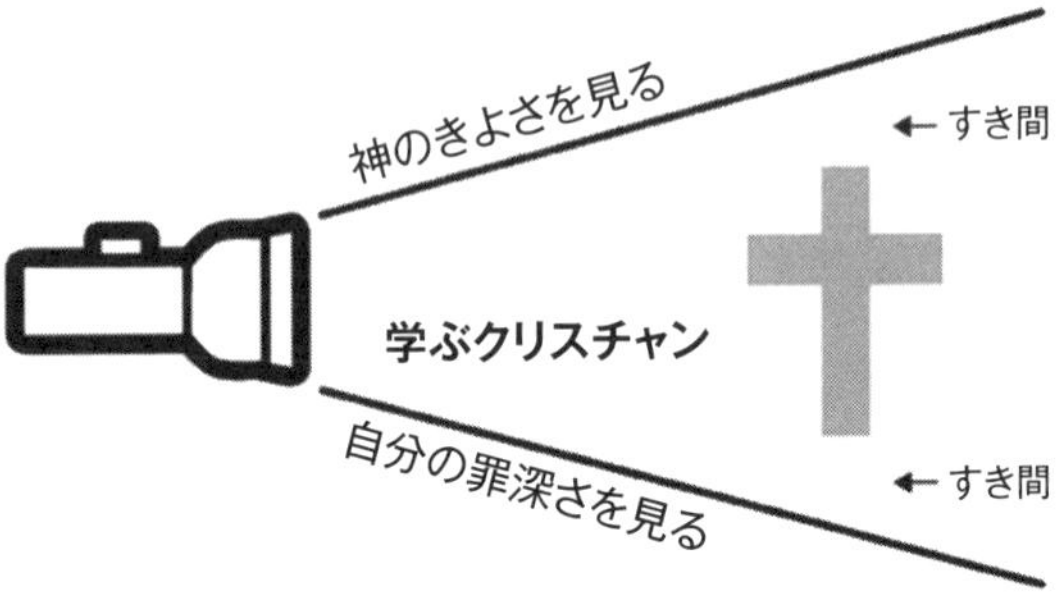

神のきよさを見る
← すき間
学ぶクリスチャン
自分の罪深さを見る
← すき間

まれています。表面だけを取り繕うようになり、自分自身、友人たち、両親の前では、すべてうまくいっていると思わせようとします。

その子はもっと良くなろうと躍起になりますが、成功しません。そこで、自己満足なカイルのように行動するようになるのです。神の要求など本当はそこまで極端なものではないと偽ることで、十字架と聖なる神のすき間を埋めようとします。かき集めた少しの従順で事足りるだろうと、自分に言い聞かせるのです。

また、うぬぼれセーラのようにもなります。十字架と自分の罪とのすき間を埋めるため、自分の罪はそれほどひどいものではないという振りをします。悔い改めることもしなくなります。その代わりに、クリスチャンのイメージを保つために、嘘をつき、間違いを指摘されると過

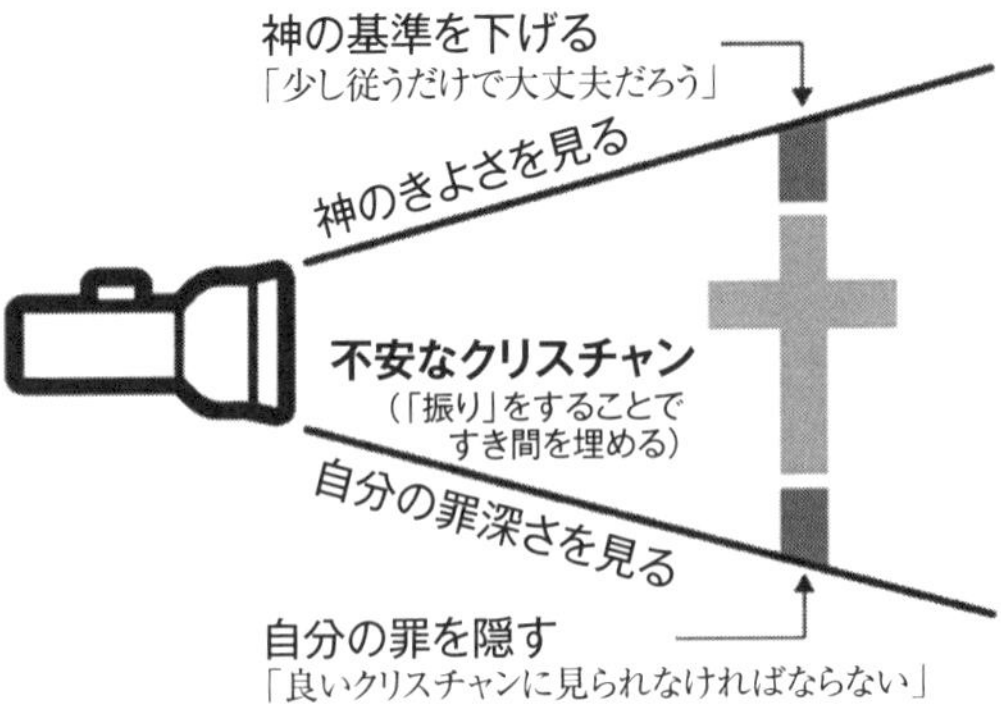

神の基準を下げる
「少し従うだけで大丈夫だろう」
神のきよさを見る
不安なクリスチャン
(「振り」をすることで
すき間を埋める)
自分の罪深さを見る
自分の罪を隠す
「良いクリスチャンに見られなければならない」

剰に身構え、人を傷つけ、自分を良く見せるためだけに教会っぽいことをしたり親に従ったりします。

手短に言えば、この子のクリスチャンとしての成長が行き詰まってしまうのです。神の偉大さをもっと学んでも、手に負えず、何の役にも立ちません。罪を減らせ、もっと従え、と言ったところで、反抗したり耳を塞いだりするため、これも役に立ちません。教会に通う子どもの場合、このような成長の行き詰まりはクリスチャンになってすぐに起こります。なぜなら、子どもたちはすでに神と罪について多くを知っているからです。

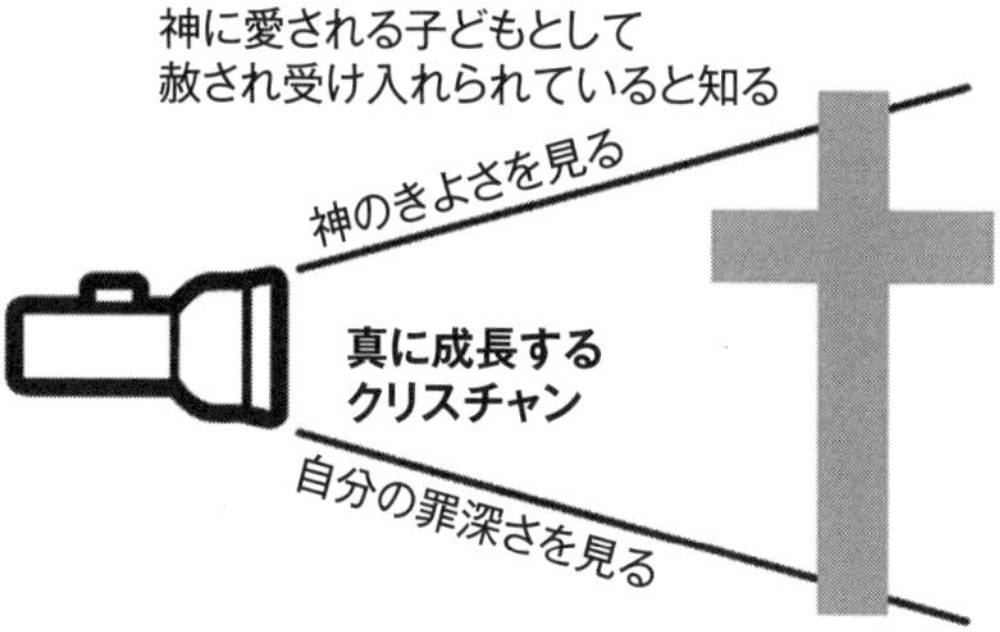

神に愛される子どもとして
赦され受け入れられていると知る
神のきよさを見る
真に成長する
クリスチャン
自分の罪深さを見る

解決方法は、他のさまざまな要素とともに、十字架の存在も大きくしていくことです。子どもが自分自身や神について学べば学ぶほど、福音を信じ、福音を喜びとすることもまた、学ばなければなりません。自分が完全にキリストにあって神に受け入れられ、赦され、神の子とされているということについて、以前にも増して揺るがない確信を得る必要があるのです。これが、成長し続けるための唯一の方法です。

聖書も、このような動きと変化を期待するよう教えています。

例えば、預言者イザヤは神殿で神の雷鳴のような幻を見ました。彼はそのとき、聖なる神について瞬時に理解し、圧倒されました。「ああ、私は滅んでしまう」（イザヤ6・5）。しかし、御使いが燃えさかる炭で彼の唇に触れ、こう宣言しました。「あなたの咎は取り除かれ、あなたの罪も赦された」（同6・7）。このとき初めて、イザヤの内にあった、聖なる神と彼自身の罪に対するより大きな理解が、罪の赦しへのより大きな確信と一致して、宣教への準備が整ったのです。

福音によって養われてきた子どもは、イエスへの感謝、そしてイエスが自分のためにしてくださったすべてのことへの感謝を、ますます深めていきます。そのような子どもは、うわべだけではない、驚くべきクリスチャンになるでしょう。その子どもは、自分を良く見せようとはせず、むしろ率直に罪を告白し、真剣に悔い改めます。また神が、多少の教会らしい振る舞いで満足されるかのように取り繕う必要もありません。むしろ、ますます聖なる神に近づいていくことでしょう。これは、自分の罪と神のきよさこそが、どれだけ多くを赦されたかを物語っているからです。これらに対する理解が、イエスへの愛を大きくするのです。

王への愛

前に示したメフィボシェテのエピソードには、結末があります。それは、私が聖書の物語の中でも最も気に入っている結末の一つです。メフィボシェテは、長年にわたってダビデの食卓につきました。敵になりえた人物が、王子の権利を得たのです。しかしその後、ダビデは息子アブサロムが率いる反乱から逃げなければならなくなります。ダビデの宮廷に仕える忠実なしもべたちは、ダビデと一緒に出て行きました。しかし、メフィボシェテはダビデとともに去った家来たちの中にはいませんでした。ダビデに物資を運んだしもべが、メフィボシェテは政治的な激動にあやかって王に返り咲くことを望んでいると告げたので、ダビデはメフィボシェテに与えた土地を取り上げ、その召使いに与えました（Ⅱサムエル16章）。

やがて、ダビデは王座を奪還するために戻ってきます。メフィボシェテはダビデを迎えに出てきました。メフィボシェテは、とても王になろうと企んでいる者のようには見えませんでした。ダビデがいなくなったことで、あまりの悲しみに、身体も洗わず、身なりも整えていなかったのです。彼は、騙されていたことをダビデに説明します。召使いが彼のロバを連れて行き、足の不自由なメフィボシェテの移動手段を奪っていたのです。

ダビデはどうしていいか分かりませんでした。そこで、メフィボシェテに、その日和見（ひよりみ）主義者の召使いと地所を分けるように言いました。しかし、これに対するメフィボシェテの返答が、完璧だったのです。「王様が無事に王宮に帰られた後なら、彼が全部取ってもかまいません」（同19・30）。

これこそ、受けるに値しないほどの優しさを示してくださった王と、毎日同じ食卓に座っていたことから生まれる献身です。私たちは、神の養子とされました。この福音を毎日思い起こし、日々楽しむとき、私たちは、神が何を与えてくださるかよりも、王の存在そのものを大切にするようになります。私たちは、王を愛するようになるのです。

Q&A

――私が教える子どもたちは、福音をすでに知っています。十字架やイエスを信じることについて、子どもたちが小さい頃からずっと教えてきました。時々その内容をおさらいする必要は感じますが、それで十分ではないですか?

これはよくある考え方です。子どもたちには福音のしっかりとした基礎があり、ほかのことを教える時もその福音が背景にあるはずだということを、私たちは当然のように思っています。しかし、当然のように思うことは、すぐに忘れられてしまうものです。福音から常にリバイバルの力を得ていなければ、子どもたちは自分の努力や意志の力で神に従おうとし始めます。それは大人にも言えることです。福音は、決して背景に収まるべきものではありません。最前列にあるべきです。何をするにも、力の源はここにあるのです。「私たちも……自分の前に置かれている競争を、忍耐をもって走り続けようではありませんか。信仰の創始者であり完成者である**イエスから、目を離さないでいなさい**」(ヘブル12・1~2、強調筆者)。

――しかし、福音を何度も聞くとなると、何をさらに学ぶことができるのでしょうか?

私は、福音について、いつも新しいことを学んでいます。歳をとるにつれて、私はようやくイエスの人格の完全なる豊かさや、イエスにあって与えられている祝福について理解し始めたところだと思うようになりました。

私にも経験がありますが、もし、あなたの教えるこれらのことが新鮮さを失ってしまったら、新約聖書をもっと読んで勉強することをお勧めします。イエスについて、そして私たちが分かち合っている祝福について、何が書かれているか探してみてください。きっとすぐに、今まで考えたこともなかったようなことに出会うでしょう。そのとき、馴染み親しんだ福音から、新しい何かを教えることができるはずです。Sergeから出ている“Gospel Transformation”（福音による変化）シリーズのスモールグループ向けの教材（それぞれ *Gospel Identity*〔福音とは〕、*Gospel Growth*〔福音にある成長〕、*Gospel Love*〔福音の愛〕）も、イエスにあって私たちに与えられている祝福について、新しい視点を得ることができる非常に優れたテキストです。[5]

私は時にパウロによるエペソの信徒への祈りを用いて、これを子どもたちとの目標のテーマにしています。「信仰によって、あなたがたの心のうちにキリストを住まわせてくださいますように。そして、愛に根ざし、愛に基礎を置いているあなたがたが、すべての聖徒たちとともに、その広さ、長さ、高さ、深さがどれほどであるかを理解する力を持つようになり、人知をはるかに超えたキリストの愛を知ることができますように。そのようにして、神の満ちあふれる豊かさにまで、あなたがたが満たされますように」（エペソ3・17〜19）。キリストの愛について、より広く、より深く知るための余地、すなわちキリストの愛をさらに学び、私たちのたましいにさらに深く刻み込むための余地は、常にあります。

——回心が神の働きによるもので、子どもの心の内で行われるものなら、どうやって私が教える子どもが回心したかどうかを見分けることができますか？

たいていは、確実に見分けることはできません。都合の良いことに、どちらにしても同じ方法、つまり福音をたっぷりと伝え、それを信じて悔い改めるよう促すことが必要なのですから、その線引きをする必要はないのです。私もほとんど見分けようとしません。

——では、子どもたちと接するときはすでに救われているものと考えるのですか？　救われていないものと考えるのですか？

子どもたちに信じることを促すとき、その違いを意識することがあります。初めて信じる必要があるかもしれないし、成長するためにもっと深く信じる必要があるかもしれない、と伝えます。しかし、通常は、教会に通う子どもたちには、すでに救われているものとして話します。彼らが教会の家族の一員であるかぎり、私たちは神が彼らに働きかけてくださることを祈り、期待すべきです。それは、彼らが救われていない可能性があっても、です。

例えば、前章で神さまの成績表を紹介したニコールがそうです。私は、彼女がただ確信のないクリスチャンであるかのように話しましたが、彼女がまだ回心しておらず、ただ自分勝手な理由で教会っぽいことをしているだけかもしれないことは、十分に承知していました。しかし、それは私が彼女に教えるべき内容に何ら影響を与えません。どちらにしても、彼女は福音を聞いて信じる必要があったのです。それが、福音を教えることの美しいところなのです。

今すぐイエスが見えるように

この章のアイディアを実践するために、あなたができることを何か選んでください。例えば以下のようなものがあります。

すべての人のために――クリスチャンになり、キリストのうちに成長することは御霊の働きですから、あなたが教えている子どもたちの人生に神が働いてくださるよう、定期的に祈り始めましょう。この祈禱課題を、あなたの個人的な祈りに加えてください。もし、個人的に祈る習慣を続けることが難しければ、子どもたちと祈るときの通常の祈りに加えてください。教会学校のクラスでの毎週の祈りや、家族のデボーションの祈り、または寝る前の祈りに加えてください。あなたが祈りに覚えている子どもが、すでに信仰をもっているかどうか分からない場合は、このように祈ると良いでしょう。「父よ、〇〇の心の中に働いて、あなたへの大きな信仰と愛を育ててください。」この祈りは、クリスチャンにもノンクリスチャンにも必要な祈りです。

両親のために――子どもたちの救いについて、何があなたを安心させる要素になっているか、正直に自己評価をしてみてください。それは次のようなものですか？

- 良い振る舞い
- 家族代々続くクリスチャン信仰、または教会での活動

● 子どもの祈りの言葉、または公の場で示した決断

これらは、良いことでしょう。しかし、もしあなたの希望が神（子どもの心の中に働かれる神）にあるのではなく、これらのものにあるのなら、そのことについて、今、神に告白しましょう。あなたの御父が、子どもたちにとっての御父となってくださるよう祈りましょう。そして、夫婦で時間を決めるか、普段目につくところにメモを貼って、神があなたの子どもたちの心に働きかけてくださるよう毎日祈りましょう。このように続けて祈る祈りは、子どもたちが信仰を持ち、キリストにあって成長できるように、親であるあなたが日課に加えるべき、そして行うべき、最も実践的なことかもしれません。

教師のために――次回聖書の物語からレッスンをするとき、子どもたちがその物語をどのように適用するか尋ねて、テストしてみてください。私がキャンプで行ったのと同じように、自由に答えられる質問をすると良いでしょう。「この物語から、神とともに歩む人生について何を学ぶことができると思う?」などです。もし子どもたちが、もっと良い振る舞いをしなければならない、という答えばかりを返し、神がしてくださることをほとんど言わないなら、彼らは十分に福音を聞いていないと考えてよいでしょう。彼らに伝えてほしいのは、聖書からどのように振る舞うべきかを学ぶのは素晴らしいことだけれども、多くの場合、最も良いことは、神の振る舞いに目を向け感謝することだということです。子どもたちが神を探し、神のうちに喜びを見いだすまで、レッスンのたびに質問を投げかけ続けましょう。

ユースの教師のために――あなたの導いている若者たちに、教会に通う子どもたちの三つのカテゴリー（不安なアリス、うぬぼれセーラ、自己満足なカイル）を説明してみましょう（あなたの教会の子どもたちで同じ名前の子どもがいれば、名前を変えてください）。どの人物が自分のクリスチャン生活を最もよく表しているかを聞いてみてください。その質問をディスカッションのきっかけとし、イエスに対する信仰、そして福音に対する信仰が強まることが彼らの成長にいかにつながっていくかについて話し合いましょう。自分たちの罪深さについてより深く信じる必要があるでしょうか？　キリストにある赦しでしょうか？　罪に打ち勝つためにイエスが与えてくださる力でしょうか？　またはこれらすべてが必要でしょうか？　あくまでも、ディスカッションのポイントは、彼らの信仰の成長のために子どもたちを励ますことであることを覚えていてください。そのためにはまず、福音をさらに深く信じることが必要です。

注

1　Richard Sibbes, "Bowels Opened, or Expository Sermons on Canticles IV:16, V, VI," in *The Complete Works of Richard Sibbes* (Edinburgh: James Nichol, 1862), 2:142. 日本語訳は本書訳者による。

2　この現象は多くの研究によって確認されており、教会を離れる子どもの割合が九〇パーセントにも及ぶと主張するものもある。私はデイビッド・キナマンが報告している Barna Group の調査に基づく、より控えめな五九パーセントという数字を信頼している。*You Lost Me: Why Young Christians Are Leaving*

Church and Rethinking Faith (Grand Rapids, MI: Baker, 2011), 23.

3 Walter Marshall, *The Gospel Mystery of Sanctification: Growing in Holiness by Living in Union with Christ*, trans. Bruce H. McRae (Eugene, OR: Wipf & Stock, 2005), 112. 日本語訳は本書訳者による。

4 Serge, *Sonship*, 3rd ed. (Greensboro, NC: New Growth Press, 2013), 153. この図は、Robert H. Thune と Will Walker の共著 *The Gospel-Centered Life* (Greensboro, NC: New Growth, 2011), 13〔邦訳『福音中心の人生』ブラッシュ木綿子訳、ＣＢＩ ＰＲＥＳＳ、二〇一一年〕にも掲載されている。

5 Serge, *Gospel Identity: Discovering Who You Really Are,* (Greensboro, NC: New Growth, 2012); Serge, *Gospel Growth: Becoming a Faith-Filled Person* (Greensboro, NC: New Growth, 2012); Serge, *Gospel Love: Grace, Relationships, and Everything that Gets in the Way* (Greensboro, NC: New Growth, 2012).

訳注1 "Sinner's prayer" 自分が罪人であることを認め、悔い改める祈り。

第4章　初期設定の四年生――福音は石の心をも変えるから

我々の性格や立ち居振る舞いにおけるさまざまな変化には、まやかしがいかに多く、真の深い変化がいかに少ないことか！　私たちの霊的存在の非常に深いところまで掘り下げられるものだけが、変化と呼ぶにふさわしい変化を生み出すことができる。私たちを本当に変えることのできる言葉は、「十字架」である。

――ホレイシャス・ボナー[1]

四年生のグループと良い日曜日の朝を過ごしていた時のことでした。私がアブラハムについてのレッスンを教えている間、子どもたちは態度も良く、心を込めて祈り、進んで参加してくれました。そして、おやつの時間に移りました。おやつ担当のスタッフは、チーズスティックを一人一つずつと、クラッカーを一袋、みんなで分けるようにと用意してくれていました。

クラッカーは三十四枚。子どもたちは九人です。いつもおやつが平等であることにこだわる子どもが、念入りに数えてくれたようです。おやつが出てくると、子どもたちの計算能力は驚くほど冴え渡ります。別の子どもが割り算をして、クラッカーは一人当たり四枚だと宣言しました。ただし、二人だけ三枚で我慢しなければなりません。

「私は四枚ほしい！」　ある子どもが言いました。

「だめだよ。」別の子が言いました。「ちゃんと分けようよ。」数人が、余りのクラッカーをどう分け合うのが一番良いかについて話し合い始めました。一方では、控えめな子どもたちに三枚で我慢してもらおうと、数人がにじり寄っていました。みんなの欲深さが露わになっています。その欲は、クラッカーの端数にまで及ぶほどに根深いものでした。

私はけんかに終止符を打つことにしました。「みんな、クラッカーは三枚ずつにしよう。」私はそう宣言しました。

「残りはどうするの？」誰かが聞きました。

「残ったままでいいんだよ。」私は言いました。「誰も食べないで置いておこう。」これで一件落着……でしょうか？　けんかを沈めることはできました。しかし、彼らの欲に対して、私は何もできなかったのです。

忘れ去られたレッスン

このような争いごとは、子どもたちの年齢に限らず、大人同士でも、誰もがよく目にすることです。保育室にいる幼児たちは、おもちゃを取り合ってけんかします。高校生たちは、一番大きくカットされたピザを取ろうと狙いを定めます。

しかし、四年生がようやく落ち着いてチーズとクラッカーを食べ始めたとき、その朝に限っては、先ほど目の当たりにしたけんかは決して起こるべきではなかったことに私は気付きました。というのも、おやつの時間のほんの数分前に教えたレッスンは、欲張りにならないためにはどうすべきか、というレッスンだったのです。しかし、欲はあまりにも習慣化していました。私がクラッカーを持ち出すやいなや、子どもたちはレッスンで学んだことを忘れてしまったのです。

それだけではありません。私も忘れてしまっていました。私は教訓をまったく振り返ることもせず、けんかを打ち切ってしまったのです。クラッカー事件を用いて、教えたことを適用することができたのに、私は愚かにもその機会を逃してしまったのです。

その日、私たちがアブラハムの人生について学んだのは、カナンの地で甥のロトと別れた時の話でした。神はアブラハムを祝福し、彼の子孫にすべての土地を与えると約束しておられました。しかし、アブラハムはその約束を本当に信じることを学ばなければなりませんでした。彼はまだ、「何事も自分で解決する」という考えで行動していたからです。そのため、彼はエジプトで自分の妻について嘘をつくという事態をも引き起こしてしまいました。

放牧地をめぐるロトとの争いは、彼にとって二度目の危機でしたが、この時はより良い対応をしています。アブラハムはその地域を分けることを提案し、ロトに先に選ばせたのです。ロトは自己中心的な考えで土地を選びました。彼は青々とした川の谷間を手に入れ、アブラハムには乾いた丘陵地帯を残しました。

私たちはレッスン時間のほとんどを費やして、どうしてアブラハムが、ロトに先に土地を選ばせるほど無欲になれたのか、ということを話し合いました。アブラハムは、族長社会では上の立場に立つ人物です。当時の慣習では、彼のほうに選択権がありました。私は子どもたちに尋ねました。私たちは、誰が一番に噴水に飛びこむかというような、つまらないことでも順番を取り合うのに、どうしてアブラハムは、そのような価値のある権利を放棄することができたのだろうか――。子どもたちは、きっとアブラハムは神の約束を信じていたのだろう、と理解していました。アブラハムは、人生の最も良いことは自分で手に入れるのではなく、神からくるものであるということを、その時点で学んでいたのだろう、と。アブラハムが最も良い土地を放棄することができたのは、神がさらに大きな財産を与えてくださると知っていたからなのでしょう。

私たちは、これが自分たちにどう当てはまるか話し合いました。そして、神は私たちにイエスとともに生きるとこしえの住まいと、イエスの豊かさをすべて分かち合う特権という、アブラハムが得たものよりもさらに大きな祝福を私たちに与えてくださることについて、話しました。この真理を堅く信じれば信じるほど、今の人生における取るに足らないものまで、何としても手に入れたいとは思わなくなります。

これが、レッスンで学んだことでした。ちょうど先ほど教えたところだったのです。そこで、子どもたちが最後のクラッカーを食べ終わるころ、私は先ほど逃した適用の機会を取り戻そうと心に決めました。私は子どもたちにこう尋ねました。「さっき、みんながこのクラッカーの取り合いをしたことに、今日のレッスンはどう関係してくると思う?」

「え?」

「みんな、クラッカーのことでけんかになっていたよね？」　私は言いました。「今日のレッスンで学んだことは忘れた？」

すると、ゆっくりではありましたが、一人の男の子がピンときたようでした。「ぼくたち、欲張るべきじゃなかったんだ。」彼は言いました。ほかの子も加わりました。「そうだよね。欲張ったらだめだったね。私たち、神さまのルールを破っちゃったみたい。」

ほかの子どもたちも、同意を示すようにうなずきました。叱られたような気がしたのでしょう。「忘れちゃってたよね。」彼らは私に言いました。「次は気を付けるよ。欲張りにならないように、もっとがんばらなくちゃ。」

私はそこに呆然と立ちつくしてしまいました。こんなに**良くない**展開になるなんて。私はそんなレッスンを教えたのではないのに！

心の初期設定

この話をしたのは、子どもたちの心が自然と流れ着くところがどこなのかを皆さんに示すためです。これは、私たちがうまく教えることができた時でも、同じです。私は福音のレッスンを教えました。道徳的な教訓を避け、神の愛とキリストにある祝福を示すように注意を払いました。子どもたちがほかの何よりもその福音を信じるよう、励ましました。それでも、彼らの心は、その日の教訓を「神のために私がしなければならないこと」に変えてしまっていたのです。

誰の心も、自然にそうなっています。子どもたちは、神からポイントを稼ごうとするようにプログラムされています。工場から出荷された初期設定の電子機器のように、彼らは福音を信じないように設定されているのです。このような、宗教的・道徳的な努力への信頼が、イエスへの信頼と置き換わってしまいます。前者の信頼があまりにも強いため、福音のレッスンを教えても、子どもたちは簡単に間違った解釈をしてしまうのです。

決して、すべての福音のレッスンが落胆に終わるわけではないことだけは伝えておきましょう。御霊が福音を用いて、子どもたちの心を打つところを私は何度も見てきました。それでも、自分の努力で神に良く思われようという計らいは、私たちの堕落したプログラムに深く埋め込まれています。それを取り除くには、意図的な働きかけが必要です。何度も何度も、意志をもって福音を叩きこむ努力が必要なのです。

愛が必須である理由

私たちが教室で教えているとしましょう。または、ユースグループの子どもたちとおしゃべりをしているとします。悩みを抱える中高生たちと昼食を食べているか、自分の子どもをサッカーの練習に車で連れていくところかもしれません。どの状況にせよ、私たちは一緒にいる子どもたちのクリスチャンとしての生き方に、変化が必要であることを知っています。しかし、私たちは「それをやめなさい」とか「神さまはこうすることを望んでおられるんだよ」などと言うだけで、それ以上の助言を知らないことが多いのではないでしょうか。
　そのようなとき、問題は子どもたちが何をしなければならないか、ではなく、**どうやって**彼らの心に届けるか、という点です。子どもたちはまず、イエスの美しさと、イエスが自分のためにしてくださったことへの大きな喜びを知り、それが彼らの生活にあふれ出るほどになるまで、イエスのもとに安らぐ必要があるのです。陳腐に聞こえるかもしれませんが、私たちの目的は、神への愛を育てることでなければなりません。そこには少なくとも理由が二つあります。

クリスチャンの振る舞いは、それが神への愛から始まるものでない限り、本当の従順ではありません。

　イエスが、最も重要な戒めは何かと聞かれたとき、イエスはこう答えられました。「『あなたは心を尽くし、いのちを尽くし、知性を尽くして、あなたの神、主を愛しなさい。』これが、重要な第一の戒めです」（マタイ22・37〜38）。愛のない「従順」に甘んじるとき、私たちは最も重要な戒めについて、真剣に捉えていません。何ものも、何人（なんぴと）も、イエスより先に立つものはありません。イエスは、私たちのイエスへの愛がほかのどんなものに対する愛よりも優れていなければならないということを、物議を醸すほどに強い言葉を使って説明されました。「わたしのもとに来て、自分の父、母、妻、子、兄弟、姉妹、さらに自分のいのちまでも憎まないなら、わたしの弟子になることはできません」（ルカ14・26）。

イエスへの愛がなければ、熱心に従う力は得られません。

イエスはこのようにも言われました。「わたしの戒めを保ち、それを守る人は、わたしを愛している人です」（ヨハネ14・21）。この偉大なる第一の戒めこそ、他のすべての戒めのよりどころです。私たちがほかの戒めに背いているときは、この第一の戒めにも明らかに背いています。私たちは、イエスよりも自分自身を愛していたのです。

子どもたちが神を愛していないにもかかわらず、きちんと教会に通いなさい、祈りなさい、と家庭の中で勧めていないでしょうか。そんなことを言い聞かせても、彼らはせいぜい利己的な思いで、小手先の宗教のために労力を費やすだけであり、そのような宗教を神は受け入れられません。喜びのない表面的な信仰は、子どもたちにとって危険です。一見きよい生き方に見えるため、イエスに従っているかのように思いますが、実際は、彼らの心は冷たいままです。私たちは心に働きかけなければならないのです。

愛を育てる方法として、聖書の示す答えは、福音です。「私たちは愛しています。神がまず私たちを愛してくださったからです」（Ⅰヨハネ４・19）。福音を教える教師は、息を呑むようなイエスの美しさを伝えることで、巧みに子どもの心を揺り動かします。友達に認められることや、ゲームの楽しさに縛られている心を捉えることができるのは、イエスだけです。イエスだけが、子どもたちの愛を受けるに値するお方なのです。

このことを子どもたちが把握することができたら、もっとがんばらなければならないと渋々認めるどころか、それを楽しみにするようになります。クラッカーを取り合った欲深さを突きつけられても、「神さまのルールを破ってしまった」とは言わないでしょう。「父なる神さまの心を傷つけてしまった」と考えるはずです。

私の教え方の何が間違っていたのか

預言者たちは、神がいかに、外面的な従順さよりも純粋な心を求めておられるかを語りました。「それは、この民が口先でわたしに近づき、唇でわたしを敬いながら、その心がわたしから遠く離れているからだ」（イザヤ29・13）。イエスはこの箇所を、一見従順そうなパリサイ人に向けて引用されました。またイエスは、行動は心から出てくると言われます。「良い人は、その心の良い倉から良い物を出し、悪い人は、悪い倉から悪い物を出します。人の口は、心に満ちていることを話すからです」（ルカ6・45）。

それが分かっていながら、私も教えるとき、心を無視してしまうことがよくあります。心が変わることを期待するなんて無謀かのように思ってしまい、つい簡単なほうに流されてしまいます。短期的、外的なものであろうと、確実に結果が伴うような小さい目標で満足してしまうのです。結局、四年生の子どもたちを三枚のクラッカーで我慢させるのは簡単です。私は相手を説得することも得意ですから、中高生たちに、親に嘘をついてはならない、セックスをするのはやめなければならない、など、さらに大きな課題に従わせることもできるでしょう。確かに少しの間だけなら、悪い行動を止めることはできます。だから、私は簡単なほうを選んでしまうのです。しかし本当に必要なのは、行動そのものの原点である悪い心と向き合うことです。
以下は、私が今まで従順であるための動機として子どもたちに教えてきたことです。皆さんも、身に覚えのある項目があるかもしれません。

プライドに訴えてきた

私は子どもたちに、神に従うなら良いクリスチャンになれる、自分が良い気分になれる、と教えました。子どもたちは堂々と前を向いて、イエスに、そして両親や私に喜ばれていると、自信を持つことができます。

「自分のため」に訴えてきた

私は子どもたちに、神のルールに従うことが幸せで満足できる人生を送るための唯一の方法だと教えました。神は最善を知っておられるから、物事をうまく進めるためには神の示される道を歩むのが賢明です。

恐れと報いに訴えてきた

私は子どもたちに、神は悪い行いを罰し、良い人に祝福を分け与えるということを示しました。そうだとすれば、子どもたちは自分が不従順に生きているのであれば、祈りが答えられるとは期待できません。

盲目的な満足にさえ頼った

私は「もっとがんばりなさい」と言うことに飽き飽きし、罪のことを真剣に考えずに、気休めのように神の愛を語ったことがあります。おそらく、気分が良くなるような、元気になるプログラムを少し加えたと思います。子どもたちは神のことを聞いて幸せな気持ちになって帰っていきました。楽しかったから当然です。それもまた、助けになるのでしょうか。

これらは嘘ばかりではありません。特に、神に従うことはあなたにとって良いことだ、というのは真実です。しかし、それはせいぜい補助的な動機です。悪く言えば、これらはすべて自己中心的です。自己肯定感、自己保持、自力向上にすぎません。クリスチャンの姿に見えるように着飾った、自己中心主義です。子どもたちにそのような自己中心的な悔い改めをさせようと話すことなど、私は忌み嫌うべきでした。そこから生まれる従順が長続きしなくても、それは当然の結果だと気付くべきだったのです。

数年前、ユースの指導者たちに衝撃を与えた調査結果がありました。それは、結婚までセックスをしないと誓った中高生たちは、同じような背景を持ちながら誓約をしなかった子どもたちと比べて、結局セックスをまったく控えなかったというものでした。[2] この中高生たちは、神を喜ばせ、親を喜ばせようとして、決断をしました。彼らは何度も何度も、純潔が長期的にはより大きな幸せをもたらすと聞かされていました。彼らがその決断を誇りに思うよう、それを称えるためのセレモニーが行われ、表彰までされていたのです。しかし、これらはすべて、自己中心的なものでした。彼らの心には、何も響いていなかったのです。

本当の変化を信じる

クリスチャンでない人はいつも、このような自己中心的な理由からクリスチャン的な行動が生まれているのだろうと考えます。心が実際に変えられるなどと、彼らは思っていないからです。しかし、そのような世俗的な考えは、私たちの中で生かしておいてはいけません。私たちは、絶えることのない、御霊に養われた刷新を信じています。私たちは、福音を伝えて子どもたちを励ますとき、ほんの少し生活スタイルを変えるだけで彼らの霊的な旅路が成り立つというような、馬鹿げた考えは否定しなければなりません。福音は真理を語ります。すなわち、子どもたちは、生活において自分自身の罪を十字架につけなければならないという真理です。彼らは、妬(ねた)む神に反抗するという世にも恐ろしい行動を選ぶ傾向にあります。そのことを軽んじてはいけません。罪は、深刻な問題なのです。

イエスは誰よりも罪を深刻に受け止めておられます。もし、手があなたに罪を犯させるなら、その手を切ってしまいなさいと言われたのはイエスです。しかし、イエスが罪に対してどれだけ真剣であるかを理解するために、イエスが天を離れられたことも考えてみてください。それは、私たちが台無しにした世界で、一人の人間として生きるためでした。イエスは、空腹や疲れも覚えられました。人々には誤解されました。殴られ、嘲られ、唾をかけられました。私たちの姦淫の呪いを負って、十字架に釘で打ち付けられ、殺されました。それは、私たちを呪いから解放するためでした。私たちの罪はすべて、贖われたのです。私たちの目に付く、少しの罪だけでなく、罪を密かに愛する醜い心すべてが贖われました。何もかも、赦されたのです。

福音は、日々、私たちを嘆きから驚きの笑いへと導きます。安らぎの宿る私たちの目は、そのすべてのみわざを成し遂げてくださったお方を見上げます。それは誰でしょうか？　それは、考えうるかぎり最も強くて最も優しい、最も威厳があって最も謙遜なお方です。何よりも、その方は今まで出会ったことのないような愛のお方です。私たちに注がれるイエスの愛は、純粋な愛です。それは、私たちが少しでも魅力的であることとは何の関係もありません。もしそうであれば、私たちはイエスの愛を得るために、その魅力を維持しなければならないというプレッシャーを感じることでしょう。しかし、そうではありません。聖書には「私たちが真実でなくても、キリストは常に真実である」（Ⅱテモテ２・13）とあります。イエスは私たちを永遠に愛しておられます。その対価は必要ありませんし、条件もありません。罪悪感も不要です。ただ、愛されている。それだけなのです。
そして、このことを信じる心は、救われています。

先生の仕事、生徒の仕事

数年前、ちょうど私が自分の教え方を変え始めた頃、週末に行われたユースリトリートで教えたことがありました。初めの日、私は参加していた教会のユースに何を期待しているか、そして私は彼らに何を期待するべきかを尋ねました。彼らの答えはこうでした。私の仕事は、聖書で神さまが私たちにしなさいと命じておられることを教えること。彼らの仕事は、それを聞いて、実践すること。もちろん、リトリートに参加した理由はほかにもあったようでしたが、ほとんどの参加者は真剣そのものでした。みんな、学び、成長したいと願っていました。

それは、まさに期待どおりの答えでした。実は、私はある仕掛けを用意していたのです。

その週末を通して私が教えたのは、弟子シモン・ペテロの人生をテーマにしたレッスンシリーズでした。初めに開いた箇所は、イエスがペテロに舟いっぱいの魚を捕らせたところです。ペテロはすでにイエスと面識がありましたから、イエスがペテロの漁船から教えていたとしても不思議ではありません。ルカがこの物語を語っています。

話が終わるとシモンに言われた。「深みに漕ぎ出し、網を下ろして魚を捕りなさい。」　すると、シモンが答えた。「先生。私たちは夜通し働きましたが、何一つ捕れませんでした。でも、おことばですので、網を下ろしてみましょう。」そして、そのとおりにすると、おびただしい数の魚が入り、網が破れそうになった。そこで別の舟にいた仲間の者たちに、助けに来てくれるよう合図した。彼らがやって来て、魚を二艘（にそう）の舟いっぱいに引き上げたところ、両方とも沈みそうになった。これを見たシモン・ペテロは、イエスの足もとにひれ伏して言った。「主よ、私から離れてください。私は罪深い人間ですから。」彼も、一緒にいた者たちもみな、自分たちが捕った魚のことで驚いたのであった。シモンの仲間の、ゼベダイの子ヤコブやヨハネも同じであった。イエスはシモンに言われた。「恐れることはない。今から後、あなたは人間を捕るようになるのです。」彼らは舟を陸に着けると、すべてを捨ててイエスに従った。（ルカ５・４〜11）

この箇所を読んだ後、私はイエスがペテロに「魚を捕りなさい」と言ったところにもう一度注意を向けさせ、言いました。「このときのペテロの反応を見てみよう。『私たちは夜通し働きましたが、何一つ捕れませんでした。でも、おことばですので、網を下ろしてみましょう。』この言葉について、どう思う？　これはイエスさまに対して、良い応答だったと思う？」

いろいろと活発に意見が交わされるかと思いましたが、そのようにはなりませんでした。その代わりに、ある年上の女の子が話し始めました。それは、ペテロが疑念を抱えていたにもかかわらず従ったことについてでした。彼女はとても感心しているようでした。こんなふうに従うことって、一番難しいと思う、ペテロが網を下ろしたことは称賛に値することだと思う、と説明しました。「私たちもみんな、こうならなければならないんだよね？」彼女は続けました。「イエスに従うことが難しい時でも、従わなければならない。ペテロがやったことは、一番素晴らしいことだと思う！」

周囲からは、おおっという歓声が上がりました。反対する人は一人もいないようです。

私は彼女に挑戦しました。「でも、物語の全体を見てみると、ペテロがもっと力強い弟子になったのは網を入れた後じゃない？」私は尋ねました。「この物語の中で、ペテロは成長していると思わない？」彼女は、そうは思わない、というような顔をしています。

「ペテロがイエスの足もとにひれ伏して礼拝した時はどうかな？」私はさらに聞きました。すると、彼女は何かに気付いたようでした。しかし、その行動が網を下ろすほど感心するようなことではないと思っているようです。

分かります。彼女は、イエスの言われることをがんばって実行する、ということについては全部知っているのです。しかし、イエスというお方に直接出会うこと、イエスの御前に畏れおののくことについては、何も知りませんでした。そのような概念は、まだインプットされていなかったのです。

ペテロが成長したのは

この時点では、あなたも同じように、網を下ろしたペテロは大したものだと考えているかもしれません。それは良しとしましょう。彼の行動は確かに立派です。ペテロにはすでに、**いくらかの**信仰はありました。しかし、どうか見落とさないでほしいのです。イエスを知れば知るほど、イエスとともに歩む私たちの人生もまた、どんどん良くなっていくのです。

ペテロがあれだけの魚を捕る**前**、彼はためらいながらも、積極的でした。**その後**、彼は熱心になりました。**以前**のペテロは、熟練の漁師としての経験こそがものを言うと思っていました。**その後**、彼はイエスの足もとにひれ伏すしかないほど、自分が無力な存在であることに気が付きました。**以前**のペテロなら、それがどんなに愚かなことに聞こえても、網を下ろしたことを大げさに話していたでしょう。イエスに従った時の、ペテロの主張っぷりを思い出してください！　しかし**その後**、自分がイエスを助けたという愚かな考えは消し去られ、イエスが自分を助けてくださったと考えるようになったのです。

以前のペテロは、間違ったところに集中していました。考えてもみてください。彼は永遠の神の御子と同じ舟にいながら、魚のことで頭がいっぱいだったのです。**その後**、彼はイエスを、かつての人生の中において重要であった何ものをも無限に超越する存在として、慕うようになりました。この物語は、ペテロがヒーローになるお話ではありません。ペテロが、自分の心を捕らえたヒーローに出会うお話です。

ペテロは、イエスと結ばれた時にも自分自身と向き合うことになりました。彼はイエスに「私から離れてください」と言っています。自己中心的な罪人である自分の隣りに、神がおられると分かったら、当然そう思うでしょう。しかし、イエスは彼から離れませんでした。イエスは決して、自分が罪人であることを知っている人、そしてイエスを信じる人から、離れることはありません。むしろ、イエスはペテロを人間を捕る働きに加えてくださったのです。

ペテロは、自分がイエスとともに舟に乗る資格もなければ、ましてや一緒に働く資格もないことを知ったばかりでした。イエスとともに行くという機会だけで、純粋に恵みなのです。これ以上、がんばって相手を唸(うな)らせる必要はないのです。イエスとともに行くことは、四半期ごとの業績考査でクビになるかもしれないような恐ろしい仕事ではありません。もし業績が問題なら、ペテロは初めから呼ばれなかったでしょう。

イエスと結ばれることは、なんと思いもよらぬ出来事でしょうか！「誰、私が？」と言ってしまいそうです。ペテロが、舟も、家族も、大量の魚も、すべてを捨て去ることを自ら望んだのも無理はありません。彼のイエスに対する献身は、新しい段階に達しました。それは、彼が新しい従順の方法を学んで、それを実践しようと決めたからではありません。彼が、イエスご自身を体験したことによるのです。

私たちはどうやって成長できるか

私たちもまた、聖なる神に愛される罪人です。唯一の御子イエスの驚くべき御血によって、救われました。そして私たちもまた、恵みによって召され、不安から解放され、良い行いをするように命じられています。私は参加したユースに、このことをリトリートで体験してほしいと願っていました。レッスンの終わりに、私が最初に尋ねた私の仕事と彼らの仕事についての考えは、部分的に合っていることを伝えました。彼らがより従順であることを、もちろん私は願っています。しかし、従順は良い振る舞いについて学ぶだけでは生まれません。福音を学び、それを受け取ることによって生まれるのです。ペテロがイエスの中に見たその奥義を、私たちも彼の目を通して学ぼうではありませんか。それが、私たちを前進させるエネルギーになるでしょう。

霊的な〝お山の大将〟

さて、それから何年も経ちました。私はこの真理を子どもたちに伝えるために、たとえを用いるようになりました。そのたとえは、「お山の大将」という遊びになぞらえたものです。ご存じかもしれませんが、この遊びは、小高い盛り土や丘などに立った一番乗りの子どもをほかの子どもたちが降ろそうとし、その場所を奪い合うというものです。たいてい一番大きな、一番強い子どもが、大将であり続けることができます。

クリスチャン生活とは、まるで私たちの心と頭がお山の大将の遊びをしているようだと思うこと

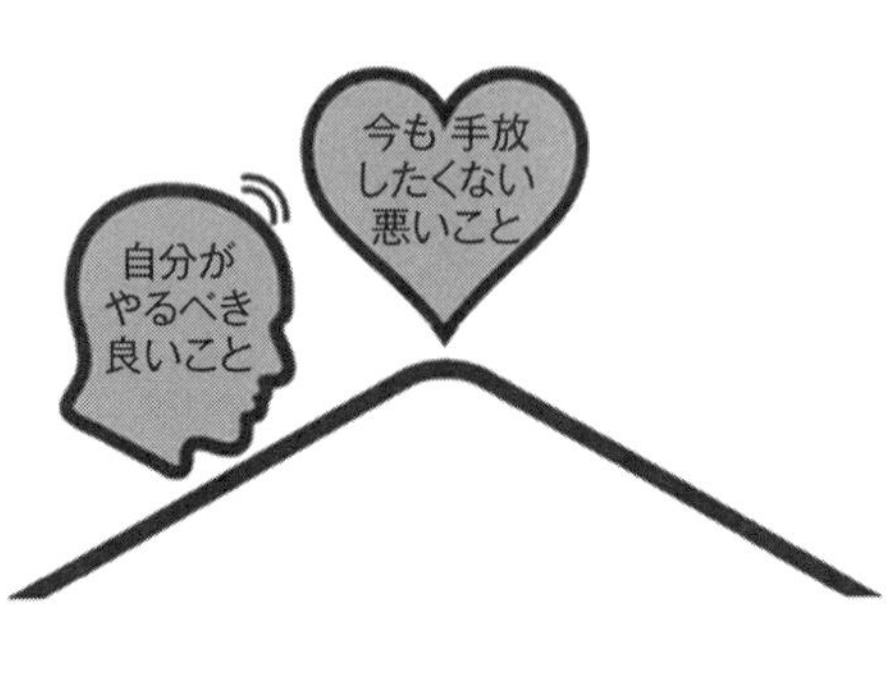

がよくあります。丘の上には、私たちが今も手放したくない罪があります。それを引きずり降ろそうとするのは、自分がやるべきだと分かっている敬虔な行いです。クリスチャン生活というものは、頭と心の戦いの連続なのだと思います。

この小競り合いに勝つのはどちらでしょうか？　頭が頂上に立つときももちろんあるでしょう。しかし、ほとんどの人の場合、心が勝っている時のほうが多いのではないでしょうか。「しかし、口から出るものは心から出て来ます」（マタイ15・18）。

では、解決方法は何でしょうか？　罪への愛と戦うためには、さらに大きな心を持ち込まなければなりません。イエスへのより強い愛だけが、私たちの罪への愛に打ち勝ち、立場を逆転させることができるのです。

ヨハネはこのように書きました。「もしだれかが世を愛しているなら、その人のうちに御父の愛はありません」（Iヨハネ2・15）。イエスはこのように教えられました。「だれも二人の主人に仕えることは

できません。一方を憎んで他方を愛することになるか、一方を重んじて他方を軽んじることになります」（マタイ6・24）。いずれも、私たちが罪を愛すると同時に神を愛することはできないことを示しています。一方の愛は、他方の愛を押しのけてしまうからです。[3]

二つのタイプの子どもたち

福音を信じることによって神への愛を育てる子どもは、良い振る舞いで神を喜ばせようとしている子どもと比べて、生き方がまるで違ってきます。良い振る舞いに生きる子どもは、常に愛と承認を求めています。福音に生きる子どもは、自分がすでに天の父なる神にとこしえに愛されていることを知っていて、実際にもっと良い振る舞いが見受けられます。

良い振る舞いに生きる子ども	福音に生きる子ども
世界を良い人間と悪い人間に分ける。魚を捕る前のペテロのように、常に自分が良い人間側に属することを証明しようとする。	良いお方であるたった一人の存在、イエスのほか、残りはすべて悪い人間だと認識している。魚を捕った後のペテロのように、自分の人生をかけてたった一人の良いお方を信頼し、従う。

舌による罪を犯しがちである。自分のイメージを守るために嘘をついたり、批判された時に自己防衛的になる。また、自分を人より良く見せようとうわさ話をする。	自分の確信はキリストにあるため、恐れることなく間違いを認め、人からの助言を受け入れる。自分の弱さについて話し、人の強さをともに喜ぶ。
人の間違いを指摘することが多い。イエスのたとえ話に出てくる、神殿でのパリサイ人たちのように、しばしば他人との比較で自分を語る。「神よ、私がほかの人たちの……ようでないことを感謝します」(ルカ18・11)。	人の罪を暴露しない。自分の行いにかかわらず、神が愛してくださっていることを知っているので、イエスのたとえ話に出てくる取税人のように、進んで自分の罪を告白する。「神様、罪人の私をあわれんでください」(ルカ18・13)。
神や人が自分を見て、承認が得られるように、礼拝し、祈りをささげ、バイブルスタディに参加する。声を出して祈る時や、グループの中で話す時は、人が自分をどう思うかを意識している。	神を愛し、神との交わりこそが喜びであるので、礼拝し、祈りをささげ、バイブルスタディに参加する。
良いことをしているとき、両親や教師、他の子どもたちに気付いてもらいたい。家や教会では従順であっても、学校やノンクリスチャンの友達との付き合いなど、ほかのクリスチャンの目が届かないところではなかなか従順になれないことが多い。	周囲に誰もおらず、見られていないときでも、神に従う。イエスにつながっていて、自分がすでに神によって十分承認されていると感じているので、人からの称賛による報いは必要ない。

イエスのことを人に伝えるなど、「恥ずかしい」クリスチャンの活動には嫌々参加する。教会外の人からの評価と、教会内の人からの評価の板挟みになり、神がどう思っておられるかよりも罪悪感に悩まされる。	神が自分を神の子どもとして愛してくださっていることを知っているので、人の評価は気にならない。イエスに愛されているという確信から、進んで人にイエスのことを伝える。
手軽で「楽しい」教会の活動を好み、真の礼拝、真剣な学び、深い罪の告白などを含む活動は好まない。後者はあまりにプレッシャーが重すぎる、または自分をさらけ出す必要がありすぎて、落ち着かない。	ほかのクリスチャンとの活動を楽しむが、たいていそれは自分がキリストにあって感じている喜びや自由があふれ出すからである。礼拝、バイブルスタディ、罪の告白は、神との関係を強め、さらにほかのクリスチャンとの関係を強めるエネルギーとなっている。

表をもう一度見てみましょう。福音に生きる子どもの理想像があなたの生徒たちとの経験とあまりにもかけ離れすぎていて、現実的でないように感じるかもしれません。しかし、この姿が神に召されている姿であり、神がそう約束してくださっていることは祝福です。ですから、私たちはこの姿を目指して子どもたちを養わなければなりません。週ごとに、また年ごとに、子どもたちに福音の土台を与えなければならないのです。

ペテロが成長したのは……続編

ユースリトリートも、そのような土台を築く結果になりました。子どもたちも私自身も、イエスの姿を見て、ただ驚かされるために、しっかりと聖書を学びました。

ペテロの姿のほか、私たちはイエスが十二歳の女の子の手を取り、よみがえらせた姿を見ました。そして、外にいた人々があざ笑っていたにもかかわらず、イエスがこの奇跡については誰にも知らせないようにと命じられた姿を見ました。なんと驚くべきことでしょうか。また、私たちはイエスが弟子たちに、少年のお弁当で五千人の群衆に食べさせよ、と挑戦される姿を見ました。そんなことは不可能だと言う彼らに、イエスは不可能ではないことを示されました。私たちはまた、イエスが弟子たちを舟に乗せて嵐に遭わせ、水の上を歩いて彼らに近づき、ペテロにご自身のもとに来なさいと告げられ、瞬時に嵐を鎮められた姿を見ました。信仰の力について教えられる、忘れることのできないレッスンとなりました。驚かされることばかりです。

リトリートを終えるにあたって、魚を捕った出来事から三年後のペテロの姿を見てみました。彼は**三年間、イエスとともに過ごしたのです。**しかし、イエスが死なれる前夜、ペテロはまだ見たことのないイエスの姿を見ました。その夜のペテロの裏切りは、とてつもない失敗でした。イエスは彼に過越の食事の準備という特別な役割を与え、子羊を屠(ほふ)らせ、調理させました。そして食事のとき、イエスはペテロに、あなたは恐ろしくなって私を否定するだろうと警告されたのです。ペテロにとって、そんなことは想像しがたいことでした。彼は持ち前の威勢の良さで反論しました。「たとえ、あなたと一緒に死ななければならないとしても、あなたを知らないなどとは決して申しません」（マタイ26・35）。もちろん、本心からの言葉でしょう。

しかし、イエスが捕らえられた後、そこにいた者のうち一人が、ペテロに見覚えがあると言いました。すると、ペテロは自分がイエスの友人だということを否定します。否定は、三度繰り返されました。説得力を増そうと、最後の否定には呪いの言葉さえ付け加えたのです。そのとき、涙があふれ、大いなる恥が彼を襲いました。ペテロは何が起きたのか、すぐには分からなかったことでしょう。

イエスは罪人を救うために十字架に向かっておられました。ペテロのような、罪人を救うためです。ペテロがイエスを否定し、保身を図っている間に、イエスはその背信行為の罰を受け、ペテロを救っていたのです。イエスは、へりくだってペテロと舟をともにしてくださった聖なる神、というだけの存在ではありませんでした。イエスは完全なる神の御子として、ペテロのために苦しみを受け、死んでくださったのです。これは、何よりも驚くべきみわざです。

ペテロが何年も後に、その夜のこと――子羊と十字架の夜のこと――を覚えていたのは、そのためです。彼はこう書いています。「ご存じのように、あなたがたが先祖伝来のむなしい生き方から贖い出されたのは、銀や金のような朽ちる物にはよらず、傷もなく汚れもない子羊のようなキリストの、尊い血によったのです」（Iペテロ1・18～19）。ペテロは教会の中で大胆なリーダーになりました。彼は、自分をとことん愛してくださるイエスの内に、守られていたのです。

世界で一番素晴らしい仕事

ペテロと同じように、その週末、子どもたちと私は一緒に福音の理解を広げました。子どもたちの中には間違いなく、この学びが大いに役立った子がいたでしょう。少なくとも、私にとっては役立ちました。イエスをよりよく知り、私に注がれるイエスの愛をよりよく知るために福音を学ぶことが、とても**ワクワクする体験**であったことを今でも覚えています。神に良く思われようとする必要がまったく消え去り、代わりに神に従いたいというはるかに大きな力、つまり愛に伴う義務が生まれたのです。

福音が良い振る舞いに優る、というのはこのためです。私が昔の教え方に決して戻らないのも、このためです。

あなたも、教師として、また親として、いら立ちを感じることがあったかもしれません。あなたも、神のために生きることを子どもたちに教えてきたでしょう。できるかぎりの説得を試みたと思います。しかし、自分のために生きることをやめようとしない子どもたちを見て、どうしたものかと頭を抱えたのではないでしょうか。がっかりしないでください。子どもたちはいつか、その道を正す必要があるでしょう。しかし、私たちの使命は彼らを追い詰めたり、なだめたり、説得したりすることではなく、神の救い、平和、信仰、そしてキリストが与える義の言葉を語ることです。パウロはこれらを「悪魔の策略に対して堅く立つことができる……神のすべての武具」（エペソ6・11）と呼んでいます。

子どもたちが人生において直面するであろう、あらゆる戦いに備えるために、これほど十分な備えはありません。彼らが従順に歩み、誘惑から守られるために、これほど彼らを整えてくれるものはありません。これ以上に優れたミニストリーはないと、私は考えています。

Q&A

――良い振る舞いではなく、良い知らせ（福音）を学ぶことで、子どもたちに成長してほしいと願っていることは理解しました。しかし、良い振る舞いを学ぶことは悪いということですか？　それは間違っていると思うのですが。

神の戒めを学び、その戒めに従うよう努力することは、良いことであり必要なことです。神の戒めの目的の一つは、私たちに生き方を教えることです。そして、神への愛、人への愛が、私たちの行動のすべてに現れたらどのようになるか、ということを示しています。しかし、聖書を開く目的がそれだけになってしまうと問題が起こります。なぜなら、神の戒め（そして聖書全体）のもう一つの機能は、私たちが自分の罪に気付き、イエスを信じるように心を動かすことであるからです。

良い振る舞いに焦点を合わせていると、神に良く思われなければならないと思い煩う子どもになってしまいます。そのような子どもにとって、福音は補足部分にすぎません。だからこそ、私は福音に焦点を当てたいのです。それは、良い振る舞いについてまったく学ぶ必要はないという意味ではありません。福音が心に触れた子どもは、イエスの戒めを学ぶのが大好きになるでしょう。なぜなら、神の戒めはキリストに似たものとなるための方法を教えてくれるからです。その子どもにとって、神の戒めは祝福となり、同時に努力すべき目標となります。神の愛を知ったとたん、パッと完全に罪が問題でなくなるなんてことは、絶対にありません。従順には努力と学びが常に伴うのです。私たちがすべきことは、そのような子どもが福音にいつも根差しているように導くことです。それが彼らの土台となるからです。

――神を愛し、神を楽しんでいないかぎり、子どもたちは完全に従順ではない、というのはあまりにも基準が高すぎるように思います。それは現実的なことなのでしょうか?

私は、イエスの定められた基準に合わせたまでです。そして、その基準に達するようにさせるのは、私たちのうちに働いてくださる、**イエスの力**です。愛することや楽しむことが高すぎる基準だというのは、神に多くを期待していないと言っているのと同じです。私たちはみな罪を犯しますから、この基準に届かないのは当然のことです。しかし、子どもたちが福音をしっかりと握りしめ、罪の赦しを楽しみ続けるなら、神への愛は前進し大きく育っていくでしょう。御霊の実の初めの二つの品性は、愛と喜びです(ガラテヤ5・22)。愛と喜びなしに、子どもたちが「従順」を持っているとしたら、それはそもそも御霊からきたものかどうか疑わなければなりません。

――ということは、子どもたちに良いことをしなさいと言う前に、まず神を愛しなさいと伝えるべきなのですか？

違います。まず福音を伝え、それを信じるよう勧めるべきです。「愛しなさい」と言われて、誰かを愛するようになることはありえません。それは神に対しても同じです。誰かを愛するときは、その人が美しく愛しい存在だと感じ、相手もあなたを愛してくれているからでしょう。嬉しいことに、神は他の何ものより、また誰よりも、ずっとずっと美しく、愛するに値するお方です。そして、神はほかのどのような人よりも、もっともっと大きな愛で私たちを愛してくださいます。子どもたちがこの福音を学び、それを信じることで、神への愛は自然と流れ出します。イエスが、神を愛することを最も大切な戒めとされたのは、このためです。神はそのような愛を受けるべきお方であり、それを見逃す人生はまったくの茶番です。

——あなたは、私たちに愛されるべき要素がなくとも「神は私たちを愛しておられる」と言いますが、本当に、神は私たちのうちに愛すべき要素を見いだされないのですか？

神の子とされた私たちへの永遠の愛は変わることがなく、その愛は私たちが愛されるに値するかどうかとは関係ありません。「しかし、私たちがまだ罪人であったとき、キリストが私たちのために死なれたことによって、神は私たちに対するご自分の愛を明らかにしておられます」（ローマ5・8）。私たちに、神を変えることはできません。私たちのいかなる行いによっても、神の愛を強めたり弱めたりすることはできません。この特別な、完璧な愛こそが、私たちに保証と確信と感謝を与えるのです。「全き愛は恐れを締め出します」（Ⅰヨハネ4・18）。
しかし、神の愛には多くの側面があり、神が私たちを愛されるのは私たちがキリストにあって変えられたからという見方もあります。イエスと結び合わされて、私たちは神に愛される行いをするようになりました。そういう意味では、神が愛してくださるのは、私たちが愛されることをするから愛される、と言うこともできるでしょう。ですからイエスも、「わたしを愛している人はわたしの父に愛され……」と言われます（ヨハネ14・21）。しかし、だからといって私たちが神の愛を獲得したと考えるべきではありません。また、それが神に受け入れられるための条件と捉えるべきでもありません。ただ、私たちが受けるに値するものをはるかに超えて、神が私たちを完全に、あらゆる側面において愛してくださっているという確信を強めるだけであるべきです。

――聖書は「自分のため」という考えを用いて神に従うようにさせるのではありませんか？　なぜそのことに断固反対なのですか？

キリストにある人生は祝福に満ちています。ですから、神に仕えることは確かに「自分のため」であり、聖書はそのことをたびたび指摘しています。裁きを避けるためとか、幸せに生きるため、などが書かれています。これらはすべて、神に従う理にかなった根拠です。しかし、ただ「自分のため」に神に仕えるなら、神というお方の核心部分を見誤ることになるのです。神は、ご自身そのものが自己犠牲のお方であり、愛に満ちたお方です。十字架を見れば、一目瞭然でしょう。私たちが「自分のため」だけに生きるなら、私たちは神の民であるとは決して言えないでしょう。神に従うことのすべての利点を指摘することは、心を変える福音の力がその過程で失われないかぎり、悪いことではありません。聖書は多くの動機を与え、それらはすべて正しいのです。しかし、第一の動機は、私たちを愛してくださった神への愛であるべきです。

――しかし、子どもたちには従順であることをもっと強く教えるべきではないでしょうか？　神の罰の脅威を示すなど、厳しい戦略を練る必要があるのでは？

不従順であることへの警告は、聖書のあらゆる箇所で見られます。もちろん、それらを真剣に受け止めるべきですし、私たちが罪に捕らわれた時に御父の戒めをもって道を正してくださる神に感謝しなければなりません。しかし同時に、福音を語るよりも脅しのほうが力強いと考えるのは間違いです。聖書に書かれている脅威や報いばかりに注目する教師がいるなら、そこを強調しすぎないように気をつけるべきです。なぜなら、子どもは（従うことができずに）落胆するか、（従うことができて）誇るか、のどちらかに容易に陥るからです。子どもたちは福音にしっかりと土台を築かなければなりません。神が彼らを愛しておられることを知り、確信を得る、それだけです。そうして初めて、教師はもっと力強く、子どもたちに神に従うことを勧めることができるのです。

今すぐイエスが見えるように

子どもたちの心にターゲットを絞ったアプローチを、今から始めましょう。以下のアイディアから、できることを選んでみてください。

両親のために――「神の武具」を用いて、子どもたちを祝福し彼らのために祈ってください。次のステップを踏みましょう。

(1) 六枚のカード用紙を用意し、エペソ人への手紙6章14～17節にある福音の「武具」をそれぞれ一つずつ書いていきます。真理、正義、平和、信仰、救い、そして神のことばです。できれば、それぞれのカードに帯、胸当てなど、言葉に当てはまる武具のイラストを描くと良いでしょう。

(2) 食事の時間や寝る前の時間に、数日おきに子どもにカードを一枚選ばせます。そして、その武具と関係のあることで、イエスがその子にしてくださったことを話してみるよう促します。例えば次のようなことが言えるでしょう。

- 真理――「イエスさまがあなたに言われることは、すべて真実で良いことだと確信を持つことができるね。」
- 正義――「イエスさまだけが、完全なる正義を与えてくださるよ。それを自分の力で得る必要はないんだよ。」
- 平和――「イエスさまがあなたの罪のために死んでくださったことによって、神さまとの平和が与えられたね。」

- 信仰──「イエスさまを信じる信仰は、決して失望に終わることはないよ。このお方以外に、信仰を持つべきお方はいないんだよ。」
- 救い──「イエスさまは、罪によって生まれるすべての悪からあなたを救ってくださるよ。」
- 神のことば──「この世界のどんな権力も、イエスさまのことばより強いものはないんだよ。」

(3) そして、エペソ人への手紙6章18節に従って、子どもとともに祈り、その子の人生の罪との戦いにおいて福音が力になることを信じましょう。

教師のために──心VS頭のイラスト、お山の大将ゲームのたとえを用いましょう。頭の絵を描き、そこに「自分がやるべき良いこと」と書きます。別の紙に、心を描いて「今も手放したくない悪いこと」と描きます。子どもたちに、彼らの日々の歩みの中ではどちらが勝つことが多いか尋ねてください。（幼い子どもたちでも、正直に話してくれるなら、だいたいいつも心が勝つと言うことが多いです。）最後に、「イエスへの愛」と書いた大きな心を見せてください。罪の心と置き換えるためには、イエスへの愛がもっと大きくなることが必要であることを話し、そのために何から始めることができるか話し合いましょう。

ユースの教師のために──本章で示した、良い振る舞いに生きる子どもと福音に生きる子どもの一覧表をコピーします。その表をもとに、ディスカッションを始めてみましょう。次のような質問をすると良いでしょう。あなたはどちらのタイプに、より近いと思いますか？　イエスの福音を堅く信じる人のように行動することは、どうして難しいのだと思いますか？　もっと深く福音を信じたら、あなたの人生はどのように変わると思いますか？　イエスが私たちに与えてくださるものについて、さらに深い信仰を持つために、私たちがグループとしてできることは何ですか？　イエスに対する信仰をさらに深め、育むために、あなたが個人的にできることは何ですか？

注

1　Horatius Bonar, *The Everlasting Righteousness* (London: James Nisbet, 1873), 188. 日本語訳は本書訳者による。

2　Janet Elise Rosenbaum, "Patient Teenagers? A Comparison of the Sexual Behavior of Virginity Pledgers and Matched Nonpledgers," *Pediatrics*, 123, no. 1 (2009): e110-e120.

3　このヨハネの手紙第一2・15からの適用、およびお山の大将のたとえは、次の参照元からのものである。Thomas Chalmers, *The Expulsive Power of a New Affection* (Edinburgh: Thomas Constable, 1855).

第5章　エステル妃の寝室にいる母親──福音は聖書のテーマソングだから

キリストのみが、他のすべてのものを突然消し去る。
──ジャン・カルヴァン[1]

外から教室の様子を伺っている人が見えました。ある生徒の母親です。ちょうど、聖書のレッスンを教え始めて数分経ったところで、教室のドアの窓から見える彼女の姿に気付きました。大したことではありません。親が様子を見に来ることは、よくあります。きっと子どもを迎えに来たのだろうと思いました。クラスを中断させるのではないかと気遣っているようだったので、私はその母親に「中へどうぞ」と、ジェスチャーで伝えました。

彼女はドアを開けて、こう尋ねました。「すみません。中で座っていてもいいですか?」

「もちろんですよ」と私は答えました。私はどのクラスでも、希望があれば保護者を招くことにしており、それに応じてくださるのはいつでも嬉しいものでした。その母親が子どもたちの間に座ったところで、私は自分のレッスンに戻ろうとしました。「さてと、何の話だったかな?」

そのとき、私は思わず心の中で呟きました。「しまった。これはまずいかもしれないぞ。」

エステルの舞台

その日、私は小学校高学年の子どもたちに、エステル記からのレッスンを教えていました。ストーリーを語ることを好む私のような教師にとって、この物語はまさに一級品でした。大きなホワイトボードを使って、色とりどりのマーカーで物語の舞台であるペルシアの首都の町を再現したり、そこに物語の登場人物を棒人間で描き入れたりしていました。クラスが始まる前に、私はすべての位置関係をボードに描いていました。町の通り、王宮の門、王座のある部屋、宴会の広間、寝室、王妃の宮廷と宴会の広間、首長の家、宝物庫、王の後宮などです。そして絞首台も、私たちが知っているような絞首台ではなく、王の敵の死体を突き刺して見せ物にするための、上部に釘のついた当時の本物の柱にしました。

物語は、クセルクセス王が新しい王妃を探すところから始まります。かつての王妃は、あまりにも頑固で言うことを聞かなかったからでした。その土地の最も美しい娘たちが王の後宮に連れて来られ、一年間の訓練を受けました。そして、一人ずつ順番に王のもとへ入っていくことになっていました。それが済むと、王が相手をした娘たちは第二の後宮に帰っていき、王に指名されないかぎり二度と王のところには行けませんでした。その中で王が一番気に入った娘を王妃とすることになっていたのです。まったくひどい話です。

エステルとは、従兄弟のモルデカイと共にペルシアの町に住んでいた、若いユダヤ人の娘の、ペルシア語の名前です。ここですでに、彼女について気になる点があります。敬虔なユダヤ人たちは、自国の民の捕囚期間が終わった時にエルサレムに戻りましたが、彼女はそこに加わっていませんでした。彼女の家族はペルシアの魅力に惹かれていたのでしょうか？　神に選ばれた民の一人であること、異国の民とは違う生き方に召されていることを、彼女は忘れてしまったのでしょうか？

なにはともあれ、エステルは王の後宮に呼ばれました。そこは、やわな娘には生きやすい場所ではなかったでしょう。しかし、エステルはうまくやっていました。彼女は言われることをよく聞き、王を喜ばせる方法を学びました。王とともに夜を過ごした後、王はエステルを王妃に選んだのです。ちょうどそのとき、王の門のところに座っていたモルデカイは、王の暗殺計画について耳にします。彼は二人の反逆者たちの名を報告したため、二人は王によって木にかけられました。

物語がこのシーンに差しかかったとき、私はマーカーを手に取って、ホワイトボードの絵の絞首台の柱に突き刺された反逆者たちを棒人間で描き足しました。子どもたちは大喜びです。

「血も流してよ！」　ある子どもが訴えました。「もっと血だらけにしなきゃ。」

私はどうしようかと考えました。絞首台に死体が張り付けられているだけでも、十分気味の悪いものです。その時点で、自分の考える「センスの良い絵」のラインを超えています。しかし、子どもたちがお願い、お願い、と言い続けるので、私はついに根負けしました。絵の中の死体に赤いしぶきを描き足して、物語に戻ることにしました。

その時だったのです。教室の外に、母親が立っているのに気が付いたのは。

セックス、暴力、そしてイエス

なんて見境のないことをしたんだ、とお思いでしょうか。しかしその前に、伝えておきたいことがあります。私は、今回のレッスンに反逆者のくだりと、王妃が選ばれるプロセスを含めるべきかどうか、十分に熟慮を重ねていました。セックスと暴力を省いたバージョンを、試しに準備してみたりもしました。聞こえの悪い内容はすべてごまかして、若い娘としてのエステルの勇気ある行動のみを語ることも考えました。しかし、聖書を消毒処理するような方法で教えるとなると、私は神について意味のあることが言えなくなり、イエスを喜びたたえることもできないことが分かったのです。そこで、ありのままの内容を伝えることを選びました。いずれにしろ、そのほうが聖書に忠実です。不安もよぎりましたが、決めたとおりに教えることにしました。後宮や柱に突き刺された死体を絵に描くことにも、理由があったのです。ですから、それをやり遂げる必要がありました。

聖書の物語では、モルデカイは神に忠実な者として認められています。彼は、王に仕える首長ハマンにひれ伏すことを拒みました。ハマンの家族は神の民の敵です。モルデカイに恥をかかされたと思ったハマンは、特別高い絞首台を作り、そこにモルデカイを吊るす計画を立てました。さらに彼は、王の宝物庫に寄付をし、帝国内のすべてのユダヤ人を殺す許可をこっそりと勝ち取ったのです。

この大虐殺を止められる立場にあるのは、エステルのほかにいませんでした。しかし、王に謁見を願い出て、自分の願いを口にするなどということは、彼女が学んできた王宮の規則に反することでした。エステルは、ペルシアの王か、神か、どちらの王に一番の忠誠を示すべきかを決断しなければなりませんでした。彼女は、神がともにいてくださること、そしてこの事態こそが、王宮の中で地位を得た本当の理由であったということを、信じなければならなかったのです。

そこからも、嬉しい「偶然」が続きます。ハマンは、クセルクセス王が自分に栄誉を与えてくれるものと思い込んでいましたが、かえって恥をかかされました。エステルは勇気をもって王の規則に逆らい、王はそのことで彼女を気に入りました。ハマンは絞首刑にされ、ユダヤ人は救われたのです。モルデカイは首長の地位を得ました。

神がすべてを動かされたんだね、と私は子どもたちに言いました。神がより良い王であることを、ご自身で示してくださった。そして、エステルは神を第一に信頼したことによって、彼女自身の知恵が認められた、と。

「エステルも、きっとクセルクセス王から得られたであろう、宝物や金銀を信頼する誘惑にかられたはずだよ。」私は言いました。「私たちも、そんな誘惑にかられることがあるよね。この世界の宝物は神さまより良いものなんじゃないかって、考えてしまうことがある。エステルのように、私たちは神の民だということを覚えていないといけないね。私たちには、偉大なペルシアの王よりも優れた王がついているんだ。私たちの王は、最優先するに値するお方だよね。」

そして、私たちはホワイトボードに描かれた物語の場面を、一つひとつおさらいしました。そして、それらを今度は、私たちの王、イエスの光に照らして見つめ直したのです。

・ペルシアの王は帝国を支配した。しかし、私たちの王イエスは天と地のすべてを支配しておられる。
・私たちの王イエスは、宝物庫への贈り物などにだまされない。イエスはすべてを所有しておられ、私たちに豊かに分け与えてくださる。
・私たちの王イエスは、私たちを一夜限りで愛したり、私たちを快楽のために利用したり、突き放したりされることはない。イエスは犠牲を払って私たちを愛し、その愛は永遠に誠実である。
・私たちの王イエスは、反逆者をみな処刑なさることはない。私たちは誰もが、イエスに忠実でなかった。反逆を企み、死ぬべき存在である。しかし、イエスは私たちの身代わりとして絞首台に向かい、血を流し、その手と足に釘を打たれ、張り付けにされた。

「私たちの王のような王さまは、ほかにはいないんだ。」私は言いました。「イエスさまは、すべてを支配し、ご自分の民を守ってくださる。だから、このお方に信頼しよう。みんな、自分が何者であるか、そして誰に仕えているのか、忘れてはいけないよ。そうすれば、君たちもエステルのように賢く、勇気ある者になることができるから。」

最後に私たちは、自分たちにとってどのような場所がエステルの後宮のようであるかについて話し合いました。学校、部活、友達といるとき――子どもたちは、そのような場所に順応してさえいれば幸せが保証されるという誘惑にかられることがある、と話し、具体的な例をそれぞれ考えました。とても良いディスカッションの時間でした。

このあたりで終わりかな、と思ったとき、あの母親が口を開きました。付け足したいことがあったようです。子どもたちに知っておいてほしい、と彼女は話し始めました。年齢を重ねるほど、そのようなプレッシャーは増すばかりだ、と。今まで働いたどの職場も、彼女にはエステルの後宮のように感じられたそうです。その職場のルールに従って順応しなければならず、神の方法とは違ったやり方を強いられました。ぜひ子どもたちには、このレッスンを覚えていてほしい、とその母親は言いました。みんなには、より良い王さまがいてくださるということを、絶対に忘れてはいけないのよ、と。

母親から語られたこの言葉は、子どもたちにしっかりと届いたようでした。彼女が、レッスンを完璧に締めくくってくれたのです。ただ正直なところ、私はそのとき、絞首刑に描いた死体について指摘されずにすんだことにホッと胸を撫で下ろすばかりでした。

イエスに関する一つの物語

母親が喜ぶエステルの物語の教え方は、二つしかありません。一つはセックスや暴力を省くこと。もう一つは、十字架で締めくくることです。

もし、エステルの物語を「勇気をもとう」とか「神の民を助けよう」というような単なる道徳的なレッスンとして教えるなら、聖書の筋書きを編集したほうがうまくいったことでしょう。つまり、聖書はそもそも、きれいな、独立した道徳のレッスンを施すためにあるものではないことが、ここで明らかになるはずです。

聖書は、神がご自身の民を救う、一つの壮大な物語です。この物語の文脈を理解しないかぎり、私たちはその物語のどの部分も正しく理解することはできません。この壮大な物語は、イエスの人格とみわざを中心としています。もし、イエスに関する聖書の中心的な物語の弧（アーチ）から個々の物語を切り離してしまうと、聖書が言いたい主要なことを見逃してしまい、聖書的でない聖書の物語を造り上げてしまうことになります。

聖書は神のことばです。それは、聖書がイエスという「ことば」について書かれているからです。私たちが神の子とされているのは、私たちが「子」、すなわちイエスの内にあるからです。聖書を私たちの人生に適用するとき、絶対にイエスを迂回してはいけません。そうすることは、聖書にも、私たちにも、正しくありません。

イエスは弟子たちに、聖書がいかにご自身について書かれたものであるかを説明しようと、このように言われました。「次のように書いてあります。『キリストは苦しみを受け、三日目に死人の中からよみがえり、その名によって、罪の赦しを得させる悔い改めが、あらゆる国の人々に宣べ伝えられる。』エルサレムから開始して、（あなたがたは、これらのことの証人になります）」（ルカ24・46〜47〔48節も追記〕）。聖書全体がイエスに関すること、というだけではありません。もっと具体的には、聖書は福音に関することだと言っておられます。イエスの死、復活、そして悔い改めと罪の赦しです。聖書のすべての道はそこにつながっているのです。

初代クリスチャン教師たち

使徒の働きには、クリスチャンの教師たちが聖書からどのように指導したのか、三つの詳細な例が挙げられています。これらの例は説教の形で書かれていますが、実は聖書全体の中でも最も研究されていない部分の一つであり、私たちもつい読み飛ばしてしまいがちです。すでに聞いたことのある話の繰り返しのように感じられるからでしょうか。しかし、これらの箇所は決して先を急がず、十分に注意を払うべきです。それぞれの説教では、聖書を教える教師たちが、聖書の物語と真理がどのように私たちをイエスに導き、そして福音へと導くかを示してくれているからです。

- 使徒の働き2章では、救いについて語った預言者とダビデについてペテロが説教しています。ダビデは詩篇に朽ちることのない王について書き記しました。そしてペテロは、ダビデがいかにして「後のことを予見し、キリストの復活において……語った」かを述べています（使徒２・31）。
- 使徒の働き7章では、ステパノが、アブラハムからソロモン、そして預言者たちの聖書の物語を次から次へと語り、神の民の苦難と彼らに与えられる救いについて説教しています。そしてステパノは、イエスが最終的な苦難の預言者であるとし、「今はあなたがたが、この正しい方を裏切る者、殺す者となりました」と述べています（同７・52）。

- 使徒の働き13章では、パウロが、聖書からモーセ、ヨシュア、サムエル、サウル、そしてダビデの物語を用いて、神の配慮について説教しています。そしてパウロは、神がイエスを通して赦しを与えることによって、すべての人々に対して最も完全に配慮を示されたことを語っています。「私たちもあなたがたに、神が父祖たちに約束された福音を宣べ伝えています。神はイエスをよみがえらせ、彼らの子孫である私たちにその約束を成就してくださいました」(同13・32〜33)。

おかしなことに、聖書**に出てくる**教師たちが実に効果的に用いている物語の箇所は、今日の多くの教会において、大人たちが聖書**を学ぶ**場ではほとんど無視されているのです。あなたが耳にするのは、たいてい子ども向けのクラスなのではないでしょうか。すなわち、そのクラスを教える私たちに大きな責任がのしかかってきます。なぜなら、私たちのクラスが、教会の中でイエスにつながるストーリーを聞くことができる唯一の場所である可能性が高いからです。私たちは、これらの物語を聖書の中の教師たちのように、救い主に目を向けて教えなければなりません。

神の物語、彼らの物語

聖書の登場人物から役に立つ道徳的な教訓が得られることもある、ということは言っておかなければなりません。実際、本章でエステルの物語を紹介したのも、エステルが私たちの従うべき良い手本であるからということもあります。エステルの物語が聖書の中に含まれている理由には、彼女のように勇気ある行動をするよう、私たちを励ます目的が一つにあるでしょう。また、この物語は、ほかの多くの旧約聖書の箇所と比べると、明らかに救いの物語の弧（アーチ）とつながっているとは言えません。しかし、それでもなお、この物語を福音と結びつけるほうが、より力強いレッスンになることは分かっていただけるでしょうか。神の救いのみわざとイエスに焦点を絞ったレッスンほど、私たちをかき立てるメッセージはないのです。

他の多くの物語に関しては、これ以外に通用するアプローチはありません。ヤコブを例に挙げてみましょう。今までに教えたどのグループにも、ヤコブが道徳的な教訓を教える手本にはなりえないことは明らかでした。ヤコブは神に対して誠実ですが、正直ではありません。ヤコブは神に信頼していますが、必要以上に悪巧みをしたりします。ヤコブは妻を――妻たちの一人を――愛していますが、子どもたちにはえこひいきをします。ですから、ヤコブに関して、彼が良い人だとか悪い人だとか言うことはできません。ただ、彼は神の人でした。ヤコブの人生の物語から読み取れるのは、混乱の渦中にあっても注がれる神の善良なのです。

イエスは、出会った人々の人生をこのように見ていました。福音書では、イエスが登場人物にどのように振る舞うべきかを指図する場面はほとんどありません。それよりも、イエスに対する信仰を称えたり、信仰がないことに失望したりすることのほうが多いのです。イエスが驚かれた場面は二つありました。一つは、マタイの福音書８章10節で、ローマの百人隊長がイエスの語る言葉に癒やしの力があると信じた信仰に驚かれた場面です。もう一つは、マルコの福音書６章６節で、人々の不信仰に驚かれた場面です。どちらの場合も、問題の中心となっているのは信仰です。人々が何をしているかよりも、神がなされることに対する人々の反応のほうがはるかに重要なのです。

聖書のどの頁をめくっても、神の救いのみわざが背景にあります。律法、預言、詩――すべては救いの物語の中に存在しています。福音は、聖書の刻むドラムのリズムです。それを無視しては、テーマソングのどの部分も正確に演奏することができないでしょう。

イエスは難しい教えをいかに教えられたか

あるとき、私の知っている優秀な教師が、十代の若者たちにマルコの福音書から連続した箇所を三回のシリーズで教えようと決めました。初めの週は、8章から、イエスが弟子たちに初めてご自身の死と復活について語られる箇所でした。「それからイエスは、人の子は多くの苦しみを受け、長老たち、祭司長たち、律法学者たちに捨てられ、殺され、三日後によみがえらなければならないと、弟子たちに教え始められた」（マルコ8・31）。また、そのすぐ後に、イエスがすべてを捨てて私に従いなさいと命じられる、聖書の中でも最も力強い召しについても教えました。「だれでもわたしに従って来たければ、自分を捨て、自分の十字架を負って、わたしに従って来なさい。自分のいのちを救おうと思う者はそれを失い、わたしと福音のためにいのちを失う者は、それを救うのです」（同8・34〜35）。これが、一回目のレッスンでした。

その次の週、彼女は続きの章からレッスンをしました。イエスがこう言われる場面です。「人の子は人々の手に引き渡され、殺される。しかし、殺されて三日後によみがえる」(同9・31)。そして、その後に起こることも教えました。これも難しい教えです。「だれでも先頭に立ちたいと思う者は、皆の後になり、皆に仕える者になりなさい」(同9・35)。これが二回目のレッスンでした。

三週目は、イエスがエルサレムに向かい、恐れる弟子たちの前を淡々と歩まれる場面です。イエスは弟子たちに言われました。「ご覧なさい。わたしたちはエルサレムに上って行きます。そして、人の子は、祭司長たちや律法学者たちに引き渡されます。彼らは人の子を死刑に定め、異邦人に引き渡します。異邦人は人の子を嘲り、唾をかけ、むちで打ち、殺します。しかし、人の子は三日後によみがえります」(同10・33～34)。

生徒たちは、同じような内容のレッスンにだんだん飽きてきているようでした。しかし、教師である彼女は、イエスがまたもや難しい教えを説かれたことに注意を向けます。「あなたがたの間で偉くなりたいと思う者は、皆に仕える者になりなさい。あなたがたの間で先頭に立ちたいと思う者は、皆のしもべになりなさい。人の子も、仕えられるためではなく仕えるために、また多くの人のための贖いの代価として、自分のいのちを与えるために来たのです」(同10・43～45)。これが、三回目のレッスンでした。

とても賢いやり方です。彼女は、聖書の中にあるイエスの教え――中でも特に難しい教え――は、決して何もないところから出た言葉などではないことを生徒たちに覚えていてほしかったのです。このような教えは、私たちのために死ぬという決意の文脈から生まれています。イエスが十字架に向かわれる歩みは、どの福音書においても主要なテーマです。知恵ある教師は、決してこの文脈から外れません。イエスの言葉を十字架のみわざから切り離すなど、絶対にしないのです。

贖いから応答へ

神の戒めは、常に神の救いのみわざから流れ出てきました。それはシナイ山にまでさかのぼります。十戒とそれに伴うモーセの律法は、どのような言葉で始まるでしょうか？　神がご自身の民を救ったことを思い起こさせる言葉から始まるのです。「わたしは、あなたをエジプトの地、奴隷の家から導き出したあなたの神、主である。あなたには、わたし以外に、ほかの神があってはならない」（出エジプト20・2〜3）。

その時代、子どもたちはどのようにして神の律法に従うように教えられていたでしょうか？　モーセは、神がご自身の民を救ってくださった物語を語ることで、子どもたちに教えるよう命じました。「後になって、あなたの息子があなたに尋ねて、『私たちの神である主が命じられた、このさとしと掟と定めはどういうことですか』と言うなら、あなたは自分の息子にこう言いなさい。『私たちはエジプトでファラオの奴隷であったが、主が力強い御手をもって私たちをエジプトから導き出された』」（申命6・20〜21）。もしそうならば、神の救いのみわざがイエスにあって頂点を迎えるとき、聖書がその救いを何度も用いて、私たちに従順を促すことは、何も驚くことではないはずです。

新約聖書の書簡の多くも、まず福音を語り、そしてその応答としてどのように生きるべきかを示す、というパターンを用いています。ローマ人への手紙では、まず十一章にもわたって福音が語られます。一部を示すなら、神が私たちを召してくださったこと（１・６）、義を与えられたこと（３・22）、義と認めてくださること（３・24）、神との平和を与えてくださったこと（５・１）、罪に対して死に、神に対して生きる者としてくださったこと（６・11）、御霊にあるいのちを与えてくださったこと（７・６）、子としてくださったこと（８・15）、栄光を約束してくださったこと（８・18）、永遠に愛してくださること（８・38～39）、神の民として選んでくださったこと（９・25）、恥を取り去ってくださったこと（10・11）、そして私たちをあわれんでくださること（11・32）などです。

なんということでしょうか！　あまりにもたくさんの良い知らせです。そして、これほどの御膳立てをした後で、聖書はこの福音への応答として、私たちがどのように生きるべきかを示しているのです。「ですから、兄弟たち、私は神のあわれみによって、あなたがたに勧めます。あなたがたのからだを、神に喜ばれる、聖なる生きたささげ物として献げなさい。それこそ、あなたがたにふさわしい礼拝です」（12・１）。この書簡の後半では、おもに「どのように生きるべきか」の教えが示されます。

聖書の言葉を一節ずつ取り上げて学ぼうとしてしまう私たちは、このパターンが見えなくなっていることがよくあります。聖書には教理（神がイエスにあって私たちになされること）があり、戒め（私たちが神のためにしなければならないこと）がある、と考えてしまい、それらのつながりを見落としています。本来は、この両方を一緒に教えなければならないのです。私たちは緊急性をもって福音を教え、その結果（payoff）が良い行動であることを期待すべきです。そうでなければ、私たちの教理は冷めきったまま提供されることになります。さらに、私たちが良い振る舞いを教える時は、まずそれが福音から流れ出すものであることを示さなければなりません。そうでなければ、子どもたちは道徳主義に喉を詰まらせてしまうでしょう。

新約聖書の書簡を一節ごとに見ていくと、福音は常に良い振る舞いへの動機を与える手段となっています。次の例について考えてみてください。

- 寛容であることへの動機は？　福音によって与えられます。イエスは私たちに常に寛容であられました。「あなたがたは、私たちの主イエス・キリストの恵みを知っています。すなわち、主は富んでおられたのに、あなたがたのために貧しくなられました。それは、あなたがたが、キリストの貧しさによって富む者となるためです」（Ⅱコリント8・9）。
- 純潔を保つことへの動機は？　福音によって与えられます。イエスは私たちのからだを贖われました。「あなたがたは知らないのですか。あなたがたのからだは、あなたがたのうちにおられる、神から受けた聖霊の宮であり、あなたがたはもはや自分自身のものではありません。あなたがたは、代価を払って買い取られたのです。ですから、自分のからだをもって神の栄光を現しなさい」（Ⅰコリント6・19〜20）。
- 互いに赦し合うことへの動機は？　福音によって与えられます。イエスは私たちを赦してくださいました。「互いに親切にし、優しい心で赦し合いなさい。神も、キリストにおいてあなたがたを赦してくださったのです」（エペソ４・32）。

● 愛することへの動機は？　福音によって与えられます。神はそのひとり子を、私たちのために死ぬために送ってくださいました。「愛する者たち。神がこれほどまでに私たちを愛してくださったのなら、私たちもまた、互いに愛し合うべきです」（Ｉヨハネ４・11）。

● 悪しき罪をやめることへの動機は？　福音によって与えられます。私たちには、イエスとともに過ごす栄光なる将来があります。「あなたがたのいのちであるキリストが現れると、そのときあなたがたも、キリストとともに栄光のうちに現れます。ですから、地にあるからだの部分、すなわち、淫らな行い、汚れ、情欲、悪い欲、そして貪欲を殺してしまいなさい。貪欲は偶像礼拝です」（コロサイ３・４～５）。

● 互いのためにいのちを捨てることへの動機は？　福音によって与えられます。イエスは私たちのために自分のいのちを捨ててくださいました。「キリストは私たちのために、ご自分のいのちを捨ててくださいました。それによって私たちに愛が分かったのです。ですから、私たちも兄弟のために、いのちを捨てるべきです」（Ｉヨハネ３・16）。

ほかにもたくさんの聖句があります。ここでは、短い箇所をいくつか紹介したまでです。福音の力を利用するのが、聖書の著者のお決まりの手法であることに気付いていただけたでしょうか。戒めを守ることは簡単ではありません。しかし、彼らは大胆に、クリスチャンの生きるべき道はそのような道だと呼びかけることができるのです。それは、彼らの教えが福音に根差しているからです。
この論点の実践的価値は多大です。私たちは、クリスチャンの子どもたちが寛容になることを夢見ているでしょうか？　純潔を保つこと、赦し合うこと、人のためにいのちを捨てることを夢見ているでしょうか？　もしそうなら、私たちには使徒の働きの宣教モデルがあります。私たちは罪の醜さに正直でなければなりません。自分の力に頼るのではなく、神に信頼することを子どもたちに教えなければなりません。そして、私たちは、十字架にかけられ復活されたキリストであるイエスの、輝くばかりのその御姿を教え、掲げ、喜び祝わなければならないのです。

Q&A

――あなたは、聖書の物語に含まれるセックスや暴力を、どうしても子どもたち向けのレッスンに組み込みたいようですね。それは賢い選択でしょうか？

子どもたちが、そのような内容をどの程度受け止められるかについて、私が間違った判断をしたこともあることは当然認めなければいけません。たいていの場合は、聖書の物語に出てくるセックスや暴力の描写は子どもたちの年齢に合わせてオブラートに包んで伝えます。ある程度は、子どもたちを守ることも大切ですし、そのような事柄は、両親が教えるべき範囲を決めるのが良いかもしれません。しかし、特に暴力的な描写については、私は聖書が語っていることをそのまま伝えるようにしています。理由は二つあります。

(1) 神が与えてくださったものである以上、聖書全体を可能なかぎり忠実に教えるべきです。
(2) 子どもたちが早いうちからこの世の残虐さに触れるなら、それは神の癒やしと赦しが同時に語られている聖書の物語から得るものであるべきです。聖書の中に暴力を見つけることは心苦しいことでしょう。しかし、聖書なしに暴力を理解することは、もっと難しいことです。私は、神がすべての死、痛み、人の残虐ささえも支配しておられること、そして神はイエスにあって私たちをそのような悪から救おうとしておられることを、子どもたちに教えます。聖書が血にまみれた書物であることは間違いありません。聖書に書かれた罪や、身震いするほど恐ろしい出来事は、子どもたちにそのまま伝えようとする場合に深刻な問題として立ちはだかります。それがイエスの血について教えるためでないかぎり、そのような内容を取り上げる理由はいっさいありません。

――聖書の登場人物の人生から道徳的教訓を導き出すべきではない、という考えに納得がいきません。教会学校の教師たちは、もう何世紀にもわたってそのように教えてきました。それほどまでに悪い教え方なのでしょうか？

時には、それほどまでに悪い教え方になります。それは、聖書本文にほとんど裏付けられていない時、あるいはまったく存在しない道徳的教訓を強要しようとする時です。私の本棚の中で最も分厚い書籍の一つに、新約聖書に引用されている旧約聖書の聖句を調べる手引き書[2]があります。その本の中でも、どのように生きるべきかという手本として旧約聖書の登場人物が用いられているケースは、ほんの一握りしかありません。もし私たちが、旧約聖書から教えるたびに、そのほとんどを「どのように生きるべきか」というテーマで教えるなら、それは聖書自体の方向性とは異なることを教えていることになるのです。

しかし、そのように教えることが良い場合や、適切な場合もあります。イエスは、ソドムの町から逃げる時に後ろを振り向いたロトの妻の例を用いて、神の国が来るときにはこの世のものを捨てる準備をしておきなさいと弟子たちに教えられました。「ロトの妻のことを思い出しなさい。自分のいのちを救おうと努める者はそれを失い、それを失う者はいのちを保ちます」(ルカ17・32〜33)。またパウロは、多くのイスラエルの民が荒野で滅ぼされたことを例に挙げました。「これらのことは、私たちを戒める実例として起こったのです。彼らが貪ったように、私たちが悪を貪ることのないようにするためです。偶像礼拝者になってはいけません」(Iコリント10・6〜7)。

人の振る舞いの例として、聖書の登場人物を用いることはできるのです。それも神の救いの計画の一部分でしょう。神は、私たちが学ぶことのできる、実際に生きた人々の人生に働きかけられたのですから。ただし、その物語において、神の役割が何であるかを見落としてはいけません。もし先ほど挙げた二つの文脈から教えるなら、これらの箇所もまた、救いにつながり、福音を信じる必要があることにつながると分かるはずです。イエスとパウロの関心は、そこにこそ注がれているのです。

――では、こういうことですか？　子どもたちに敬虔であるよう教える場合は、常に福音を初めに教えるべきだと？

順番はそれほど重要ではありません。忘れてはいけないのは、私たちに与えられる神の恵みは私たちが良いことをして手に入れたものではないということです。そういう意味では、神の善良さは常に初めに伝えるべきでしょう。しかし、それに縛られる必要もありません。私たちが教えるとき、その手段は千差万別であり、自由に選ぶことができます。聖書は神の恵みを初めに語ることが多いですが、その順番が逆になることもあります。時には、クリスチャンに何をすべきかをまず教え、その後で神がすでになさったことを思い起こさせます。最も大切なのは、福音を無視しないことです。私も、レッスンを福音から始めることもあれば、福音で締めくくることもあります。もちろん、その間にも機会があるたびに福音のメッセージをレッスンに織り込んでいます。

――旧約聖書の聖句の中には、イエスについての預言もあると理解しています。しかし、そのすべてがイエスに関することであるというのは言い過ぎではないですか？

私は、聖書自体が語っていることを言っているだけです。聖書のあらゆる箇所が――全体が――イエスを証ししているのです。これについて、聖書は「全体」「すべての」「みな」という言葉を用いていいます。「それからイエスは、モーセやすべての預言者たちから始めて、ご自分について聖書全体に書いてあることを彼らに説き明かされた」（ルカ24・27）。ルカがここで「全体」と記していることに注目してください。さらに、ペテロによる神殿での説教もあります。「しかし神は、すべての預言者たちの口を通してあらかじめ告げておられたこと、すなわち、キリストの受難をこのように実現されました」(使徒3・18)。ペテロは、モーセもイエスについて語ったことを述べ、さらにこう記しています。「また、サムエルをはじめ、彼に続いて語った預言者たちもみな、今の時について告げ知らせました」(同3・24)。その後、ペテロはコルネリウスとともに、このように言っています。「預言者たちもみなイエスについて、この方を信じる者はだれでも、その名によって罪の赦しが受けられると、証ししています」(同10・43)。全体、すべての、みな、とあります。

すべての聖句がイエスについて直接言及しているわけではありません。しかし、聖書のあらゆる箇所が「イエスに関するすべて」というテーマに貢献しているのです。もしこれでも納得がいかないということであれば、以下に挙げる聖書箇所を調べてみてください。これらは、イエスが特定の預言のみの成就ではなく、旧約聖書全体のテーマであることを示しています。やや長いリストになりますが、そのこと自体が核心をついているのではないでしょうか。

- マタイの福音書5・17、26・54
- マルコの福音書9・12、14・49
- ルカの福音書1・70、16・29〜31、18・31、21・22
- ヨハネの福音書1・45、5・39
- 使徒の働き17・2、11、18・28、24・14、26・22〜23

- ローマ人への手紙1・1～3、3・21、16・25～26
- コリント人への手紙第一15・3～4
- テモテへの手紙第二3・15
- ペテロの手紙第一1・10～12
- ヨハネの黙示録10・7

――旧約聖書の著者たちの本来の意図についてはどうですか？　イエスについて聞いたこともない人が記した箇所に、あなた自身のイエスの解釈を押し付けるのは、著者に不誠実ではないですか？

何千年も前の書物を記した人の意図を推し量るのは容易ではありません。しかし、聖書から私たちが知ることのできる事柄が二つあります。

(1)　**御霊の霊感を受けた旧約聖書の著者たちは、間違いなくイエスに関する知識があり、福音について書こうと意図していました。**「この救いについては、あなたがたに対する恵みを預言した預言者たちも、熱心に尋ね求め、細かく調べました。彼らは、自分たちのうちにおられるキリストの御霊が、キリストの苦難とそれに続く栄光を前もって証ししたときに、だれを、そしてどの時を指して言われたのかを調べたのです。彼らは、自分たちのためではなく、あなたがたのために奉仕しているのだという啓示を受けました。そして彼らが調べたことが今や、天から遣わされた聖霊により福音を語った人々を通して、あなたがたに告げ知らされたのです。御使いたちもそれをはっきり見たいと願っています」(Ⅰペテロ1・10〜12)。旧約聖書の著者たちは、彼らの書いた直接的な文脈よりも大きな何かに加わっていることを知っていました。だからこそ、キリストの苦難と栄光について何かあることを知っていたのです。彼らは後のクリスチャンたちのために執筆しました。イエスはこのことを、もっと端的に述べています。「もしも、あなたがたがモーセを信じているのなら、わたしを信じたはずです。モーセが書いたのはわたしのことなのですから」(ヨハネ5・46)。

(2) **聖書の各書物には、いずれも二人の著者がいます。人間の著者と、聖霊です。**人間の著者の意図は、部分的に分からないこともあるでしょう。しかし、私たちは御霊の熱心と目的を知っています。それはイエスの栄光を現し、そのお方について証しするためです(同15・26、16・14参照)。聖書のどの頁をめくっても、御霊はこのことを成し遂げています。

私は、旧約聖書の著者たちが言ったことを解釈し直すつもりはありません。まず、彼らの言葉を忠実に伝え、そして彼らに見えていた福音を伝えるのみです。そして、彼らの物語を、今日私たちに与えられている、より完全なイエスの視点を含めた物語に当てはめます。この手法については、次の章で学びます。

今すぐイエスが見えるように

ここでは、聖書から教えるすべてのことをイエスの福音につなげる方法をいくつか紹介します。

両親のために――子どもたちから、「なぜ神さまが与えられたルールに従うの？」と尋ねられた場合、モーセが示した方法で答えることができるように準備しておきましょう。その方法とは、神の救いのみわざを伝えることです。今、短い時間をとって、あなたの子どもたちが反発したり文句を言ったりしそうな信仰の振る舞いを思い浮かべてみてください。人に順番を譲ること、少ないもので満足すること、または性的に純潔であることなどがあるかもしれません。それに対してあなたが語るべきイエスに関することを書き出し、準備しておきましょう。例えば、このように言うことができます。「私たちが人に順番を譲るべきなのは、イエスさまが私たちを救ってくださり、この世とは違う者になるよう望んでおられるからなんだよ。イエスさまは、私たちのために、自分の欲しいものは後回しにされた。そして死にまで従われた。私たちも、他の人に同じように振る舞うべきなんだよ。」クリスチャンとしての振る舞いを福音と結びつけるよう、常に練習しましょう。「神さまがそうおっしゃるんだから（または私が言うんだから）、やらなくちゃいけないだろう」とは、絶対に言わないように！

教師のために――標準的なレッスンの一つを、使徒の働きで教えられている聖書のレッスンに置き換えてください。最も使いやすいのは、使徒の働き13章16～41節の、アンティオキアでのパウロの説教です。その内容を、教師向けの指導書の代わりに、あなたのレッスンのアウトラインとして使ってください。そうすることで、レッスンの中で、聖書の物語、詩篇、出エジプト記の預言から、新約聖書に至るまでの内容に触れることができ、これらの聖書の内容がすべてイエスにつながることを生徒たちに示し、イエスを信じるよう彼らを導くことができるからです。もし、出版されているレッスンガイドを通常使っているなら、このレッスンはいつもとはかなり違った内容になるでしょう。しかし、このやり方のほうが、聖書から直接得たレッスンガイドに沿ったものなのです。

すべての人のために――教室、キャンプ、ユースグループの部屋、また家庭で、信仰の振る舞いと福音を結びつけるポスターを作って飾りましょう。「なぜ◯◯をするの？」と書き、その振る舞いとイエスが私たちのためにしてくださったこととを結びつける聖句を書き込みます。以下は、例文です。

- なぜ分け合うの？　「あなたがたは、私たちの主イエス・キリストの恵みを知っています。すなわち、主は富んでおられたのに、あなたがたのために貧しくなられました。それは、あなたがたが、キリストの貧しさによって富む者となるためです」（Ⅱコリント8・9）。
- なぜ純潔を守るの？　「あなたがたはもはや自分自身のものではありません。あなたがたは、代価を払って買い取られたのです。ですから、自分のからだをもって神の栄光を現しなさい」（Ⅰコリント6・19〜20）。
- なぜ赦すの？　「互いに親切にし、優しい心で赦し合いなさい。神も、キリストにおいてあなたがたを赦してくださったのです」（エペソ4・32）。
- なぜ親切にするの？　「また、愛のうちに歩みなさい。キリストも私たちを愛して、私たちのために、ご自分を……献げてくださいました」（同５・２）。

子どもたちにポスター作りを手伝ってもらい、それを壁に貼ることで、私たちがイエスとつながっているからこそ神に従うのだということを常に思い出すことができます。（もし、信仰の振舞いを掲げるだけでは子どもたちに罪悪感が生まれるなら、壁のディスプレイ全体の一番上に、キリストのうちにあるなら神の律法を恐れる必要はないことを思い起こさせる聖句を掲げるのも良いかもしれません。例えば、「イエスの名によって、あなたがたの罪が赦されたからです」［Ｉヨハネ２・12］などがあります。）

注

1　ジャン・カルヴァン『カルヴァン新約聖書註解XI　ピリピ・コロサイ・テサロニケ書』蛭沼寿雄・波木居斉二訳、新教出版社、二〇〇五、九九頁の訳では「キリストのみが、すべてのものを突然消えさせるからである。」本文の日本語訳は本書訳者による。

2　G. K. Beal and D. A. Carson, eds., *Commentary on the New Testament Use of the Old Testament* (Grand Rapids, MI: Baker Academic, 2007).

第2部　どのように福音を教えるか

第6章　おしゃべりろばとイエス――旧約聖書から福音を教える

キリストはみことばという草原に隠された宝、井戸を満たす水。　――マシュー・ヘンリー[1]

私は時折、家族を対象としたファミリークラスを開いています。このクラスでは、小さな子どもから中高生、両親、時には祖父母も参加し、一緒に聖書を学ぶことができます。このような世代を超えたクラスは、多くの家族にとって有益なので、私もとても気に入っています。しかし、ちょうど良いトピックや聖書の物語を選ぶのに、必要以上にこだわってしまうこともしばしばです。

つい最近も、私は数週間後にファミリークラスを控えていたところでした。別の子ども向けのグループで、私はそのことについて話していました。すると子どもたちは、私が聖書のどのお話を教えるつもりなのかを知りたがりました。「実はまだ決めていないんだ」と私は言いました。これが大きな間違いでした。

「そうなの。それなら、あのお話をすればいいじゃない。」一人が言いました。

「どのお話？」

「ろばが喋(しゃべ)るやつ！」

私が反対意見を言う間もなく、他の子どもたち全員がそれに同意していました。

「そうだよ。おしゃべりろばのお話してよ。お願い！！」

考えておくよ、と言ったものの、それが「ＯＫ」という返事以外になりえないことは分かっていました。やるしかありません。ここまできて別のお話をしようものなら、みんなをがっかりさせてしまいます。しかし、魔術師バラムについて最後に教えたのは、何年も前のことです。バラムはイスラエルの民を呪うため、ろばに乗って出かけていきますが、そこで驚くべきことが起こる――という物語です。最後にこの話をしたとき、福音を念頭に教える教え方をしていたかどうかも定かではありません。

今回は、バラムの物語から福音を教えるレッスンをしなければなりません。あのおしゃべりろばがイエスといったいどう関係してくるのか、考えなければならなくなりました。

三つの簡単な質問

レッスンの作り方について順に話す前に、一つ言っておきたいことがあります。聖書のレッスンを教える場合、その内容は必ず**自分で**考えること。たとえ出版されている教材を使ったとしても、そしてそれがイエスを中心とした良いレッスンであったとしても、いったんそれを閉じておく必要があります。まずは、自分でその週の聖書箇所を学び、考え、イエスの素晴らしい一面を見つけ出す、というプロセスをたどっていくことを怠ってはいけません。

もしかすると、最終的には教師向けの手引きどおりの内容になるかもしれません。それでも、ほかの人が書いた台本を読むだけでは、それがどれだけ良い台本であっても、そこから心に響くレッスンが生まれることは滅多にないでしょう。本当に良いレッスンは、あなたが自分自身で発見した豊かな真理を、そのままの感動をもって伝える時に生まれます。そのためにはもちろん、時間を費やさなければなりません。バラムのレッスンを考えた時も、物語の文脈を学ぶのにかなり時間をかけました。その意味で、準備は大変でした。しかし、バラムの物語とイエスとの結びつきを見つけるために、マニアックな聖書の知識がいるとか、瞬間的なひらめきがいるとか、そのようなことはありませんでした。かなり簡単だったので、あなたにもできるはずです。

では、私がどのようにバラムとイエスを結びつけたかについて、説明してみましょう。このレッスンを選んだのは、特に気の利いた洞察が必要なかったからでもあります。旧約聖書から福音の要素を見いだすことについては、何も特別な洞察が求められるというわけではありません。大切なのは、正しい質問を念頭に、ストーリーと向き合うことです。ここで、私がバラムの物語に取り組んだときに使った質問を挙げてみます。

- この物語の中で、**神**はご自分の民に何をしておられるか？
- 福音――神はどのようにして私たちにも同じ働きかけをされるか？　またイエスを通してもたらされる、より良い結果は？
- 信じる――この福音を信じることで、私たちの生き方はどう変わるか？

もちろん、これらのテーマをどう分かりやすく、面白く見せるかということも考える必要がありました。プレゼンテーションも大事なテクニックですし、自分に合った方法を取り入れれば良いのです。しかし、レッスンの内容自体は、この三つの質問に対する答えだけで十分です。決して複雑ではありません。

バラムとろば

まず、私のレッスンでは、民数記という書物の中でバラムがどう登場するかという点に注目しました。民数記は、イエスの誕生より千年以上も前の時代の記録です。イスラエルの民はカナンの地に入り、そこに住む人々を追い出す準備をしていました。その何百年も前に、神はイスラエルの祖先アブラハムに、カナンの地を与えると約束されていました。神はまた、アブラハムに繁栄と主の守りがあることも約束されました。「わたしは、あなたを祝福する者を祝福し、あなたを呪う者をのろう。地のすべての部族は、あなたによって祝福される」（創世12・3）。

そして、バラムが登場します。隣国モアブの王はイスラエルの民を恐れたので、その地域で最も強力な魔術師を雇って人々を呪うことにしました。王はバラムに大金を与え、彼の魔術の腕を褒め称えました。「あなたが祝福する者は祝福され、あなたがのろう者はのろわれることを、私はよく知っている」（民数22・6）。ここに、物語の舞台が設定されます。両方が正しいということはありえません。神の約束のほうが信頼できるものなのでしょうか、またはバラムの呪いの力について語る王の言葉が正しいのでしょうか？

当然、バラムは悪人です。私のクラスでは、例えばバラムが行動を起こす前に神に伺いを立てる様子など、バラムが善人のように見える時もある、と指摘した子どももいました。しかし、誰かを傷つけるために大金を受け取り「祈ってみます」というのは、決して良い答えではありません。バラムは民を呪いたかったのです。それによって得られるお金を愛していました。だから、彼は悪事を行えることを願いながら、ろばに乗って出発したのでした。

このようにして、神の民に危険な呪いが迫ろうとしていました。不気味な音楽が似合いそうな場面です。

そこに神が降りてこられます。主の使いがバラムの前の道に立ち、彼を殺そうと剣を抜きました。この物語の中で天才的な霊能力者とされていたはずのバラムは、この主の使いの姿を見ることができませんでした。しかし、ろばは見たのです。ろばは進行方向を変え、畑に入ったので、バラムはろばを打って道に戻そうとしました。すると、再び主の使いが現れたので、ろばは道の端に寄ろうとして、バラムの足を石垣に押し付けました。バラムはまた、ろばを打ちました。三度目に主の使いが現れると、ろばはついに道にうずくまってしまいます。バラムは自分の乗っているろばを制御できなくなったことを恥じて、杖でろばを打ちました。

すると、主がろばの口を開かれたので、ろばはバラムに言った。「私があなたに何をしたというのですか。私を三度も打つとは。」バラムはろばに言った。「おまえが私をばかにしたからだ。もし私の手に剣があれば、今、おまえを殺してしまうところだ。」ろばはバラムに言った。「私は、あなたが今日この日までずっと乗ってこられた、あなたのろばではありませんか。私がかつて、あなたにこのようなことをしたことがあったでしょうか。」バラムは答えた。「いや、なかった」（民数22・28〜30）

私は子どもたちに尋ねました。「いったいバラムはどうしちゃったんだろう?」微笑む子もいれば、くすくす笑い出す子もいました。何人かが手を挙げて、バラムがいかに滑稽に見えるかを話しました。そして、この強くて立派なバラムが大袈裟なピエロのようになってしまったのは、決してろばのせいではなく、神の仕業であったことを、全員が理解したのです。バラムは馬鹿げた格好で畑を走り回り、石垣に足をぶつけて怪我をし、挙げ句の果てには、ろばとけんかをしている――しかもろばのほうが勝っているではありませんか。なんと間抜けな姿でしょうか。

では、神が祝福した民を呪おうとする有力者たちがどうなるか、見てみましょう。

神がバラムの目を開かれると、主の使いが彼の前に立ちはだかるのを彼は見ました。彼は引き返すことを申し出ますが、主の使いはそのまま行け、と言います。そして、神がバラムに告げる言葉だけを告げよ、と命じました。呪いをかけに来たバラムが、一連のささげ物でイスラエルの民を祝福したのは、このような経緯だったのです。「ヤコブから一つの星が進み出る。イスラエルから一本の杖が起こり、モアブのこめかみを、すべてのセツの子らの脳天を打ち砕く」（同24・17）。

結びつきを見つける

この物語の中で、神はイスラエルの民に何をしてくださったか、子どもたちに尋ねました。すると、いろいろな答えが飛び交いました。「神さまは、悪い人がイスラエルの民を傷つけないよう守ってくれた」「神さまは、約束したとおり、イスラエルの民に呪いをかけようとしていた人を困らせてやっつけた」「神さまは、イスラエルの民を怖がらせようとする人を笑い者にした」「神さまは敵より強いということを、イスラエルの民に教えた」――どれも、良い答えだね、私はそう言いました。

そして、私たちは聖書を開き、申命記23章5節を読みました。ここは、神がイスラエルの民に何をしてくださったのかについて、聖書が答えている箇所です。「しかし、あなたの神、主はバラムに耳を貸そうとはせず、かえってあなたの神、主はあなたのために呪いを祝福に変えられた。あなたの神、主はあなたを愛しておられたからである。」そして、私はホワイトボードにこう書きました。「神さまは　呪いを止め　愛をもって祝福を与えてくださる。」

「見てごらん。イエスさまのものである私たちにとって、この物語はどんな意味を持つのかな。私たちはこの物語の何千年も後に生まれたけれど、神さまは私たちにもこのようなことをしてくださったかな？」

少しの沈黙がありましたが、すぐに答えが返ってきました。一番に手を挙げたのは、十代の男の子でした。「神さまは私たちを愛しておられるから、たくさんの祝福を下さるよ。」

すると、母親が付け加えました。「私たちは呪われるべき者であり、罪人ですよね。私たちは地獄の呪いを受けるはずの者でした。でもイエスさまが来られて、その呪いを止め、私たちの受けるべき呪いを受けてくださり、代わりに私たちには祝福を与えてくださいました。」「バラムを見て笑えるのは、イエスさまが私たちのために呪いを受けてくださったからだね」と、また別の一人が話しました。

私はさらに数分ほどディスカッションの時間を続けましたが、押さえるべきポイントはもう明らかでした。イエスは私たちの罪のために死ぬことによって、最も恐ろしい呪いを永遠に止めてくださったのです。私は、コロサイ人への手紙2章13〜15節を読みました。「背きのうちにあり、また肉の割礼がなく、死んだ者であったあなたがたを、神はキリストとともに生かしてくださいました。私たちのすべての背きを赦し、私たちに不利な、様々な規定で私たちを責め立てている債務証書を無効にし、それを十字架に釘付けにして取り除いてくださいました。そして、様々な支配と権威の武装を解除し、それらをキリストの凱旋の行列に捕虜として加えて、さらしものにされました。」

バラムが公衆の面前で惨めな姿を晒したように、十字架は、私たちが恐れている敵の惨めな姿を晒すものなのだと、レッスンの最後に話しました。このことを本当に信じたら、私たちの生き方はどう変わるだろうか、と問いかけてみました。ある父親は、職場で正しいことをする勇気が持てる、と話してくれました。ある女の子は、学校で意地悪な子がいても、その子を嫌いになるよりも可哀想に思うだろう、と言いました。

私たちは、おしゃべりろばを、イエスと共にある人生に結びつけたのです。

質問への答え

初めに私が挙げた質問に戻ってみましょう。

この物語の中で、神はご自分の民に何をしておられますか？――神は呪いを止め、愛をもって祝福を与えてくださいます。

この質問に対する答え方はいろいろあると思いますが、私は聖書のことばがそのまま強調されるようにと、この答えを選びました。

福音――神はどのようにして私たちにも同じ働きかけをされますか？　またイエスを通してもたらされる、より良い結果は何ですか？――イエスは私たちの罪のために死ぬことによって、最も恐ろしい呪いを止めてくださいました。イエスは私たちが受けるべき呪いを背負い、代わりにあらゆる祝福を与えてくださいました。

この答えはあまりに当然のことだと思うかもしれませんが、私がレッスンの準備をした時は、呪いについて五～十分も考えてようやくこの結びつきに気付きました。実際に子どもたちに尋ねると、一分もかからずに答えを出してくれました。

信じる――この福音を信じることで、私たちの生き方はどう変わりますか？――職場で正しいことをするための勇気を持つことができたり、私たちの敵を恐れることなく愛することができたりします。

私は別の答えを用意してレッスンに臨みましたが、最終的にはグループが分かち合いたいままに話すことにしました。もし、このレッスンが幼い子どもだけのグループだったら、私からそれとなく答えを提案したでしょう。私が用意していたのは、私たちが神を疑ってしまうような恐ろしい人々や状況も、バラムの物語やイエスのことを考えると、それほど恐ろしくないよね、という内容でした。

たった一つの基本原則

これだけです。決しておじけづく必要はありません。もちろん、旧約聖書の解釈を長い年月をかけて詳しく学ぶ人もいます。ここでそれを否定しているのではありません。しかし、教会学校で子どもたちを教える教師たちは、神学校に行っていない人がほとんどでしょう。それでも旧約聖書を教えることはできるのです。

イエスは、数時間にも満たない午後の散歩の間に、基本原則を定められました。イエスが死からよみがえり、二人の弟子とエマオの町まで歩かれた時のことです。弟子たちはイエスの死と復活を理解していなかったので、イエスは彼らを叱られました。「ああ、愚かな者たち。心が鈍くて、預言者たちの言ったことすべてを信じられない者たち」（ルカ24・25）。そして、イエスは旧約聖書がすべてご自身に結びついていることを説明されました。

旧約聖書を教えるための基本原則、それは、イエスご自身です。これがあまりに単純明快であるために、イエスはそれを見逃した弟子たちを不信心な愚か者と呼んだのです。旧約聖書の中にイエスを見ることは、研究に研究を重ねた学者のような先生にしか読み取れない難解な預言などではありません。むしろ、ごく初歩的なスキルです。あなたも、イエスに目を向けながら旧約聖書を教えるなら、しっかりと正しい基本路線に乗ることができ、二人の弟子たちよりずっと先に進むことができます。決して、難しく考える必要はありません。

あくまでシンプルに

もちろん、私たちは聖書を可能なかぎり理解した上で、イエスについて教えたいと思います。そしてそれは、ほとんどの人にとって、シンプルに考えることでたいてい解決されます。

イエスと結びつけるには、聖書の物語の中にイエスに関する直接的な預言が含まれていなければならないと考える人もいるでしょう。確かに、旧約聖書にはそのような預言が多く見られます。しかし、すべてのエピソードにそれが当てはまるわけではありません。預言が含まれていない物語のほうが多いのですから、そこに固執するべきではありません。

そう考えると、バラムの物語は、イエスに関する直接的な預言が含まれている珍しい箇所でした。バラムが、イスラエルの民から一つの星、一本の杖が起こると告げたのは、メシアのことを指しています。レッスンの準備をしながら、私はこの箇所を使ってイエスとバラムの物語を結びつけることもできる、とも考えました。しかし同時に、これが唯一の結びつきではないことも分かっていました。私はあえて、神が呪いを止めてくださったことに焦点を合わせることに決め、このことからもイエスの素晴らしい側面を十分教えることができると確信したのです。

ですから、もし、神学的な訓練をほとんど受けずに、教会で聖書の物語を教えたり家族のデボーションを導いたりすることがあったとしても、イエスに関する具体的な預言を探そうとする必要はありません。もしそのような預言があるなら、使えば良いでしょう。しかし、福音を教えるのに預言が必ずしも必要ということはありません。

「予型（type）」についても同じです。予型とは、聖書学者が用いる言葉で、旧約聖書に登場する人物、物、出来事でイエスを象徴的に描き、メシアを予示しているものを指します。ダビデ王はイエスの予型であり、究極の羊飼いの王の影です。過越の子羊もまた予型であり、私たちのために死なれた一点の汚れもないお方を予表するものです。予型は注目してみるとおもしろいもので、神は多くの予型を聖書の出来事の中に散りばめられています。

あなたも、このようなイエスの予型を聖書のあらゆる箇所から読み取る訓練を十分に受け、その方法で聖書を教えたいと思っているかもしれません。素晴らしいことです。新約聖書の著者たちも、予型を多く用いています。しかし、繰り返すようですが、それがなければイエスにたどり着けないというわけではないのです。また、無理やりに予型を探す必要もありません。

もし、私がバラムの物語を巧みに解釈して、予型を見つけようとしていたらどうなったでしょうか？　天の使いは、民のために戦うイエスの姿でしょうか。剣は、鋭く尖ったイエスの言葉を予示しているのでしょうか。もしくは、私たちには見えない隠された真理を語っているろばこそが、イエスでしょうか。はたして、これらは正しい解釈なのでしょうか。

天の使いに関しては、説明できそうです。天の使いは旧約聖書に頻繁に登場し、イエスのような振る舞いをする存在です。したがって、これがイエスだと考える聖書学者もいます。しかし、私はバラムの物語でそこには触れませんでした。私は、よりシンプルな「呪いを止めた神」というテーマが良いと思いました。そして、バラムのろばがイエスの予型だと教えるような、悲しい間違いだけは絶対に犯したくありませんでした。

バラムの物語の中で、イエスはあらゆるところにおられます。その姿を見るために、洒落たテクニックなどは要らないのです。「なるほど！」と唸らせるような瞬間がなくても、その物語がすべてイエスに関することだ、ということは、容易に示すことができます。私たちは、つい派手に見せようとがんばってしまうものです。

ただ、神がどのように働いておられるか――それだけに注意を向けること。そして、その働きを拡大し、イエスで完成させる。なぜなら、旧約聖書のストーリーはすべて、イエスなしでは未完成なのですから。

アプローチ①――神は何をしておられるか

聖書の物語を子どもたちに教えるとき、私たちはしばしば、その物語の登場人物を中心に考えていないでしょうか。その登場人物と私たちを照らし合わせ、良い手本、悪い手本を見つけ、それをレッスンとして教える。これでは、自分中心であり、神中心ではありません。

バラムの物語を、バラムという人物中心に教えようとした哀れな教師がいたとしましょう。バラムは道徳的な葛藤を抱えています。彼は結局、神の言うとおりに行動しますが、彼のもともとの目的は悪でした。さて、バラムを神に従う良い例とするか、それとも神に敵対する者の行く末としての厳しい教訓とするか。このジレンマこそが、今日出版されている子ども向けの教材から、私たちを守ってくださる神を教える良いエピソードが消えてしまった理由だと、私は考えます。私たちは、間違った人物に焦点を当てているため、何を教えていいか分からずにいるのです。

バラムの物語の主人公は、バラムではありません。主人公は神です。バラムを中心に考えることは、この物語における神の働きを矮小化することです。旧約聖書から教える場合の、第一のルールはこれです。

- 登場人物に関する道徳的教訓に目を向けないこと。
- 代わりに、主人公である神の存在、神の働きに目を向けること。

繰り返しますが、まず「神は民のために何をしておられるか？」という質問から始めるべきです。この問いかけに対する答えを、じっくり時間をかけて見つけることが非常に重要です。旧約聖書の物語の文脈を学ぶこと。前後に何が起こっているかを調べること。神が、どのように登場人物の人生に働きかけておられるかについて考えること。それぞれの物語、それぞれの登場人物は、少しずつ違う姿を見せているため、常に新しい発見があるはずです。すぐにイエスのことに話を変えて、十字架について当たり障りのないことだけを並べるのはやめにしましょう。まずは、旧約聖書の中に見られる、神の働きの豊かさを発見することです。そうすれば、どの物語を教えるにしても、あなたはイエスのさまざまな一面を楽しみ味わうレッスンを教えることができます。

では、旧約聖書でおなじみの物語に、この質問を当てはめて考えてみましょう。

レッスン――幼子モーセ

この物語の中で、神はご自分の民に何をしておられますか？

神は、幼子モーセを守り、イスラエル人をエジプトから救う指導者を与えるために、彼の身に起こることを支配し、動かしておられます。

福音――神はどのようにして私たちにも同じ働きかけをされますか？　またイエスを通してもたらされる、より良い結果は何ですか？

神は、私たちを罪と死から救い出すために、指導者を、そして救い主を備えてくださいました。

信じる――この福音を信じることで、私たちの生き方はどう変わりますか？

先が見えない時でも、神が私たちの救いを完成させるために計画を進めておられると信頼することができます。

レッスン――十戒

この物語の中で、神はご自分の民に何をしておられますか？

神は、イスラエルの民をご自身のきよい国民とするため、自ら地上に下り、聖となるための律法を与えてくださいました。

福音――神はどのようにして私たちにも同じ働きかけをされますか？　またイエスを通してもたらされる、より良い結果は何ですか？

神は、私たちを神の国に招き入れるために、イエスを通して降りてこられました。イエスは私たちのために神の律法を守り、私たちを聖としてくださいました。

信じる――この福音を信じることで、私たちの生き方はどう変わりますか？

神に属する者として、私たちは進んで律法を守り、神の栄誉を告げ知らせることができます（Ⅰペテロ２・９）。

レッスン――ギデオン

この物語の中で、神はご自分の民に何をしておられますか？

神は、イスラエルを救うために、弱い軍隊を持つ弱い男を選ばれました。

福音――神はどのようにして私たちにも同じ働きかけをされますか？　またイエスを通してもたらされる、より良い結果は何ですか？

イエスはご自身の弱さを通して、この世で弱い私たちを救うことを選んでくださいました（Ⅰコリント1・27）。

信じる――この福音を信じることで、私たちの生き方はどう変わりますか？

私たちは誇りません。神に対する信仰がこの世の強さに勝ることを知っているので、私たちは苦難や弱さの中でも満ち足りています。

レッスン――ハンナ

この物語の中で、神はご自分の民に何をしておられますか？

神はハンナの祈りに応え、悩み苦しむ彼女を慰められます。神は、侮蔑されていたハンナを、ご自身のみわざの大きな役割を担う者へと変えられます。

福音――神はどのようにして私たちにも同じ働きかけをされますか？　またイエスを通してもたらされる、より良い結果は何ですか？

私たちが悩み苦しむとき、神は慰めてくださいます。神は、この世の侮蔑されている人々をご自分の民とされます。

信じる――この福音を信じることで、私たちの生き方はどう変わりますか？

神が私たちの悩みに寄り添い、慰め、私たちの願いや思いをはるかに超えて素晴らしいことを成してくださると確信し、疑いなくキリストに祈ることができます（エペソ3・20）。

レッスン――ヨナ

この物語の中で、神はご自分の民に何をしておられますか？

神は、不従順なしもべから神に敵対するニネベの人々に至るまで、あらゆる人々に恵みといつくしみを示されます。

福音――神はどのようにして私たちにも同じ働きかけをされますか？　またイエスを通してもたらされる、より良い結果は何ですか？

イエスにあって、神の救いのいつくしみは世界中に及んでいます。私たちはみな、教会の偽善者から完全な反逆者に至るまで、恵みによって救われた敵です。

信じる――この福音を信じることで、私たちの生き方はどう変わりますか？

何という喜びでしょうか！　私たちは、自分の救いがいかにありえないものかを理解し、すべてがいつくしみ深い神のみわざによるものであると信じます。

何度も言いますが、このステップはレッスン全体の一部分にすぎません。必ずしも毎回この順序で教える必要はありませんし、おそらくそれでは飽きてしまうでしょう。また「どのように生きるか」で終わらせてしまうと、いくら福音を初めに強調しても、キリスト教は良い生き方をすることだけが目的であるかのような、間違った考えを子どもたちに教えてしまいかねません。

ここで、初めに神について教えたからといって、レッスンを実践に適用できないわけではありませんし、イエスを登場させたからといって、旧約聖書の要点が置き去りにされるわけでもないことを忘れないでください。このアプローチは、旧約聖書の箇所のメッセージに忠実に適用されるべきです。そこに福音を加えることで、もとのメッセージがより豊かになるのです。

ほとんどの聖書の物語には、神の働きがいくつか含まれています。前述したレッスンの例で私が挙げたテーマは、決して唯一ではありません。その中から良いものを選ぶには、歴史における神の働きの主要なテーマをいくつか念頭に置いておくと良いでしょう。神は天地を創造され、いのちを保持されます。神は悪と戦われます。無力な者を守られます。ご自身の民を選ばれます。神は彼らの間に住まわれます。神は契約を守られます。律法を与えられます。恵みを与えられます。ご自身を聖書の言葉の中に現されます。神はご自身の栄光を示されます。ご自身の御名を守られます。正義を掲げられます。国々を治められます。神は救い主と王を起こされます。神は罪と死から救われます。安らぎを与えられます。守り、癒やし、語り、訓練されます。神は赦すお方、神は愛するお方、などがあります。

アプローチ②――神はどういうお方か

神は何をしておられるか、ということに注目する代わりに、神のご性質やその善良さに注目するほうがスムーズな場合もあります。特に、年上の子どもたちに教える場合や、単なる「聖書のお話」から次のステップに進む場合は、神のご性質を取り上げるのがより簡単かもしれません。したがって、質問も少し変えてみましょう。

- この聖書箇所は、**神がどういうお方だと**教えていますか？
- 福音――神のこの一面は、イエスのうちに、どのように最も完全に現されていますか？
- 信じる――この福音を信じることで、私たちの生き方はどう変わりますか？

これらの質問を使って、次のような聖書の物語やみことばからレッスンを準備することができます。

レッスン――詩篇23篇

この聖書箇所は、神がどういうお方だと教えていますか？

神は私たちを導く羊飼いであり、優しく、私たちのすべての必要を満たし、あらゆる危険から守ってくださいます。

福音――この神の一面は、イエスのうちに、どのように最も完全に現されていますか？

イエスは、羊のためにいのちを捨てるほどに愛に満ちた「良い羊飼い」であることによって、私たちの最大の必要を満たしています。

信じる――この福音を信じることで、私たちの生き方はどう変わりますか？

イエスがいのちをも惜しまず私たちのために死んでくださったと知ることによって、私たちは乏しいことがないと確信できます。主はいつも私たちと共におられ、私たちは災いを恐れません。

レッスン――金の子牛

この聖書箇所は、神がどういうお方だと教えていますか？

愛する者は誰でもそうであるように、神は妬むお方です。神は、神の民が、ただ神だけを、神の方法で礼拝することを熱心に求めておられます。

福音――この神の一面は、イエスのうちに、どのように最も完全に現されていますか？

主は、イエスに従う者が、全人生を完全に主にささげることを求めておられます。私たちをほかの誰にも渡したくないがゆえに、イエスは死んで、私たちをサタンの支配から贖い出してくださったのです。

信じる――この福音を信じることで、私たちの生き方はどう変わりますか？

イエスがどれだけ私たちと永遠に共にいたいと願っておられるかを知れば、私たちもイエスと共にいたいと願うようになります。

このほかにも、聖書には神の栄光やご性質を表す箇所が数多くあり、そのすべてが、イエスの内に、最も完全に現されています。おそらく教えられるトピックは尽きないでしょう。神のあわれみについて教えてもいいですし、神の力、神の優しさ、神の正義、神の救いへの決意、虐げられる者に注がれる神のまなざし、などなど、たくさんあります。

アプローチ③――イエスが問題を解決される

最初の二つの方法は、旧約聖書と新約聖書における神の民への対応が同じであることが前提でした。しかし、旧約聖書はイエスを待ち望む物語であるため、新約聖書とはやはり異なる部分もあります。旧約聖書の物語に不安を感じるのは、そのためです。

聖書という壮大な物語は、初めから終わりへと進むにつれ、少しずつ展開していきます。ページをめくるごとに、これから始まる良い知らせについて、より多くのことが分かるようになります。しかし、折りたたまれた最後の部分を開いてイエスを見るまでは、その全体象は決して見えません。旧約聖書の物語は、私たちに厄介な問題や未解決の緊張状態を残し、もっと先にある何かを求めさせるのです。その何かとは、イエスです。預言書を読んでみれば、彼らも同じように感じていたことが分かるでしょう。預言者たちが神と共に歩み続けることができたのは、目に見えなくとも、より良いことを神がなさっているという信仰があったからにほかなりません。

したがって、旧約聖書からイエスを教えるもう一つの方法は、未解決の問題や緊張を見つけ、それらをイエスがどのように解決されるのかを示すことです。

- この聖書箇所で、未解決のままの問題や緊張は何ですか?
- 福音――その問題はイエスによってどう解決されますか?
- 信じる――この福音を信じることで、私たちの生き方はどう変わりますか?

これらの質問で、さらにレッスンの幅が大きく広がるでしょう。

レッスン――サムソン

この聖書箇所で、未解決のままの問題や緊張は何ですか?

神はサムソンを用いてペリシテ人の支配力からイスラエルの民を救いましたが、神の民にとってサムソンは欠陥のある、完璧とは言えない救世主のままでした。

福音――その問題はイエスによってどう解決されますか?

イエスだけが、私たちの待ち望む完璧な救い主です。

信じる――この福音を信じることで、私たちの生き方はどう変わりますか?

私たちは、ただ一人の完璧な救い主イエスを信じます。そして、神は私たちのような欠陥のある人間をも用いてくださることを知ります。

レッスン――シナイ山での契約

この聖書箇所で、未解決のままの問題や緊張は何ですか？

神は、イスラエルの民の従順を条件として契約に招き入れました。民はそれを拒否できるわけがありません。しかし、彼らが従えないのは明らかである以上、「はい」と言うこともできません。

福音――その問題はイエスによってどう解決されますか？

イエスにあって、私たちは罪と罪の力の両方から救われました。すなわち、私たちは赦され、さらに神に従うことができる者とされました。

信じる――この福音を信じることで、私たちの生き方はどう変わりますか？

私たちは、大胆に熱意をもって、神に「はい」と言うことができます。

レッスン――岩の裂け目に立つモーセ

この聖書箇所で、未解決のままの問題や緊張は何ですか？

モーセは神の栄光を見たいと願いますが、罪ある者は神を見て、なおも生きることはできません。だから、モーセは神の顔ではなく後ろ姿を見ることしか許されませんでした。

福音――その問題はイエスによってどう解決されますか？

イエスによって、私たちはモーセが見たより完全な神の栄光を見ました。しかも、それは死ではなくいのちをもたらします。そしていつの日か、私たちは神の顔を見ることになります（黙示録22・4）。

私たちは、取るに足りないこの世の欲望を捨て、イエスをさらに知ることに望みを置きます。信じる――この福音を信じることで、私たちの生き方はどう変わりますか？

旧約聖書において、最も大きな緊張はおそらく神の愛と正義の存在でしょう。この緊張関係は、十字架で見事に解決されました。しかし、十字架に至るまでは、この緊張は旧約聖書の物語の至るところに現れています。

以前、幼児クラスの教師がノアの物語を教えているところを見学したことがあります。彼女は、箱舟に乗った八人以外、すべての人間がこの洪水で死んだことには触れず、この出来事がそもそも罪に対する神の裁きであったことも話しませんでした。確かに、気持ちは分からないでもありません。ノアの物語を描いた絵本だって、同じです。小さな子どもたちを守ろうと、ノアの絵本にはかわいい動物たちや虹が描かれるだけで、誰かが傷ついたなんてことは一言も語られません。

しかし、この教師は自分の教え方に疑問を持ったようでした。クラスの後、彼女は自分が迷っていたことを私に話してくれました。神が不信仰な人々を罰することを教えるべきだというのが彼女の考えでもありましたが、この洪水に関しては、死んだ人間の数があまりに膨大で恐ろしすぎる、と感じたようです。だから彼女は、神が救ってくださった人々についてだけ語りました。お人好しな神か、残忍な神か、どちらのイメージを伝えるかという二つの選択肢に迫られ、彼女は心優しい神を選んだのです。

後になって、そのことについて思い巡らしていた私は、実はそこに三つ目の選択肢もあったことに気付きました。それは、**物語の全体を語り**（これは常に最善策と言えます）、**双方の緊張を提示すること**です。神は罰を与えなければなりません。同時に、神は救いたいと願っておられます。ノアの洪水は、神の正義とあわれみが共存する多くの例の一つです。それならば、以下のように教えてはどうでしょうか。

レッスン――ノアと洪水

この聖書箇所で、未解決のままの問題や緊張は何ですか？

神は罪を罰しなければなりませんが、人々を救いたいとも願っておられます。この洪水の後、神はもう二度と世界を滅ぼすことはないと約束されました。しかし、人々がなおも罪を犯し続けたら、神はどうなさいますか？

福音――その問題はイエスによってどう解決されますか？

イエスには正義とあわれみの両方が存在します。イエスは、神の正義による罰を私たちのために受けてくださいました。そのため、イエスに属するなら（特定の家族だけでなく）誰でも、神のあわれみによって救われます。

信じる――この福音を信じることで、私たちの生き方はどう変わりますか？

神の裁きを恐れることをやめ、イエスによって与えられるあわれみに信頼します。

お人好しの神も残忍な神も避ける唯一の方法は、十字架の神を教えることです。実際、新約聖書はノアの物語についてまさにこのような方法で教えています。ペテロの手紙第一3章18～21節を確認してみましょう。

神の命令を教える

イエスが問題を解決される、という枠組みは、神の律法が教えられている箇所にも適用できます。旧約聖書には、私たちがどう生きるべきかを教える箇所が多くあります。このテーマに関して、問題は私たちのほうにあります。神の律法を初めて耳にしたイスラエルの民のように、あなたが教える子どもたちもまた、間違いなく律法を完全に守ることはできません。

福音を教える教師にとって、このようなレッスンはドンと来い、といったところです。結局、私たちの罪こそが福音の始まりなのです（神の成績表につけられた「F［失格］」を思い出してください）。ただ、どんな命令を教えるにしても、旧約聖書においてすでに神が罪の赦しの道を備えられ、それがイエスを指し示していること、そしてイエスこそ唯一その命令を守られたお方であることを、強調する必要があります。私は、子どもたちに教えようとしている神の命令にも従順であられた、イエスの具体的な言動とその素晴らしさを示すことを欠かしません。同時に、その命令に背く私たちのためにイエスが死んでくださったということを、明確に伝えるようにしています。私たちはイエスと一つになることで、義と認められます。これは、あたかも私たちがイエスと同じように命令に従ったことになる、ということです。これで問題解決、なのです。

ただし、これだけではありません！　神の訓戒に関する福音をすべて挙げるなら、まだまだあります。

(1)　イエスを信じる人は、神の命令に背く罪が永遠に赦されており、イエスにあって義と認められています。とんでもない大失敗をしたとしても、同じです。

(2)　イエスを信じる人は、父なる神の子どもとして、感謝と希望をもって進んでその命令に従おうとします。

(3)　イエスを信じる人は、内側から変えてくださる聖霊の力に頼ることで、その命令に従うことができるようになります。

以上の点も、決して伝え忘れてはいけません。神の命令を教えるたびに、必ずこれらのポイントも押さえましょう。

レッスン——箴言14章5節「真実な証人は偽りを言わない」

この聖書箇所で、未解決のままの問題や緊張は何ですか？

本当のこと（真実）を語ることは賢いことであり、そうすることが命じられていますが、私たちはしばしば失敗します。私たちは言葉による罪を毎日犯しています。

福音——その問題はイエスによってどう解決されますか？

イエスはこの命令に従われました！　イエスはご自分の語る言葉を完璧にコントロールされました。イエスが裁判にかけられたとき、証人がイエスについて嘘の証言をしたときも、反論されませんでした。真実を語れば死刑になると分かっていても、真実のみ語られました。私たちがイエスと一つになるとき、イエスは私たちの失敗を背負い、私たちはイエスの従順を得ることができます。

信じる——この福音を信じることで、私たちの生き方はどう変わりますか？

私たちはもう、真実を語ることに失敗しても非難されることはありません。御霊に信頼することによって、私たちは進んで堂々とイエスのように語ることができます。

当然、神の命令には真剣に向き合います。しかし、決してそれを重荷と感じさせる必要はないことを理解していただけたでしょうか。神の命令は、神が私たちを愛するかどうか決めるものさしではありませんし、私たちが自力でどうにかしようとして、行き詰まるためのものでもありません。神の命令に、当然私たちは取り組みます。ただし、神に信頼して、取り組むのです。これが、神と共に歩むということです。

　このように教えるなら、福音に根差したクリスチャンの子どもたちは、神の律法が好きになります。彼らにとって、律法は祝福となるのです。進んで律法を学び、実践しようとします。まさしく、詩篇1篇2節の人のようです。「主のおしえを喜びとし　昼も夜も　そのおしえを口ずさむ人。」（ちなみに、このみことばも問題となりえます。この姿を目指して、多くのクリスチャンが罪悪感に悩んだり燃え尽きたりするのを見てきました。イエスなしでは、このみことばは単なる重荷です。しかし、イエスの内にあるなら、重荷は取り去られ、このみことばのとおりになります。）

秘訣①――物語の全体を知る

　以上の例から、旧約聖書のレッスンを教えるための最初で最大の秘訣がいかに重要なものであるか、お分かりいただけたでしょうか。その秘訣とは、当たり前のことですが、きわめて重要です。**「聖書の教師は、聖書を知らなければならない」**ということです。これを避けては通れません。今まで聖書の物語を細切れに学んできたなら、それらがどのように結びついているのかを学ぶ必要があります。一番良い方法は、とにかく聖書を読むことです。

　聖書のどの物語を教えるとしても、私はまずその箇所だけでなく、前後の章も読むことにしています。その書物自体を読むのが久しぶりだという場合は、書物全体を読むこともあります。これは当然、旧約聖書全体についての基本的な知識があるということが前提です。神がその物語を通して何をなさっているかを理解するには、この方法以外ありません。

時間がかかる――まさしくそのとおりです。ここから、さらに追い討ちをかけてみましょう。旧約聖書をイエスに結びつけるためには、イエスについても、可能なかぎりすべてを知っておかなければなりません。これはつまり、旧約聖書よりも、新約聖書をより詳しく知っている必要があるということです。教える聖書箇所がどこであれ、福音書や書簡などは定期的に通読していなければなりません。

時間はかなりかかります。しかし、ほかのことに比べれば大したことはありません。私は、福音書を一つ、または書簡を一つか二つ、一度に通して読むというのを毎月するようにしています。映画を一本観るより早く終わりますし、毎回、イエスを賛美せずにはいられない新しい発見があります。

なぜこれをするかというと、必ず報われるからです。私は決して、敬虔な理由で常に聖書を読むような、崇高な信者ではありません（もちろんそうだと良いですが）。実際、聖書の教師になって最初の二十年ほどは、子どもの頃に聞いたお話の記憶を頼りに、何とか取り繕ってイエスのことを話していただけでした。しかし今は、聖書を読むことでより良い教師になったと思いますし、長期的に見ても、労力の節約になります。例えば、バラムのことを教えたとき、私はコロサイ人への手紙2章15章を参照し、イエスが十字架を通して悪の権力を公にさらしものにされたことを示しました。これは、どのレッスンガイドにも、注釈にも書いていなかったことです。バラムの困惑する様子を考えたときに、この箇所がふっと私の頭に浮かびました。なぜなら、ちょうどコロサイ人への手紙を数か月前に読み直したところだったからです。

秘訣②――専門家に尋ねる

聖書を知ろうとすること以外で言うならば、私は、自分より賢い方々の力にも頼っています。自分では見落としてしまうこともたくさんあるからです。あなたもおそらく、教師用のマニュアル本やデボーションガイドを使っているでしょう。それらがある程度良い本なら、教える物語の背景や文脈について、多少の情報が得られるかもしれません。それがとても良い本なら、その物語のテーマがいかにイエスにあって完成されるかについても示してくれているはずです。

もし、レッスン準備や家庭でのデボーションタイムに注解書などの類を取り入れていないとしても、聖書の参照資料や引照などを使えば、いくらかの情報を得ることはできます。良いものなら、レッスンの聖書箇所を解説している別の箇所を教えてくれます。標準的な引照付き聖書でも、本文の余白に関連聖句が記されているので、これで十分です。実際、バラムの物語の解説が申命記にあることに気がついたのも、この方法でした。

よく知られている旧約聖書の物語は、驚くほど多くが新約聖書で直接言及されています。聖書自体が、これらの物語をイエスに結びつけているのです。例えば、イエスは荒野で与えられたマナの物語から、イスラエルの民を生かされた神が今はキリストを通して永遠のいのちを与えてくださる、と教えています。「わたしは、天から下って来た生けるパンです」（ヨハネ6・51）。

またほかの例として、パウロが天地創造の第一日目について教える箇所が挙げられます。「『闇の中から光が輝き出よ』と言われた神が、キリストの御顔にある神の栄光を知る知識を輝かせるために、私たちの心を照らしてくださったのです」（Ⅱコリント4・6）。また、パウロのほかの書簡も、「万物は御子によって造られ……」（コロサイ1・16）とあるように、イエスが天地創造の初めからそのみわざに携わっておられたことに言及しています。イエスと天地創造の物語を結びつける方法はほかにもありますが、これは聖書から直接引き出せる良い方法です。このような結びつきを見落とさないように、ぜひ聖書の参照資料や引照を活用してほしいと思います。

秘訣③——小さな子どもたちに合わせる

これまでにも、内容をシンプルに保つことの大切さを話してきました。幼い子どもがいたり、未就学児を教えていたりするなら、この原則はさらに重要になることはお分かりでしょう。

例えば、紅海を渡るお話について考えてみましょう。小さな子どもたちは、この物語のあらゆる象徴がイエスの十字架を予示していると理解することはできません。そのまま説明しようものなら、小さな子どもたちには「海を渡ること（cross）」と「十字架（cross）」という言葉遊びのような解釈になってしまうでしょう。嚙み砕いて説明しようとして、「神さまはイスラエルの民を海の中から救い出してくださった、それはイエスさまが十字架で死なれたことによって私たちが救い出されたことと同じだよ」と話しても、はたして理解してもらえるでしょうか。「十字架がどうして紅海と同じなの？」と思うでしょう。十字架の物語に水は出てこないのですから。

これらのことを考えたうえで、私はだいたいいつも、幼い子どもたちには物語をできるだけストレートに伝えることにしています。イスラエルの民はエジプト人に追われていました。神は、海の中に道を作ることで彼らを救われました。神はご自分の民を救いたいと願っておられるから、そうしてくださいました。神はさらに大きな救いの準備もされていました。それから長い年月が経って、イエスが多くの人々を罪の刑罰から救ってくださいました。イエスはその罪からも救うために、十字架で死なれました。

これだけで良いのです。物語を淡々と語り、福音にたどり着くまで、お話を続けることです。数年前、私は未就学児のクラスを受け持っていました。私は「イエスさま」という文字をカラフルに彩ったカードを印刷し、子どもたちに読んでごらんと言いました。そして、聖書の物語はすべてイエスさまに結びついているんだよ、と伝えました。それ以来、旧約聖書の物語を教えるときは、いつも最後に私が「そして長い年月が経って……」と言いながらカラフルなカードに手を伸ばすと、それを合図に子どもたちが「イエスさま！」と叫ぶようになりました。物語を締めくくる、お決まりの合言葉となったのです。

このような繰り返しの手法は、年上の子どもたちには向いていないかもしれません。しかし、未就学児の子どもたちにはピッタリでした。このちょっとしたやりとりを、子どもたちは喜んでくれました。それだけでなく、彼らは聖書の中からイエスを探し出すことも学びました。レッスンの内容が新約聖書に移った時には、子どもたちが落胆したほどです。物語の中から探すまでもなく、最初からイエスが登場するからです。

秘訣④――「悪い神さま、良い神さま」という考えを避ける

最後に、やってはいけないことを記しておきましょう。新約聖書では神に対する見方が変わる、という落とし穴にはまらないことです。旧約聖書のレッスンにイエスのメッセージを加えるのは、泥沼の物語をいくらか良く見せたり、神を良いお方に見せたりすることを目的としてはいけません。

旧約聖書の神は復讐心に満ちているとか、律法主義的だと考える人もいます。だから、イエスを物語に含めることで、愛や優しさを強調しようとします。またほかには、そうすることが間違いだと言う人もいます。旧約聖書のレッスンでイエスのことを話すと神の厳しい側面が和らいでしまうから避けるべきだ、というのです。まったくもって、ナンセンスな考えです！

このような考えはいずれも、旧約聖書と新約聖書ではそれぞれ違った神の概念を教えているという間違った思い込みから生まれています。間違えないでください。神は、聖書全体を通して、変わりません。もし、旧約聖書の神は情け深くなく、寛容でないと思うなら、私たちはイスラエルの民に対する神の忍耐について十分に読んでいないということです。そして、新約聖書の神は厳しい要求をせず、戦闘的ではないと思うなら、私たちはイエスの最も辛辣な教えを見落としてきたことになります。黙示録はもちろんその一つでしょう。また、十字架の容赦ない暴力にも目をつぶっていることになります。

旧約聖書と新約聖書の違いは、それぞれに見られる神の属性の違いではありません。私たちが偉大な物語のどの地点にいるか、という違いです。そこには常に神の愛があり、その愛ゆえの厳しい

要求があります。そして、その両方が、今やまばゆいばかりの栄光の中に、一目瞭然となっているのです。イエスを知るクリスチャンである私たちは、このお方を視野に入れて教えなければなりません。それは、神の厳しさを緩和するためではありません。景色をより鮮明にするためです。

何年も前に、ある人が私にこう言いました。旧約聖書を教える時は、イエスについて決して言及してはいけない、と。その人の考えでは、イエスを語らないことで、教会学校の生徒たちは罪の重さと救いを切望するかつての痛みを心底味わうことができるというのです。そして、ついにイエスのことを教える時が来たら、彼らにとって福音はよりいっそう優しく響くだろう、とのことでした。

これは断じて、私にはできません。これが間違った神学であるからというだけではありません。良い知らせが、あまりに良い知らせであるからです！　秘密にしておくなんて、到底できません。旧約聖書から紡ぎ出される歌をすべて知っていながら、その歌を声高らかに歌うことなく教えるなんて、不可能ではないでしょうか。私が歌わなくても、歌が叫びだすでしょう。隠そうとしても、爆発してしまうでしょう。

Q&A

――この本で勧められている聖書の勉強法や通読プランは、私のスケジュールに合いません。筆者の言うような教え方をしたくても、準備時間があまりない場合は、どうすれば良いですか？

時間を割くことは簡単ではないでしょう。私もしばしば近道を通りたくなります。しかし、だからといって、良いレッスンの準備に必要な時間を割くことなどどうでもいいと、あなたが考えているとは思いません。良いレッスンには、質の良い準備時間が必ず必要です。だから、これが重要な仕事のプロジェクトであるかのように考えて、レッスンの準備に取り組むよう努めてください。大切なことのためなら、時間は見つかるものです。

——私には筆者のように聖書を教えることができません。この本の考えは、私にも有効でしょうか？

もちろんそう願っています。この本で例に挙げているのは私の個人的な経験談でもあるので、ほとんどが、物語を語る中でディスカッションを織り交ぜる、というレッスン形式です。これが私のスタイルです。他の教師たちは、また違ったスタイルを持っています。バイブルスタディ形式で教える人もいますし、講義をする人もいます。ゲームや遊びを使って教える人もいます。だから、必ずしも私のやり方を真似するべきだとは言いません。ただ、ここで紹介したいろいろなアイディアから、あなたに合うスタイルが見つかることを願っています。

——旧約聖書の物語にイエスを見いだすアプローチとして、⑴神は何をしておられるか、⑵神はどういうお方か、⑶イエスが問題を解決される、というものが挙げられました。ほかにもあるのでしょうか？

付随的にではありますが、イエスに関する預言、イエスの予型、旧約聖書に見られるイエス、そして旧約聖書の物語がイエスの言葉で語られている新約聖書の箇所などにも触れました。これらを含めると、七つのアプローチがあることになります。ここに、さらに加えることもできるでしょう。[2] 本書では、子どもたちに教えるうえで最も活用しやすく役に立つアプローチを紹介しました。

――子どもたちの年齢によって、旧約聖書から福音を教える方法は変わりますか？

もちろんです。未就学児の場合、神はどういうお方か、あるいは聖書のおもな人物や出来事など、まだ聖書全体の物語の基本的な部分を断片的に学んでいる過程にあります。したがって、時には旧約聖書の物語を神中心で語り、イエスと結びつけないでおくこともあります。こうすることは、決して福音のスピリットを蔑ろ（ないがし）にすることではありません。子どもたちは後々、一つ一つの断片をつなげていくものです。しかし、小学生にもなれば、旧約聖書の物語がどのようにして、より大きな福音のメッセージ、すなわちイエスというお方に当てはまるのかを学んでいくべきです。高学年や中高生は特に、学んだ福音を受け止め、自分の生き方への影響について考えるところまで挑んでいく必要があるでしょう。例えば、中高生の子どもたちにバラムの物語を教えるとします。その場合、私たちを傷付けようとする悪をイエスが止めてくださること、さらにそれを良いものに変えてくださることを信じることで、誰かが私たちを傷付けようとするときにどのような違いが生まれるか、ということについて必ず話すようにします。

――筆者のアプローチは、旧約聖書がイエスを指し示しているだけかのように聞こえます。イエスはすでに、旧約聖書の時代においても人々に働きかけておられたのではないでしょうか?

確かに、そのとおりです。しかし、違うとも言えます。神の御子は、すでに旧約聖書の時代において、御父と御霊と共に永遠であられました。そして、世界を支配しておられました。御子は創造し、羊たちを導き、神の民を守り、悪を滅ぼされた――すなわち、神がなさることをしておられたのです。「御子は……その力あるみことばによって万物を保っておられます」(ヘブル1・3)。同じように、旧約聖書では、人々は信仰によって生きていました。それは、キリストの救いのみわざが未完成で、影のままであるにもかかわらず、神のあわれみに信頼していたということです。「みな、同じ霊的な飲み物を飲みました。彼らについて来た霊的な岩から飲んだのです。その岩とはキリストです」(Iコリント10・4)。したがって、旧約聖書はイエスを指し示しているだけでなく、イエスの受肉前のみわざについても語っています。私が旧約聖書の箇所の先にあるものを見ながらも、その主題を決して切り捨てないのは、このためでもあります。「この物語の中で、神は何をしておられるのか」と問いかける瞬間に、私たちはすでに目が開かれ、イエスを見ているのです。イエスはそこにおられるからです。

今すぐイエスが見えるように

本章で学んだことを生かし、旧約聖書から、いかに子どもたちにイエスを指し示すことができるか、ここにいくつかアイディアを記しておきます。あなたの状況に合う方法をいくつか試してみてください。

教師のために――次回、旧約聖書のレッスンを準備するとき、私が提案した三つの質問の組み合わせから、一つを選んで使ってみましょう。それらの質問を通して、物語をイエスと結びつけてみましょう。一つ目の組み合わせは最も使いやすく、ほとんどの物語に当てはまります。

- この物語の中で、神はご自分の民に何をしておられますか？
- 福音――神はどのようにして私たちにも同じ働きかけをされますか？　またイエスを通してもたらされる、より良い結果は何ですか？
- 信じる――この福音を信じることで、私たちの生き方はどう変わりますか？

いくつかこの組み合わせでレッスンを作ってみた後、「神はどのようなお方か」の質問、「イエスが問題を解決される」の質問も、それぞれ使ってみましょう。そこであなた自身がイエスについて気付いたことを、必ずレッスンの一部分として用いるようにします。

未就学児クラスの教師のために――旧約聖書の物語を教えながら、イエスに注意を向けるための小道具（「イエスさま」と書いたカードなど）を考えてみましょう。創意工夫が大切です。「イエスさま」カードでなくても、手で十字架を作ったり、簡単なメロディーをつけて歌にしても良いでしょう。何を取り入れるにしても、それをレッスンごとに毎回使うことが重要です。イエスが最後の締めくくりに登場するまで物語は完成しないということを、意図的に子どもたちに伝えるのです。これは、生徒たちが聖書のすべての箇所でイエスを見ることに慣れるだけでなく、あなたが常にイエスをレッスンに含めることを忘れないようにするためでもあります。

両親のために——みなさんは、子どもたちと旧約聖書の物語を通読しているでしょうか？　もし読んでいないなら、寝る前のルーティンにするか、食事中の習慣にすることを考えてみてください（これなら食事と一緒に神のことばも食べられます）。旧約聖書の物語を順に通読する利点の一つは、読み進めるにつれて、それぞれの箇所の文脈を学ぶことができるという点です。これは、レッスンの準備時間を大幅に減らすことにもつながります。毎日、前日の続きの箇所を読み、本章で提案した質問を使って話し合ってみることをお勧めします。

(1) 神がしておられること、神がどういうお方か、解決されるべき緊張は何かについて、気付いたことはありますか？

(2) それが、イエスを通してどのように現されている、または解決されていますか？

(3) それを信じる私たちはどのように生きるべきですか？　これらについて、家族一人ひとりが分かち合ってみましょう。

教会で、イエスのことを共に学ぶことができる家族向けのクラスがあれば、子どもたちと一緒に参加してみましょう。子どもたちは、親を観察し真似することで最もよく学びます。子どもたちと共にイエスを知っていくことは、親として子どもに教えられる最良の学びだと言えます。あなたの教会にそのような家族向けのクラスがなければ、へりくだってそのようなクラスを設けるようリクエストするか、立ち上げに進んで参加しましょう。新しく始める場合は、継続的なものでも、一回限りの特別イベントのようなものでもかまいません。もしあなたがミニストリーの監督的立場にあるなら、ぜひファミリークラスを立ち上げてみてはいかがでしょうか。

すべての人のために——現在教えていない新約聖書の書物を一つ選び、通読してみましょう。目的は、イエスの福音についての理解をさらに深めることです。これを実践することで、一つ保証できるのは、あなたが現在教えている聖書箇所に適用できる何かを必ず発見できるということです。しかも、すぐに見つかります。おそらく、この先一、二回のレッスンを教えている間に、必ず見つかるでしょう。

注

1　Matthew Henry, *Commentary on the Whole Bible* (McLean, VA: MacDonald Publishing), 5:935. 日本語訳は本書訳者による。

2　旧約聖書からキリストを教える方法について、私がここでリストアップしているものは、Sidney Greidanusが彼の著書 *Preaching Christ from the Old Testament: A Contemporary Hermeneutical Method* (Grand Rapids, MI: Eerdmans, 1999) 203-225 および *Preaching Christ from Genesis: Foundations for Expository Sermons* (Grand Rapids, MI: Eerdmans, 2007) 2-6 で提案したものとほぼ一致する。

第7章　教会で一番長いリスト——新約聖書から福音を教える

船長の赤旗が高々と掲げられ
地獄を退かせ　すべての怒りは飛び去る
そう　その方の栄光の　視線の先にあるもの
罪は朽ち果て　聖なる力は増す

——ラルフ・アースキン[1]

教会学校の新しい年度が始まり、数週間経った頃のことです。その週に教えた聖書の物語も、よく知られている話でした。マルタがイエスを家に招き、もてなしの準備に忙しくしている間、妹のマリアはイエスの足もとに座り、その教えに聞き入っていた、というものです。私が教えたのは、毎週教会に通っている小学校高学年の子どもたちです。彼らも、この話は聞いたことがあったはずです。

私はどうにか、この話に手を加え、記憶にのこる意味深いレッスンにしようと考えていました。内容を深く掘り下げたいと思ったのです。登場人物は、台所にいるマルタと、イエスと座っているマリアです。私たちはまず、ルカの福音書から物語を読むことにしました。

ところが、マルタはいろいろなもてなしのために心が落ち着かず、みもとに来て言った。「主よ。私の姉妹が私だけにもてなしをさせているのを、何ともお思いにならないのですか。私の手伝いをするように、おっしゃってください。」主は答えられた。「マルタ、マルタ、あなたはいろいろなことを思い煩って、心を乱しています。しかし、必要なことは一つだけです。マリアはその良いほうを選びました。それが彼女から取り上げられることはありません。」（ルカ10・40〜42）

私はまず、分かりやすいように、マルタとマリアを比較しました。マリアはここで、素晴らしい手本を示しています。ラビ（先生）の足もとに座ることは、ラビから学ぶことだけでなく、その方に人生を献げる姿勢を意味します。「では、マルタはどうかな？」私は尋ねました。「マルタがイエスさまのためにしたことについて、どう思う？」

何人かの子どもは、イエスを夕食に招いて、そのために料理をすることは良いことだと言いました。また別の子どもは、正しい態度でその仕事をしていないと、良いことにはならない、と加えました。確かに、マルタは態度については少し問題があったね、と私はうなずきました。まず、マルタは気が散っていました。イエスご自身が訪ねて来られたにもかかわらず、彼女の意識は夕食のことに向いていました。イエス**ご自身**よりも、イエスの**ために**働くことが重要になってしまったのです。マルタは自分を認めてもらいたいがために、自分のために働いていました。それは、マルタが自分の努力に気付いてもらえないことに対して怒ったことからも分かります。

私は、自分たちもいかに容易に同じような罠につまずくかについて話しました。イエスに仕えている振りをして、実は気付かれたいと思っているのです。イエスを愛していると言いながら、実はほとんどイエスとの時間を過ごしていません。イエスと歩む人生は、私たちがイエスのために何かすることが第一にくるのではないということを、忘れてはいないでしょうか。イエスご自身、そしてイエスが私たちの救い主であられることが、第一なのです。「これが福音なんだよ。」私はそう言いました。

私は、イエスが子どもたちの願うどのようなものよりも優れていることを確認しました。何かを達成することより、優れている。人に認められることより、優れている。夕食なんかより、もっと優れています。子どもたちはみんな、そのとおり、とばかりにうなずいています。当然です。教会学校の教師が、やや興奮気味にイエスが何よりも優れた方だと繰り返すのに、反対意見をぶつける子どもなんていないるでしょうか。

私はさらに踏み込もうと思いました。そこで、もう一つの質問をしました。「なぜ、イエスさまは何よりも優れた方なのかな?」

三人の手が、さっと挙がりました。私はそのうちの一人を当てました。「なぜかというと、イエスさまを信じたら、僕たちは天国へ行けるから。」彼がこう答えると、あとの二人の手は下がりました。

「いいね。」私は言いました。「ほかには？」　手は挙がりません。「ブレンドン、君も手を挙げていたよね？」　私は言いました。「何と言うつもりだったの？」

「同じことだよ。イエスさまが僕たちを天国へ連れて行ってくれる、って言おうと思ったんだ。」

「私も。」三人目の子どもも言いました。

「なるほど。」私は言いました。「では、それ以外で、イエスさまが私たちのためにしてくださったことをリストアップしてみよう。何があるかな。言ってみて。」すると子どもたちは、うっとうしがるような視線を私に向けてきました。彼らはいつもどおりの答えで答えたまでです。それ以上、何を考える必要があるのか分からなかったのです。

さあ、問題に直面しました。

ちっぽけなイエス

私が教えた教会の子どもたちは、なぜイエスが何よりも優れているのかという理由を一つしか知りませんでした。彼らは、天国へ行くためにイエスを利用していただけなのです。これでは、どうしてイエスを愛するようになるでしょうか？　さらに、なぜ彼らにとってイエスはそんなちっぽけな存在なのでしょうか？

私にすべての責任があるとは思えません。当然、子どもたちが育ってきたクリスチャン文化にも問題があります。彼らは救いのほんの一面だけを教わってきました。「イエスを信じる」という決断さえすれば、クリスチャン生活は、ただ良い行いをして、霊的な気持ちになるイベントに行ったりデボーションをしたりするだけ。イエスは取り残されているのです。

それでも、**私にも**大きな責任があることは自覚していました。ここ数週間、子どもたちに教えてきましたが、確かに私も救いの豊かさに目をつぶっていました。福音に触れてはいたものの、そこに新鮮な感動はありませんでした。毎週、イエスがいかに私たちの救い主であるかを一般的なセリフを並べて伝えていただけで、私の「深い」レッスンはそれ以上踏み込むことはありませんでした。私は、イエスが私たちを何から救ってくださるかについて詳しく調べることもせず、イエスが私たちに与えてくださる、希望、喜び、赦し、きよさ、神との平和、子としての地位、父なる神に近づく権利、自発的な従順、その他キリストにあって与えられている幾千億もの祝福について、教えてこなかったのです。

私の失敗はそれだけではありません。私が子どもたちに提示したイエス像は、薄っぺらいものでした。イエスは奇跡を起こし、知恵ある言葉を語られました。しかし、イエスという人物を、私は視覚教材で表現される程度の存在にしか伝えてきませんでした。イエスの人格に魅了される自分を、見せてこなかったのです。その年度のカリキュラムは、すべて新約聖書からのレッスンでした。そこには福音の完全な、爆発的な驚きと感動がイエスご自身を通して提示されていたのです！　それにもかかわらず、なぜか私はその大半を取りこぼしていたようです。

マリアとマルタのレッスンも、その一例でした。マルタの心や、イエスと歩む人生について、当然指摘すべきことは指摘しましたが、それだけでした。ルカの福音書の文脈でその後に続くイエスのみわざ、そしてこの物語から見られるイエスの人格など、その大半において、イエスを取りこぼしていたのです。

私はマルタを非難しましたが、実際は彼女と同じ過ちを犯していました。イエスを無視していたのです。

教室の壁

その次の日曜日、私は計画を立てて臨みました。まず、壁にこのように書かれた紙を貼りました。

イエスさまは何よりも優れた方。なぜなら……

「さて、説明しよう。」私は子どもたちに呼びかけました。「これから毎週、レッスンが終わるたびに、イエスさまについて学んだことを少なくとも一つ書いて、この文章を完成させるんだ。二つや三つ学ぶ週があるかもしれないし、五つや十ほど学ぶ週もあるだろう。イエスさまについて何を学んだにせよ、必ずカードに書き留めて、この壁に貼ること。つまり、リストを作るというわけだ。こうすれば、私はみんなに毎週イエスさまのことを教えなければならなくなるし、みんなもイエスさまがどうして一番なのかという理由をたくさん学ぶことができるだろう。」

私はルールを示しました。「カードには同じことを書いてはならないよ。毎週新しいことを書くんだ。そして、その内容は、壁に貼るほど驚くべきことでなければならない。これを、この一年間続けよう。」

ある子どもは、壁を見つめながら何かを想像しているようでした。「きっと、ものすごく長いリストになるね。」彼は言いました。「教会で一番長いリストだね。」

まさに、そのとおりです。

覚えておくべき二つのこと

新約聖書から福音を教えるとき、私は二つのことを覚えておくようにしています。これは、私がマリアとマルタのレッスンで忘れてしまっていたことです。

(1) イエスの**みわざ**に目を留めること。これはたいていの場合、教える聖書箇所の、より大きな文脈に注目することを意味します。

(2) イエスの**人格**に目を留めること。これは通常、普段は読み飛ばしてしまうような細かい部分に注目することを意味します。

これらには、古い習慣を断ち切る意味もあります。例えば、イエスが五千人の群衆に食べさせる話を教えるとしましょう。そこには、自分のお弁当を分け与える少年が出てきます。子どもたちは少年に親近感を持ち、さらにこの少年は自分のものを分け与えています。人と分け合うことについて、素晴らしいレッスンのでき上がりです。

しかし、この話の文脈に注目すると、イエスは分け与えることを教えるためにこの機会を用いているのではないことが分かります。イエスは、ご自身の救いのみわざについて教えるために、この機会を用いておられるのです。「わたしが与えるパンは、世のいのちのための、わたしの肉です」（ヨハネ６・51）。

物語自体をよくよく読むと、イエスの人格もまた、活き活きと浮かび上がってきます。イエスは疲れ、従兄弟（バプテスマのヨハネ）を殺されたことを悲しんでおられるにもかかわらず、群衆に対して情け深くあられます。イエスは人々の最も基本的な必要に関心を持っておられます。イエスは行動の人です。イエスは感謝に満ち、実践的で、贅沢（ぜいたく）をせず、全能なるお方です。そして、そのような中で、弟子たちに皮肉も込めつつ信仰の教えを説いておられるのです。なんと興味をそそる人物でしょうか。少年よりよっぽど興味深い存在です。この方こそ、礼拝に値するお方です。

イエスのみわざと人格は、もちろん互いに結びついています。しかし、これらを分けて考えると整理しやすいでしょう。

イエスのみわざ

新約聖書の中では、イエスの救いのみわざは私たちの目の前にあります。旧約聖書でやったように、物語を前に進める必要はありません。それでも、狭い視野で読んだり、前後で起こっていることに目を向けずにいたりすると、福音を取りこぼしてしまうかもしれません。

あなたが福音書から子どもたちに教えるとしましょう。福音書のテーマは、イエスの人格と救いのみわざです。使徒の働きから教える場合はどうでしょうか。この書物は、福音が広まっていく様子が書かれています。では、書簡はどうでしょうか。一部の短いものを除いて、これらは救いの恩恵がおもなテーマです。黙示録は？　この書物は、イエスのみわざと勝利が完成することを祝うものです。これらの書物を教えながら福音を取りこぼす可能性がある教え方は、たった一つしかありません。それは、私たちが聖書箇所を各章ごとに、またはそれ以下に細かく分け、そのかたまりをその部分以外は存在しないかのように教える場合です。

あなたも聞きなじみがあるのではないでしょうか？

そうです、この方法は子どもたちに教える典型的なレッスンの組み立て方です。私たちはこの方法から抜け出さなければなりません。そのためには、新しい考え方が求められます。あなたのレッスンは、聖書全体に含まれる大きなレッスンの一部分なのだ、と考えましょう。

例――マリアとマルタの物語におけるイエスのみわざ

私が組み立てたマリアとマルタのレッスンについて考えてみてください。ルカの福音書にはストーリーラインがあります。まず初めに、ルカはイエスが贖い主であり（ルカ1・68）、救い主である（同2・11）ことを語っています。それから、ちょうど中ほどに差しかかるころ、イエスはご自身の身に迫る死と復活について話し始められます。そして、イエスは死ぬためにエルサレムに向かって進まれます。マリアとマルタの家への訪問は、ちょうどその道中、イエスと弟子たちがエルサレムへと「進んで行くうちに」（同10・38）起こった出来事なのです。

これによって、マルタとのやりとりにいのちが吹き込まれます。イエスがいかに愛をもって彼女に教えているか、注目してみてください。私に仕える必要はない、私が先にあなたに仕えよう。私を感心させる必要はない、私にゆだねなさい。私を喜ばせるために思い煩ってはならない、ただ私のもとに来なさい、と。

十字架に向かう途中であるからこそ、このレッスンに説得力が生まれます。神に完璧に仕えなければならないという、押し潰されるような、完全には為しえないプレッシャーから、イエスは十字架を通して私たちを解放させてくださるのです。自分のことを心配してばかりいるマルタのような神との関係性から、救い出してくださいます。イエスにあるなら、私たちは食器もスプーンも、その他あらゆる重荷をも降ろすことができます。そして、神との交わりを楽しむことができるのです。どうでしょうか？　これは、イエスが何よりも優れた方である理由の一つです。

例――良きサマリア人の物語におけるイエスのみわざ

良きサマリア人のたとえ話を、大きな文脈を踏まえてどのように教えることができるか、考えてみましょう。このたとえ話を語るだけでは、子どもたちが不安だらけの状態になるのは目に見えています。なぜなら、サマリア人によって示された愛は、普通では考えられないような愛の行為だったからです。サマリア人とユダヤ人は互いに憎み合っていました。しかし、サマリア人は死にかけているユダヤ人を助けました。いつもなら、自分につばをかけてくるような相手です。サマリア人は、彼に包帯を巻き、オリーブ油とぶどう酒を注ぎ、家畜に乗せ、長期的な治療のための支払いもするなど、あらゆる手段をもって、自らのいのちをも危険にさらして、この人を助けました。

イエスは最後に、こう言われました。「あなたも行って、同じようにしなさい」（ルカ10・37）。うっ……。このレッスンを教えるたびに、私は子どもたちが「難しすぎる、絶対にできないよ」と言うのを聞いてきました。

では、文脈を見てみましょう。このたとえ話は、イエスとユダヤ人の律法の専門家との会話から生まれたものです。ユダヤ人たちは、神の律法が厳しいものであることを立証しています。そこには、あなたの隣人を自分自身のように愛せよ、とあります。これを実現可能なレベルにしようと、律法学者はイエスに尋ねました。「では、私の隣人とはだれですか」（同10・29）。彼は短いリストを期待していたのです。

そうです。律法学者は私の生徒たちと同じことを心配していました。戒めは厳しすぎます。彼は、イエスが何か言って、荷を軽くしてくれることを期待していました。これが文脈です。つまり、良きサマリア人のたとえ話は、ただ怪我をした人を助けるだけの話ではありません。神の戒めを守るのはおそらく不可能だという事実に対し、どのように対処すべきかという話でもあるのです。

イエスのたとえ話で、「隣人」は目いっぱい広い意味で定義されています。答えは律法を緩和させることではありません。むしろ、たとえ話は別の、より優れた答えを示しています。注目していただきたいのは、イエスの登場人物の割り当て方です。ただ「敵を愛しなさい」という教訓を伝えたいだけなら、怪我をした人をサマリア人とし、助けた人をユダヤ人とすれば良いでしょう。そうすれば、彼らはより共感をもって耳を傾けたかもしれません。しかし、イエスはあえて怪我をした人をユダヤ人としました。イエスは「敵を愛しなさい」と命じつつ、たとえ話自体は「あなたの敵はあなたを愛したのだ」と語りかけているのです。

律法学者と私の生徒たちが頭を抱える問題の解決は、ここにあります。もしあなたが、このたとえ話のように、敵によって死から救い出され、思いもよらぬほどに愛されたなら、どうでしょうか。きっと、「行って、同じようにし」やすくなるのではないでしょうか。恩返しの思いで、敵を愛するようになるかもしれません。それほど大きな愛が生まれるでしょう。それは、誰かがそれほど大きな愛であなたを愛したからです。

律法学者たちはおそらく、ユダヤ人を愛したサマリア人など、かつて一人でもいただろうかと困惑したままだったのではないでしょうか。これはたとえ話にすぎません。しかし、良きサマリア人のレッスンがこのあたりまで進むと、私はいつも子どもたちに「君たちには分かるはずだよね」と問いかけます。そして、聖書でその後語られることを知っている子どもは、うなずいてくれます。大きな文脈――ルカの福音書の残りと、聖書全体――はこう語っています。「敵であった私たちが、御子の死によって神と和解させていただいた」（ローマ5・10）。イエスは、このサマリア人よりも、さらに大きな犠牲的な愛で私たちを愛してくださいました。イエスは自らのいのちを危険に晒したけではありません。いのちを**与えた**のです。

神の戒めは厳しい、そのとおりです。イエスは、普通では考えられないほどの愛に私たちを召しておられます。その愛は、イエスご自身の愛を反映します。しかし、教えとともに、イエスは私たちが**どのように**従うべきかについても示しておられます。信仰によって、イエスに依り頼み、イエスがまず私たちを愛してくださったことをいつも深く自覚することです。クリスチャンは、このようにして神の戒めに従うのです。

イエスの救いのみわざは、良きサマリア人の物語のあらゆるところに見られます。私の生徒たちがいつも感じている罪悪感や、「どうせできない」という反応に対して、イエスは答えを与えてくださいました。私たちの失敗は赦されています。そして、イエスは私たちの心を呼び覚まし、隣人を愛し、そして敵をも愛しなさいと語りかけておられるのです。

例――「子どもたちよ　両親に従いなさい」におけるイエスのみわざ

書簡もまた、学ぼうとしている書物の全体のメッセージを捉えることができなければ、福音を取り逃してしまいかねない箇所の一つです。例えば、よく知られている「子どもたちよ。主にあって自分の両親に従いなさい。これは正しいことなのです」（エペソ6・1）という聖句から教えるとしましょう。これは、良いレッスンです。敬虔な振る舞いはイエスと結ばれることの一部分ですから、従順についてのレッスンは福音とつながったレッスンになります。少なくとも、そうなるはずでしょう。ただし、福音とつながった状態を維持するには、文脈を含む必要があります。

まず初めに、直近の文脈に注目してみましょう。子どもたちへの訓戒は、人間関係における服従と愛に関する教えの真ん中に出てきます。妻たちは従い、夫たちは愛せよ。子どもたちは従い、父たちは優しくせよ。奴隷たちは従い、主人たちは親切にせよ、というようにです。これらの基盤は、すべてイエスの内に見いだされます。「教会がキリストに従うように」（同５・24）、「キリストが教会を愛し」（同５・25）とあるとおりです。

次に、書物全体を見てみましょう。エペソ人への手紙は、私たちがキリストにあって得ている多くの祝福の羅列から始まります。これは愛と服従の基盤です。最後は、神の武具を身につけなさいという有名な訓戒で締めくくられます。ここには、救い、神のことば、そして祈りが含まれます。これら全体から、教えるポイントがいくつか考えられます。

- **従順は敗者のものではなく、勝者のものである。**――イエスはすべての人の中で最も完全に服従し、従順でした。イエスに従う者（君たちのような子どもも含めて）はみな、同じようにします。これは、神があなたの内に働いてくださる、崇高な、心躍る神のみわざです。
- **あなたの従順は、イエスがあなたのためにしてくださったことから流れ出る。**――あなたが神に従順である時は、あなたにとっての励ましです。なぜなら、それはイエスがあなたの内に働き、あなたを愛しておられることを示すからです。

- **従うことができないとき、あなたは一人ではない。**——神はあなたと共に戦い、武具を備えてくださいます。救いを思い、神のことばを信じ、神に祈りましょう。神は必ずあなたが従順になるよう助けてくださいます。

これらのポイントにはすべて福音が含まれており、それぞれ聖句から取られたものです。私たちの学ぶ箇所は、一、二節の聖句よりも大きいことを見落としてはいけません。

イエスの人格

新約聖書を教えるための二つ目の鍵は、イエスの**人格**です。子どもたちが福音の中心におられる、完全な、驚くべきお方を見なければ、福音を十分に理解することはできません。子どもたちはつい、イエスが与えてくださるものに気を取られがちです。しかし、彼らがイエスに魅了されれば、そのお方の美しさをも見ることができるようになるはずです。子どもたちも、イエスというお方自身を愛するようにならなければならないのです。

イエスの人格を学ぶうえで、第一のポイントは、イエスの真似をすることではなく、イエスに常に**驚嘆すること**です。教師の中には、イエスがいかに度肝を抜くような素晴らしい方であるかを教えてから「みんなもイエスさまのようになりましょう」と教える人がいますが、とんでもないことです！　子どもたちはたちまちその場から離れ、イエスが何より優れた方だなど二度と耳にしなくていい場所へ逃げ込むでしょう。イエスを毛嫌いするようになってしまいます。そうすると、子どもたちと一緒にイエスの素晴らしさに感動するチャンスは、失われてしまうのです。

確かに、イエスは私たちの手本です。イエスを愛するようになると、子どもたちはイエスのようになりたいと願います。しかし、まずはイエスという存在に対して、驚嘆に打ちのめされなければならないのです。そのような感動が定期的に訪れることで、イエスのようになりたいという願いも自然に芽生えるでしょう。

例――マリアとマルタの物語におけるイエスの人格

イエスの人格に目を向けるためのコツは、**ゆっくり**読むことです。私は、マリアとマルタのレッスンで、ほとんどの時間をマルタに費やしました。マルタから学べることも多くありますが、その物語の主人公の描き方についても考えるべきでした。主人公とは、もちろんイエスです。

まず手始めに、イエスがマリアを輪に入れておられる様子に注目しましょう。当時のラビは女の人を教えることはしませんでした。それは自分を卑しめる行為だったからです。しかし、イエスはご自分の評判については全く気にしておられません。イエスは喜んでマリアを足もとに座らせ、そうすることを選ぶ彼女の権利を擁護されました。「マリアはその良いほうを選びました。それが彼女から取り上げられることはありません」（ルカ10・42）。マリアはその言葉を聞いて感激したことでしょう。彼女はまさに、適切な場所にいたのです。イエスはマルタに心を乱されることも、マリアを見捨てることもされません。それは決して誰かの機嫌を取るためでもありません。

他にもあります。マルタの苦情は、イエスへの攻撃も含んでいました。「主よ。私の姉妹が私だけにもてなしをさせているのを、何ともお思いにならないのですか」(同10・40)。もちろん、マルタやマリアが思う以上に、イエスは両方の姉妹を気にかけておられます。マルタの非難は、まったく真実にそぐわない訴えです。しかし、イエスは白黒はっきりさせる必要性を感じておられません。私はこのような人に、ほかに出会ったことはありません。激しく憤ることも、非難に対して身構えることもないのです。イエスは、そのような自己中心的な感情は持たず、姉妹のことだけを考えておられます。

イエスは偉ぶることなく、しかし大胆な自信を持っておられます。イエスはただ、マルタが料理をすることよりも、ご自身の教えのほうが重要であることを率直に述べられました。ただ一つの必要なことが、それである、と。その言葉をほかの誰かが言ったとしたら、きっと「なんと図々しい!」と思うでしょう。しかし、ここまで人々に尽くすイエスの態度は、傲慢なものでないことは明らかでした。うぬぼれなど微塵もありません。同時に、自己疑念もいっさいないのです。こんなお方は、前代未聞ではないでしょうか。

マルタの文句に対するイエスの優しい返答にも、また驚かされます。「マルタ、マルタ」(同10・41)と名前を二回繰り返すのは、親密さを表します。マルタはイエスに対して罪を犯しましたが、それによってマルタに対するイエスの愛が減ることはありませんでした。イエスは怒ったり、わずらわしそうにしたり、忍耐を失ったりすることはありません。私たちが罪を犯すたびに、きっとイエスはそのように感じておられるだろうと思うのは、私たちの間違った想像にすぎないのです。イエスはこのような感情はまったく持たれません！　それよりも、イエスは私たちに近づいてくださいます。間違いを正し、回復させてくださいます。マルタの罪は、イエスの優しさからマルタを引き離すことはできないのです。

マルタが忙しく料理している間、彼女が求めていたのは感謝されることでした。彼女はイエスに気付いていただくことを望んでいました。それは、すべてのたましいが望んでいることです。マルタは無視されていると思いましたが、イエスは彼女の心を真っ直ぐに見つめておられたことが分かります。イエスはずっとマルタに気付いていました。彼女の思い煩いや心配ごとも、彼女の罪までも、見ておられたのです。そして、それでも彼女を愛しておられました。

さあ、私のレッスンがなぜ十分ではなかったか、これで分かったでしょうか？　私はこれだけの内容を教える機会を逃してしまったのです！

イエスの人格を見るためのコツ――読んで、観察する

私がそもそもどのようにして、イエス、マリア、マルタについてのこのような考察を得ることができたか、不思議に思っておられるでしょうか。これらの考察は、聖書から得ました。私はただこの箇所を読み、三十分ほどかけて、細かな描写に注目しました。それだけです。

どの福音の物語でも、同じことができます。シンプルに観察し、イエスの人格について教えるべき豊かな材料を得るというのは、私の好きな方法です。ぜひ、お勧めします。

私のやり方は、まず聖書の物語とその文脈を読みます。それから、聖書を開いたままで、ノートを開いて、三十分時間を取ります。キーポイントとなる聖句や、イエスに関わる中心的な出来事をいくつかピックアップします。選んだ数か所の聖句に焦点を絞って、イエスの人格を表している箇所をすべて書き出し、リストを作ります。一目瞭然という箇所もあるでしょう。そういうものも、すべて書き出します。時間をかけなければ気付かないこともありますが、見付けたらリストに加えていきます。

だいたいいつも十〜十五分ほど経った時点で、もう考えられるものはすべて出し切ったと思えるくらいになります。もう終わりでいいかな、と思い始めます。しかし、ここでさらに探し続けるのがコツです。ノートの一ページ、またはそれ以上埋めてみましょう。三十分の時間が終わるまで、考え続け、書き続けてください。私の場合、終わりに近づくころに限って、一番の大発見をすることがよくあります。もうこれ以上学ぶべきことはないだろうと思った後に、です。そのようなタイミングで見つけるのは、イエスが思いもよらない方法で何かをされる姿や、他の人には見たこともないようなイエスの美徳が意外な組み合わせで示される姿などです。

私はこの方法に従って何年もやってきました。その中で、この作業が時間の無駄になったことは一度たりともありません。面倒に感じたり、必要ないだろうと自分に言い聞かせたりして、この作業をサボったことは多々あります。しかし、実際にやった時は、毎回必ず報われます。ここで一度、一緒に試してみましょう。

例――ツァラアトの癒やしにおけるイエスの人格

ルカの福音書には、イエスがツァラアトに冒された人を癒やす短いエピソードがあります。イエスの時代の本格的なツァラアトは、痛みを伴う不治の病でした。皮膚病に冒された肌は醜く、臭いを放ちます。この病にかかると宗教的にきよくないとみなされ、感染症であることからも、彼らは「汚れた者」のレッテルを貼られていました。彼らは町に入ることも、人に近づくことも禁じられました。祭司が回復を宣言しないかぎり、彼らは死ぬまで社会の除け者として生きるのです。ルカの福音書には、次のように記されています。

さて、イエスがある町におられたとき、見よ、全身ツァラアトに冒された人がいた。その人はイエスを見ると、ひれ伏してお願いした。「主よ、お心一つで私をきよくすることがおできになります。」イエスは手を伸ばして彼にさわり、「わたしの心だ。きよくなれ」と言われた。すると、すぐにツァラアトが消えた。イエスは彼にこう命じられた。「だれにも話してはいけない。ただ行って、自分を祭司に見せなさい。そして、人々への証しのため、モーセが命じたように、あなたのきよめのささげ物をしなさい。」（ルカ5・12～14）

私は最近、あるキリスト教系の学校の礼拝で、この物語の話をしてきました。このときの準備でも、この三節からなる箇所を使って三十分の観察タイムを実践しました。その際に、私がイエスに関することで気付いたことを書いたリストは、ノート二ページ分にわたりました。特に整然としたものではありませんが、私のリストを紹介します。

・イエスは、ひどいツァラアトに冒されていたにもかかわらず、彼に**さわられた**。
・この人は癒やしだけでなく優しさを必要としていたことを見抜かれた（彼はおそらく何年も人に触れられていなかっただろう）。
・癒やしは人格的なものである。機械的なものではない。
・「手を伸ばして彼にさわり」――尻込みしたり後ずさりしたりせず、彼に向かって近づいておられる。
・恐れておられない。
・おじけづいておられない。
・不快なものに自ら近づいてくださる。私なら**逃げたくなる**ようなものに、**自ら近づかれる**。
・ツァラアトに冒された人が町に入ってきたことや、近づいてきたことを叱っておられない。
「あなたは本当はここにいてはいけないはずだが、しかし……」などという言葉もいっさいない。イエスは規則を無視しておられるのか？

・イエスはもちろん規則を守られる――癒やした後、彼を祭司のもとへ送られた。
・しかし、イエスの最優先基準は信仰があることである――助けを求めた人の内に信仰を見たので、イエスは彼に応えられた。
・イエスに近づき、願い求めることは正しいことであることが分かる。
・イエスは癒やしたいと願っておられる。
・「わたしの心だ」と言われた――非常に励まされる言葉！　イエスのもとに近づく人を助けるのは、イエスの「心」である。
・なんという権威か！　全身のツァラアトを癒やされた。
・すぐに癒やされた！　病が直ちに終わったとしても、その影響（汚れた傷口）は癒やされるのに時間がかかるのでは、と私たちは考えるかもしれない。しかし、イエスはその人をすぐにきよめ、痛みから解放し、祭司の前に出ることができるようにしてくださった。
・医者にはできない。イエスによってのみ、なされるわざである。
・イエスは汚れることを心配しておられない。
・ほかの人にとっては、汚いものはきれいなものを汚染してしまう。しかし、イエスにおいては逆だ。イエスのきよさが汚れたものをきよめる。
・「きよくなれ」と言われた。この言葉は、罪に汚れた私たちだれもが聞く必要のある言葉であり、イエスは喜んで私たちに語りかけてくださる。

・言葉によって静かに癒やされる——町の中で人々に囲まれていても、癒やしのみわざを**見せびらかすようなことはされない**。
・「だれにも話してはいけない」——名声のために癒やしたのではない。
・ツァラアトに冒された人は「主よ、お心一つで……おできになります」と言った。イエスはその「心」を持っておられ、またそのわざを「おできにな」るお方。私たちだれもが必要とする救い主の姿である。
・この人は、全身ツァラアトに冒されていた。しかし、イエスの対応を見るかぎり、これが特に難しいとか、不快なケースだという感じはない。
・イエスは最もひどい状況にある人をも受け入れ、愛し、状況を良くしてくださる。
・**権威とあわれみの共存！** 素晴らしい！ これほどの権威を持ちながら、これほどまでに彼に優しくし、個人的関係を築くことのできる人はほかにいるだろうか？
・素っ気ない態度は取られない——迷いなく行動に移し、町で最も気味の悪い男に触られた。
・言葉だけで癒やすこともできたが、あえて触られた。
・なぜ癒やしてから、触らなかったのか？ 男にとって触られたことに違いはない。しかし、イエスは私たちが**悲しみの底**にいる時にこそ、触ってくださる。イエスは良い状況にある人に優しいだけでなく、耐えられないような**最悪な状況**のただ中にある時にこそ、優しく接してくださる。

・イエスは社会の除け者とされる人に心を注がれる。
・私なら、ツァラアトの男に対して可哀想という感情を抱いても、物理的に近づくことはしないだろう。イエスはご自身のたましいと身体のすべてで、彼に近づかれた。
・イエスが手を伸ばされた、ということは、ツァラアトの男はイエスとの間に距離を保っていたのだろう。しかし、イエスはその境界線を超えられた。
・ツァラアトの男はイエスのもとに来るまで、さぞ居心地の悪いことだっただろう。しかし、イエスは自ら彼に近付いてくださった。

このリストから、私は教えるポイントを三つ選びました。どれを選んだかは、想像にお任せします。これらはすべて良いポイントばかりなので、どれを選んでも大差はなかったでしょう。イエスの美しさの真の核心は、その善良さの一つの側面だけにあるのではなく、このような驚異的な数々の完全性が、たった一人の人物に集約されているところにあるのです。

ツァラアトの癒やしは、イエスの行動の中では表面的なほうです。イエスの生涯では、もっと深い行動も示されました。例えば、弟子たちの足を洗われたことや、復活の後に弟子たちに現れられたことです。これらのエピソードをよくよく観察すると、きっと目がくらむような体験をするでしょう。ぜひ、レッスンごとに実践してみてください。そうすれば、パターンが見えてきます。イエスの生涯に響き渡るドラムのビートを感じられるようになり、聖なるお方と歩調を合わせて歩む自分に気付くはずです。

一番長いリストはまだまだ続く

さて、本章の初めで話した、教会で一番長いリストはどうなったでしょうか。その一年間で壁に貼られたカードは七十四枚にのぼりました。子どもたちが調べてみると、これは聖書の書物よりは多いけれど、教会の連絡先リストに載っている名前の数よりはやや少ないことが分かりました。ですから、教会で一番長いリストにはならなかったようですが、その差はわずかでした。それ以上リストを続けるのをやめたのは、単に教会学校の年度が終わったからにすぎません。このプログラムはとてもうまくいったので、私は次の年度も新しいリストを作り、また次の年度も、その次も、と毎年続けています。旧約聖書から教える時でも、私は必ず、イエスが何よりも優れた方である理由を最低一つは盛り込むようにしています。

カードの中には、毎年繰り返される内容もあります。しかし、私がそれまで気が付かなかったような新しいことも、加わり続けています。全体のリストはまだまだ長くなり続けているのです。

子どもたちは楽しんでいますし、私もこの作業が必要です。筋道から逸れないように助けてくれるからです。レッスンがマンネリ化してくると、このリストが、レッスンの内容を深めるためにはイエスをじっくりと見つめなければならないと思い起こさせてくれるのです。「私たちは自分自身を宣べ伝えているのではなく、主なるイエス・キリストを宣べ伝えています」（Ⅱコリント４・５）。

なぜこのリストが重要か

私がこの「一番長いリスト」を必要とするのには、もっと重要な理由があります。それは、あなたも、私も、私たちが教える子どもたちにとっても、いつも目の前に、真正面に、イエスの人格とみわざが必要だということです。

こんなにも魅力的な救い主を持つことの意味を考えてみてください。第一に、この方と結ばれている私たちは、この素晴らしい方と同じように、義と認められています。私たちはこの方のように生きるための力を得、いつの日か完全に生きることのできる日を待ち望んでいます。このリストは、私たちを確信と期待で満たしてくれるのです。

第二に、イエスは私たちを治める王であり、来るべき裁き主です。私たちは裁き主を恐れるかもしれません。しかし、この方がどのような方か、目を向けてみようではありませんか！　この長いリストのどこを見ても、イエスを信じる罪人に対する主のあわれみと優しさがあふれています。裁き主は、信じる者の友です。その方は、私たちがうまくいっている時だけでなく、困難の中にある時にも、わたしに目を向けよと願っておられます。それなのに、なぜ私たちは距離を置くのでしょうか？　なぜ、恐る恐る祈ったり、裁きを恐れたりするのでしょうか？　あなたには、もうわかるでしょう。この長いリストは、私たちが主に信頼することができるよう助けてくれます。

最後に、このイエスというお方は、神ご自身です。神というお方について勘違いしている子どもは珍しくありません。彼らは、神は愛に満ちたお方、助けてくれるお方、だと知っています。また同時に、神は最高の地位におられ、権威があり、礼拝と従順を求められるということも知っています。これらはすべて、子どもたちを悩ませます。神はともすると気分屋だったり、威張っていたり、愛してくれるようでいて裏があったりするように感じるからです。子どもたちは喜んで神を崇めてはいません。もしかすると、神のことを好きでもないのかもしれません。

しかし、イエスが「わたしを見た人は、父を見たのです」(ヨハネ14・9)と言われる言葉が本当だとしたら、どうでしょうか。イエスがどのようなお方であるかを見るとき、私たちは神がどのようなお方であるかを見ていると言えないでしょうか?

イエスについて考えてみてください。イエスは、気分屋などではありません。子どもたちが思い描くような、遠く離れた神のようでもありません。神の絶対的な権威と、底知れない愛は、イエスにあって共存しているのです。その姿を見て、私たちはただ「すごい!」と驚くばかりです。レッスンを重ねるごとに、子どもたちはイエスというお方を作り上げる、息を呑まんばかりに、自分たちは発見する必要があります。彼らがそれらを見つけて、あるとき、驚きにあふれた無数の要素を神の御顔を見ているのだと悟るまで——。神は、間違いなく、何ものにもまさるお方です。

そのとき、神には裏があるのでは、というような考えは崩れ落ちます。もう二度と神に対する過小評価に騙されることはないでしょう。子どもたちはより豊かに知ることになります。なぜなら、彼らはイエスを知ったからです。

Q＆A

――あなたの話すイエスについてのリストには、イエスの優しさなど、心温まるものばかりがたくさんあるようですね。しかし、イエスは裁きについて話したり、地獄について警告したりもしています。そのような部分はどうするのですか？　それらについても子どもたちに教えますか？

はい、教えます。それらの要素があってこそ、イエスが何より優れた方だというリストができあがるのです。ハイデルベルク信仰問答は、不信仰な者に来る審判は良いものであり、信じる者にとっての慰めであると教えています。神による審判は、イエスの敵、そして私たちの敵が滅ぼされることを保証するからです。「わたしは、どのような患難と迫害の中にあっても、頭を上げて、あの審判者が、天から来られるのを待つことができます。この審判者は、すでに、わたしの代わりに、御自身を、神の審きの前に差し出して、すべての呪いを、わたしから取り去ってくださった、あのお方です。[2]」

警告もまた、イエスの優しさと愛情の表れです。このような裁きの話をされたのが、私たちの知っている自己犠牲的で謙虚な方であること、つまりご自身が警告される呪いを自ら受けてくださった方であるという事実は、私たちの励ましとなるはずです。イエスは、ある時は怒って人を叱りつけるかと思えば、ある時は親切で忍耐強くあられるような、感情の定まらない人ではありません。イエスが人々を厳しく叱られる時は、いつも彼らの不信仰に端を発しています。信仰をもって苦難の中にある罪人たちにとっては、イエスは心優しいお方です。このことは、イエスにすべての信頼を寄せるべきだという思いを、私たちのうちによりいっそうかき立てるはずです。

――一つの聖句を教えるために、本当にそんなに膨大な範囲の文脈（聖書全体など）が必要ですか？かなりの量を読むことになると思いますが。

はい、私はかなりの量を読んでいます。かつては、私も読んでいませんでした。しかし、今は読むことを楽しめるようになりました。読むことで、多くを学ぶことができます。言っておきますが、あなたも聖書から教えるのであれば、聖書を読まなければなりません。数節だけでとどまっていてはいけません。聖書を読むことは、あなたの信仰の成長のためにもなりますし、子どもたちの成長を願うのであれば、あなた自身の成長は必要不可欠でしょう。

――あなたは毎回のレッスンで、教えるポイントをたくさん考えていらっしゃるようですね。もっとシンプルにまとめるべきなのではないでしょうか？

はい、そこは認めるべき欠点です。私はよく、一度にたくさん盛り込みすぎる傾向があります。どうか、レッスンのたびに私と同じくらい詰め込まねば、などと思わないでください。特に年齢の幼い子どもたちに教えるときは、イエスのみわざから一つの側面だけを教え、次の週にイエスの人格から一つの側面を教えるくらいがちょうど良いでしょう。この点については、私もこの自分のアドバイスに従えるよう努めたいと思います。

今すぐイエスが見えるように

さあ、あなたもこれで、新約聖書から活き活きとしたイエスの姿を子どもたちに教える準備ができました。以下のアイディアをいくつか活用してみてください。

教師のために——

「一番長いリスト」をあなたのクラスで始めてみましょう。「イエスさまは何よりも優れた方。なぜなら……」と書き、みんなで集まる場所や、目に入りやすい場所に貼りましょう。そして、あなたがレッスンを教えるたびに、このフレーズを完成させる新しい文章を加えていきます。例えば、ツァラアトに冒された人を癒やす話の後は、「イエスさまは私のどんな問題も癒やす力を持っておられるから」、または「イエスさまは傷ついた人や軽蔑されている人に優しくしてくださるから」など、またはこの両方を書いても良いのです！　私はたいてい、自分のレッスンの焦点を定めるために、カードに書く内容は自分で選んでいます。しかし、何を書くかをクラスで話し合うこともできますし、子どもたちがイエスについて学んだことを彼ら自身に書かせることもできます。あなたがユースグループのリーダーであったり、年齢が上の子どもたちを教えているなら、なおさらです。書く内容は毎回必ず新しい文章であるようにしましょう。そうすることで、あなたもイエスをさらに深く見つめざるをえなくなり、今まで気が付かなかった新しい一面を発見することができるはずです。

未就学児の教師のために——

まだ字を読めない子どもたちと「一番長いリスト」を作る場合、一つの方法として、ボイスレコーダーを使うことをお勧めします。リストを作る一番初めに、クラス全員で「イエスさまは何よりも優れた方。なぜなら……」という声を録音します。そして、レッスンを教えるごとに、その日イエスについて学んだことを一つずつ録音に加えていきます。小さな子どもたちは、自分の録音した声が再生されるのが大好きです。きっと何度でも、録音の初めから全部聴かせて、とリクエストされるでしょう。その録音を子どもたちと聴きながら、あなたも過去のレッスンを復習できます。そうすることで、イエスが何よりも優れた方である理由を、さまざまなアプローチで教えることができるはずです。

両親のために——「一番長いリスト」を家庭で実践する場合は、家族でデボーションの時間をもったり、子どもたちと聖書を読んだりする部屋に、このポスターを貼るようにしましょう。文章の冒頭となる「イエスさまは……」の言葉を書きます。そして、福音書や書簡を一緒に読んだり、学んだりするたびに、この文章を完成させる新しい言葉をいくつか選びます。その言葉をポスターに書き込み、小さな子どもの場合は、イエスについて学んだことを表す絵を描いてもらいましょう。毎回少しずつ言葉を書き加えていくことで、毎日続けても家中が文字だらけにならずにすみます。そして、もちろん、子どもたちもいつも聖書とイエスに目を向けることができます。

すべての人のために——福音書を最後に通読してから久しい（または通読したことがない）人は、一時間ほどの時間を作って、マルコの福音書を一気に通読してみてください（長くても二時間あれば終わります）。通読することで、今まで気付かなかったイエスの生涯におけるテーマや方向性が見えてくるでしょう。勉強と思って読むのではなく、物語を読むように読んでください。イエスという人物を新しい視点で楽しむことができ、イエスのみわざの文脈をより深く理解することができるでしょう。きっと、そこで得た新しい発見は、近々あなたのレッスンの中で登場するはずです。

注

1　Ralph Erskine, "Gospel Sonnets," in *The Poetical Works of Ralph Erskine* (Aberdeen: George and Robert King, 1858), 95. 日本語訳は本書訳者による。

2　「ハイデルベルク信仰告白」問52答『改革教会信仰告白集――基本信条から現代日本の信仰告白まで――』（関川泰寛・袴田康裕・三好明編集、教文館、二〇一四年）、二五七頁。

第8章　福音を教えてくれたぶどう――レッスンの時間を超えて福音を

神からすぐれたものを受けた者は、神への関心にふさわしいすぐれた霊を保ちなさい。高慢な霊、うぬぼれに満ちた霊を意味するのではない。それらは神にある救いの関心にふさわしくないからだ。神は「高ぶる者を遠くから知られる」。しかし、すぐれた神と常に会話を交わす謙虚な霊は、天上のものを黙想し実を結ばせるために神のしもべの心を高め、彼らをこの世には大きすぎる存在にするであろう。

――ジョン・アロースミス[1]

なぜこの本を書こうと思ったのか、と聞かれることがあります。そんなとき、この本はぶどうから始まったんだ、と答えることにしています。

この章では、教会学校のクラス、ユースグループ、そのほかの活動やキャンプなどで、福音にふさわしい雰囲気を作ることについて話したいと思います。これは、家庭にも引き継がれることですが、ここでは特に「組織的なミニストリー」におけるあなたの役割について話します。あなたの役割は、生徒の親であったり、陰で働くアシスタントであったり、ミニストリーの責任者であったりするかもしれません。それが何であれ、誰もがミニストリーの雰囲気作りに貢献しており、子どもたちは、私たちの言葉より行動からより多くを学ぶ、という古い格言を覚えておかなければなりません。さらに言うならば、子どもたちは私たちの準備したレッスンより、計画外の、台本にない瞬間から、より多くを学んでいるということです。私はこのことを考えるようになってから、福音を教える教師とはどういうものかを真剣に考えるようになりました。

問題のあるクラス

私の目が開かれるきっかけとなったのは、まったく新しいクラスの担当になった時のことでした。私は仕事の都合で、国の反対側へ転勤することになりました。家族も新しい町で教会を見つけ、ちょうど落ち着いたころでした。間もなく、その教会で、新年度から子どもたちを教えるボランティアを募っていることが分かりました。私は喜んで手を挙げ、小学四年生のクラスを教えることが決まりました。

ミニストリーの責任者と一緒に、教会学校のカリキュラム、スケジュール、安全のための手順など、いろいろなことを確認しました。その中で、彼女は私に分厚い偽物の札束を私に手渡しました。そのお金には、「バイブルマネー」と書いてあります。彼女が教会のコピー機で印刷し、自分のオフィスにある大きな紙の裁断機で切り分けて作ったのだろう、というのが見てとれます。バイブルマネーは、クラスの中で子どもたちのやる気を引き出すために私が手渡すものでした。これを渡す基準は、私が自由に決められます。休まずに来た子、聖句暗記ができた子、正解の答えを出した子、態度の良い子、などです。そして教会学校は半年ごとにお店を開き、子どもたちはそこで、そのバイブルマネーをお菓子やおもちゃを買うのに使えるという仕組みなのです。彼女は、これで足りなかったらまだあるから言ってちょうだいね、と私に言いました。

なるほど、と私は思いました。私はそのような教え方をしてきませんでしたが、子どものミニストリーに報酬システムを取り入れているのを見るのは、初めてではありませんでした。騒ぎ立てる理由もありません。子どもたちがそのやり方に慣れているなら、バイブルマネーを配るとしましょう。

私は、一回目のクラスに臨みました。まずは、子どもたちのことを知るところからです。子どもたちに学校や家族のことを質問し、彼らにも私について質問してもらいました。彼らが知りたかったのは、ほとんどが、バイブルマネーに関する私のポリシーでした。たくさんバイブルマネーをもらうには何をしたらいいの？　聖句を覚えるとたくさんもらえるの？　それとも賛美を一生懸命歌うほうがもらえるの？

その後、私はレッスンを教えました。ある男の子は、良い答えを言ったのにバイブルマネーのご褒美がなかった、と文句を言いました。私たちは最後に聖句暗記ゲームをしましたが、ご想像のとおり、子どもたちは勝ったチームがバイブルマネーをどれだけもらえるかばかりに興味を持っていました。

私はゲームを中断し、彼らを見つめました。しばらく考えてから、私は言いました。「バイブルマネーは、もらえません。」

そのとき、私は心に決めたのです。バイブルマネーはだめだ、と。

風潮を変える

バイブルマネーが妨げになり、偶像になっていることだけが理由ではありません。子どもたちの態度を見ていると、私が初めてバイブルマネーのことを聞いた時に感じた嫌な予感が的中していることに気付いたのです。それは、行動に対して報酬を受けるという文化が根付いたクラスは、私が教えようとしている福音に合わない、ということです。

救いにおける神の報いは、恵みによって無償で与えられるのに、教会における報いは、良い子でいることや聖句を覚えることによって与えられると教えているのは、好ましくありません。同じように、神は立派なクリスチャンらしい振る舞いよりも信仰を尊ばれると教えながら、クリスチャンらしい振る舞いを立派にできた子どもにご褒美をあげるのは間違っています。イエスについて学ぶことができた子どもたちに、お菓子と交換できる紙切れをあげていたら、私はイエスこそ何よりも優れたお方だと言えなくなります。

報酬を与えることがすべて間違っている、ということではありません。しかし、このクラスの子どもたちにとって、バイブルマネーは福音の妨げとなっていました。どうしてこんな状態になってしまったのかは分かりません。教会自体はしっかりとした教理に立っています。ミニストリーの責任者は、私が今まで働きをともにしてきた人々の中でも最高の人ですし、バイブルマネーをあげるのをやめたい、という私の決断もサポートしてくれました。ほかの教師や親たちも、福音を大切にする人々のようです。それにもかかわらず、バイブルマネーが取り入れられてから、どこかの段階でこの風潮ができてしまったのでしょう。この風潮は変えなければなりません。

寛大なぶどう園の主人

私は子どもたちに、もう彼らの行動に対してバイブルマネーを渡すことはしないと告げ、その理由を説明しました。神が与えてくださる最大の報酬は、神の寛大さによるものであり、私たちが自分の力で得たものではありません。私たちのクラスも、それと同じであるべきです。

バイブルマネーをまったくあげないわけではないよ、と私は子どもたちに言いました。お店が出る日にクラスに来た子は誰でも、封筒にたくさん入ったバイブルマネーをもらうことができ、買い物ができます。みんな同じだけ、もらえるのです。それは彼らが自分の力で手に入れたものではなく、プレゼントです。神からのプレゼントと同じです。

「でも、クラスにほとんど来ていない子が、お店の日だけ来たらどうするの？」子どもたちは尋ねました。「そのときは、私たちの半分くらいのバイブルマネーをあげるんでしょ？」

「いいや。」私は言いました。「その子たちにも、毎週来ている子と同じように、大盤振る舞いだよ。みんな同じだけもらえるんだ。」

このことをしっかりと学ぶことができるように、お店の日の一週間前、私はイエスのたとえ話からぶどう園の労働者たちの話を教えました。主人は、朝早くに自分のぶどう園で働く人を雇うために出かけます。主人は労働者たちに一日分の平均的な給料を約束しました。朝の遅い時間、主人はさらに労働者を雇ってぶどう園に送り、彼らにも相当の賃金を約束しました。正午、三時ごろ、そして仕事が終わる一時間前にも、主人は同じようにしました。

この話を分かりやすく説明するために、私はぶどうの房をいくつか持ってきていました。そして、五つの山を作りました。一番大きな山は、一番初めに雇われた労働者たちの仕事量を表しています。そこから山はどんどん小さくなって、最後の山はちっぽけなぶどう一粒のみです。

「最後に来たこの人たちは、ほとんど仕事をしなかった。」私は言いました。「でも一日の終わりには、主人は彼らに最初に賃金を支払い、その金額は一日中働いた賃金と同じだったんだ。」

私は一粒のぶどうの前に、コインを一枚おきました。そして、イエスのたとえ話に出てくるほかの労働者のグループも、みんな同じ金額――コイン一枚――をもらったことを話しました。みんな一日分の賃金をもらったのですが、初めに雇われた労働者たちは不満を抱いたのです。

子どもたちも私も、言いたいことがたくさんありました。私たちはぶどうを食べながら、平等であることと、神の寛大さについて話し合いました。神が私たちに対して信じられないほど寛大であられること、神がひとり子をお与えになったこと、そして神が私たちにくださるプレゼントは神の寛大さによるものであって、私たちが自分の力で得るものではないことがいかに素晴らしいことかについて、話しました。そして、このことを知っている私たちは、へりくだって、満足し、進んで分け合うべきだということについても一緒に考えました。

「バイブルマネーのこと、やっと分かったよ。」ある男の子が言いました。「このぶどうと同じなんだね。」子どもたちは、お店の日に向けて準備ができたようです。

本当ですか?

その週、クラスにいる女の子の母親から電話がありました。その母親によると、娘さんには教会にまだ行ったことがない友達がいるそうです。今までもその子を教会に誘ったようですが、今回、ようやくその子の両親の許可が下りたのです。そこで、娘さんは次の日曜日にその友達を連れて来たいということでした。そう、その日はお店の日です。

母親は困惑しているようでした。娘さんは友達が来れることになったと知ったとき、母親にお店のことを話したそうです。お店で使える紙のお金は、誰でももらえるということを友達にも伝えたということでした。初めて来る友達も、一年間教会に通い続けた子どもたちと同じようにもらえるんだ、と。娘がこう言うのですが、と母親は言いました。母親は、これが本当の話なのかどうかを確認したかったようです。彼女は娘が誤解していると思っていました。そうだとしたら、友達ががっかりするのではないか? それにぶどうって、何のこと?

私は、娘さんが正しく理解していることを母親に保証しました。私のクラスでは、バイブルマネーは報酬ではなく、プレゼントなんです、と。

もちろん、次の日曜日、その友達はクラスに来ていました。私は、彼女にお店のことについて説明する必要もありませんでした。ほかの子どもたちが、新しく参加した彼女に話してくれたからです。「私たちみんな、同じプレゼントがもらえるんだよ。あなたもね。」「なぜかというと、神さまは寛大だからだよ。」「ぼくたちがこのやり方でするのは、これがイエスさまのやり方だから。イエスさまからもらえるものを、ぼくたちは自分の力で手に入れなくていいんだ。信じるだけでいいんだ。」

ここに来るまで、半年かかりました。しかし、クラスは確実に変わっていたのです。福音の文化が育ちつつありました。

福音の環境を創る

その友達の女の子を再び見ることはありませんでした。しかし、彼女はイエスについて記憶に残る何かを学んでくれたことでしょう。私が教えたことが直接の原因ではありませんが、世の中のほかの場所とは何か違う、福音の環境に彼女が足を踏み入れたからです。

子どもたちには、これが必要です。教会に通う子どもたちには、できるだけたくさんの新しい参加者が必要です。世間では、自分自身を良く思うこと、一番であることから成功が得られると教えられ、人々はその哲学を教会に持ち込みます。すると、人々はあっという間に「クリスチャンである」ことから「一番のクリスチャンにならなければならない」ということに重きを置くようになるのです。この現象はどこでも見られます。グループの中で祈るとき、うまく祈れていないんじゃないかといつも不安そうにしている子どもや、人に自慢するために聖句を覚えている子どもなどです。この子たちはどこに行けば、他人の承認ではなく、イエスと結ばれることで得られる満足感を見いだせるのでしょうか？　どこに行けば、自分自身から解放されるのでしょうか？

それは、私たちの教室、キャンプや教会での活動、ユースグループなどに足を踏み入れた時に起こるべきです。彼らはまったく新しい宇宙空間に――福音の感性に満ちた宇宙空間に――入らなければなりません。この宇宙空間を創るにあたって、もちろん子どもたちによって異なりますが、私たちを導いてくれる基本原則がいくつかあります。

福音の環境は罪を意識する

子どもたちは基本的に良い子で、少しの指導だけで大丈夫などと信じる振りはやめましょう。その代わりに、誰もがもれなく（私たち自身も含め）、イエスにしか解決できない大きな問題を抱えてこの場所に来ると考えましょう。私たちは、子どもたちが自分自身から目を背け、ただ一人完全で聖なるお方を見上げるよう導き、彼らに確信を与え、**キリストにある**安らぎを与えます。

福音の環境は恵みを意識する

私たちは、キリストが私たちのために、また私たちの内に働いてくださったことを祝い、その模範となり、子どもたちの人生に起こるすべての良い変化を神によるみわざと認めます。神が成長をもたらしてくださることを期待するのです。そうすることによって、あわれみと寛容の場所が生まれます。なぜなら、霊的な成長が神によるものだと認められるなら、人との競争や防御的な態度は必要なく、信仰が深められるだけだからです。

福音の環境は心に焦点を合わせる

私たちは決して、外見だけの振る舞いを無理にさせて満足することはしませんし、従順に見える子どもでも、イエスを必要としていることを認識しています。むしろ、そのような子どものほうが、従順でない子どもよりもイエスが必要かもしれません。ルールを守る子ども、ルールを破る子どもにかかわらず、その振る舞いをキリストから逃れるための手段として利用させないようにします。いずれのタイプの子どもたちでも、私たちは心に届く成長を求めます。

福音の環境は子どもたちがイエスを喜びと感じるよう助ける

私たちは、子どもたちがもっと欲しがっているほかのものを手に入れるために、イエスを利用することを許しません。私たちは、聖書の教え、祈り、賛美をただこなすだけのものとして扱いません。重要で必要だから欠かさないけれど、これさえ済ませれば、その後もっと「楽しい」プログラムをみんなで楽しもう、というものではありません。むしろ、私たちはイエスほど本当の楽しさを与えてくださる方はほかにおられない、ということを伝えます。

バイブルマネーのやり方は、これらの原則すべてに背くものでした。この方法は、バイブルマネーによって養われた罪を見過ごしていきました。恵みを体現することもできませんでした。外見だけの振る舞いに報酬を与え、心に働きかけることをしませんでした。そして何よりも最悪なことに、イエスの喜びは、それ以上にやる気を起こさせるものがなければ、十分な魅力がないと思わせてしまったことです。だから、変わらなければならなかったのです。

罪が暴かれるのに最適な場所

雰囲気を左右する大きな要素の一つは、反抗的な態度にどう対処するかです。単純に、子どもたちに悪い振る舞いをやめなさいと言うこと――しかも、たいてい「イエスさまはあなたがそんなことをするのを嫌われますよ」という罪悪感を生む一言付き――は、最善の対処法とは言えないでしょう。

私は数年前、中高生のグループを教えていました。あるとき、二人の女の子が互いを睨みつけているのに気付いたのです。聞くと、数日前にけんかをして、まだ解決していないようでした。私がレッスンを続けていると、二人は互いの名前を呼び合い始めました。やめなさい、と言いましたが、数分後にはまた始まります。

私は、これ以上自分のレッスンが中断されるのはごめんだと思い、二人をレッスンの輪から外しました。それぞれを部屋の別々の隅に座らせ、こう言いました。「君たちがけんかをしたからといって、この場所に持ち込まないでほしい。ここでは互いにそんな口のきき方はしない。ここでは**きちんとした**振る舞いを期待しているんだ。」私は彼女らに自分で考えなさいと言い残し、レッスンに戻りました。

なんてひどい対処の仕方でしょう。確かに、私は秩序を守らなければなりませんでしたし、グループが全員にとって安全な場所であることを主張したのは、正しかったかもしれません。しかし、私が彼女たちに伝えたメッセージについてはどうでしょうか。私は教室に罪が現れたことにショックを受けたかのように振る舞い、あたかもその場所は罪が暴かれるなど許されない場所であるかのようなメッセージを送ったのです。そこでは、特別に良い子でいる必要がある、というメッセージです。

この状況を、聖書に登場する、姦淫の罪で捕らえられた女と比較してみましょう。パリサイ人は彼女を石打ちにすることを提案しました。イエスは、彼らの中で罪のない者が最初に石を投げよ、と言われ、彼らは全員去っていきます。イエスはその女を赦し、こう言われました。「行きなさい。これからは、決して罪を犯してはなりません」（ヨハネ8・11）。彼女にとって、罪が暴かれる最適な場所は、イエスのそばだったのです。イエスは彼女を非難から救い、悔い改めを助けることができる方であられたからです。

私も、二人の女の子のためにもっとできることがあったはずです。そのとき部屋には、アシスタントの教師がいました。子どもたちのために福音を語るのを助けてくれる人は、本当にありがたい存在です。彼女に二人の女の子を任せて、話してもらえば良かったかもしれません。または、私がそれをして、彼女にグループのほうをお願いしても良かったでしょう。私が準備したレッスンは、二人の女の子に手を焼いていたために、どちらにしろ教えられなかったかもしれません。それでもいいのです。罪をどう扱うかというメッセージのほうが、準備されたどのようなレッスンよりも価値があるものなのですから。

もし、一人の子どもの罪が暴かれるとしたら、イエスについて学んでいる教室より良い場所はあるでしょうか。そこには、その子を助けられる人も手段も揃っているではありませんか。私たちのグループが罪を認めるのに安全な場所なら、と想像してみてください。いつでも自分の罪や悩みを告白し、福音を適用する習慣があるとしたら？　あの二人の女の子も、けんかの解決を期待して助けを求めてきたかもしれません。素晴らしいことではありませんか。

罪人への話しかた

もう一度、あの場面をやり直すことができたらどうでしょうか？　私は時間をとって、二人の女の子の話に耳を傾け、傷を分かち合ってもらったことでしょう。それから、どうするべきでしょうか？　彼女たちそれぞれに、私は何を言うべきでしょうか？

彼女の心について話すことができました。何が原因で悪さをしたのか、彼女に尋ねることができました。相手の女の子の罪だけが原因ではないでしょう。彼女自身の「負けたくない」「やり返したい」という怒りの気持ちや、けなされたり嫌われたりすることへの恐れからくる罪もあったはずです。

本当の赦しについて話すことができました。私が求めているのは、ただもう一度クラスをスムーズに進めるためだけの、表面的な仲直りではないと伝えることができました。強いられた、嘘の謝罪はあってはいけません。それよりも、彼女のために、そして相手の女の子が心から互いを赦すことができるように、働きかけるべきです。すぐにではなくても、数日後の解決でもかまいません。神は私たちにその力を与えてくださいます。

イエスについて話すことができました。私は、彼女が相手を傷つけたことはイエスにあって赦されていること、そしてイエスは、彼女を傷つけた相手の女の子をも赦しておられることを伝えることができました。彼女の心が必要としているものを、イエスがいかに満たすことができるかを伝えるべきでした。彼女がイエスの赦しを楽しみ、イエスもまた彼女を喜んでおられることを知ることができたら、嫌われることへの恐れも自然と消えていきます。イエスは彼女を愛しておられます。

イエスにあって彼女はどのような存在であるかを話すことができました。けんかをしたからといって、彼女が悪い子なのではないと説明することができました。彼女は、悪い振る舞いをし、悔い改めをする必要のある、神の子どもです。悔い改めは、神の民が行う、幸せな、きよい行いです。

そして、神はその力を与えてくださいます。彼女は相手の女の子を赦すことができます。イエスがその女の子を愛しておられるのと同じくらい、その子を愛することができるようになるのです。そう、それほど大きな愛です！

彼女と祈ることができました。私は、神が彼女に永遠の赦しを与えてくださったことを感謝し、祈ることができました。また、彼女に相手の女の子を赦すための願いと力が与えられるよう、祈ることができました。

彼女に恵みを示すことができました。私は彼女がレッスンを中断させたことを赦し、またグループに迎え入れることができました。その時点で相手の女の子を赦すまでに至っていなかったとしても、戻ることが相手やほかの子どもたちにとって悪い影響を与えないかぎり、参加することに問題はなかったはずです。

それから、もう一つ大事なこと――私自身の罪を告白することができました。私も時には怒って人を傷つけてしまうことがあることを話し、彼女に実践してほしい姿を自ら示さなければなりませんでした。罪をうやむやに認めるだけでなく、真実の告白をするように、私は彼女にきちんと手本を見せることができました。彼女と祈る中で、私の怒りもまた取り去られるように祈ってほしいとお願いすることもできました。なぜなら、もしこのグループが罪の告白の場として生かされ、安心してイエスに助けを求められるようになるなら、それは教師である私から始めなければならないからです。

この機会を生かして、私がグループのみんなの前で罪の告白をすることもできたでしょう。福音の環境には、悔い改めの模範となる教師が必要です。生徒たちに分かち合うのにふさわしくない罪もあります。しかし、私も実際に醜い罪に悩んでいることを、子どもたちも知る必要があるのではないでしょうか。私がいかに、赦しと悔い改めの力をイエスの内に見いだしているかを、彼らは見る必要があります。

このような行動は、悪い振る舞いをしている反抗的な子どもの助けにもなりますが、それより重要なのは、良い子アピールをして教師のご機嫌を取っている子どもたちの助けにもなることです。そのような子どもたちに、自分の良い行いを誇ったり、それに希望を見いだしたりする必要はないことを伝えられるからです。つまり、あらゆるタイプの子どもたちの目を、救い主に向けさせる機会なのです。

私が失敗したわけ

さて、これらはすべて、子どもたちが本当に悪いことをした時に、毎回実践できればいいな、という**私の願い**です。現実には、ほかの段取りや時間の制限があり、なかなかうまくいきません。私自身の、人から良く見られたいという思いも邪魔をしています。自分の罪について話すよりも、聖人君子のような仮面をかぶって話したり、イエスについて話したら馬鹿にされそうな子どもの前では話すことをためらったりすることがあります。また、秩序を守ることを私の中で最優先してしまい、子どもたちの心を訓練することがかなり後回しになっていることも自覚しています。なぜって、秩序を守る教師は評判も良いではありませんか。

　ですから、私は苦戦しています。子どもが悪さをするほとんどのケースで、私は自分の願う対応のほんのわずかしか成し遂げられていません。失敗したり、面倒になったり、怖気（おじけ）づいたりしています。しかし、私も学び続けてはいます。

　最近、グループでゲームをしている時に、二人の男の子が意地の悪い争いをしたことがありました。一人の男の子が、もう一方の子がズルをしたと責めたのです。脅し合いが始まり、涙が流れ、汚い言葉が飛び交いました。私はゲームを中断しました。ゲームをするせいで、誰かが罪を犯すことになるなら、もうやらないほうがいい、と私は言いました。これは、彼らに罪悪感を抱かせるための説教でも策略でもありませんでした。ただ、罪を意識してほしかったのです。私は、競い合うゲームは楽しいけれど、ときどき自己中心的な一面が出てしまうことを指摘しました。そこで、ゲームをする代わりに、数分間時間をとって、互いに自己中心にならないよう祈らないか、と提案しました。

　驚くべきことに、彼らはその提案に賛成したのです。子どもたちはゲームが大好きですが、誰も反対意見を言いませんでした。がっかりした素振りを見せる子どもすら、いなかったのです。ゲームを中断し、片付け、祈る時間を持とう、と言った私の考えを、**快く受け入れた**のでした。彼らは、それが正しいことだと分かっていました。そうなることを予期していました。この出来事から、私は神がこの子どもたちの内に働いてくださっていることを実感し、彼らにもそう伝えました。

しかし、後になってよく考えてみると、この出来事は、神が私の内にも働いておられたことをも示すことに気が付いたのです。この頃、私は福音を教える教師として行動することが普通になってきていたので、子どもたちも慣れてきて、私を真似るようになっていたのです。

福音の励まし

もちろん、子どものためのプログラムはレッスンだけではありません。ここからは、レッスン以外の部分について話していきたいと思います。まず初めに、さまざまな場面でいつでも使えるちょっとした訂正や励ましの言葉です。何かが起こるたびにその場を止めて、深い質問を投げかける時間があるとは限りません。しかし、それでも子どもたちの心に目を向け、十字架へと導くことができます。

最善の機会というものは、私たちが福音を教えることを全く忘れているような瞬間に訪れるものです。例えば、ゲームをしている時や、おやつを配る時などです。このような瞬間には、罪が顔を出してきます。ですから、私はお菓子を手渡すときは必ず「分けっこするんだよ、忘れないでね」と指導していました。最近になって、このフレーズを少し変えて「気をつけてね、欲張りは危険だから」と言うことにしました。この新しい言い方のほうが、より良い雰囲気を作るようです。単なる行動ではなく、心を意識しているからでしょう。罪は人の深みに存在していますが、それが心の深いところであっても、神の民はそれに抵抗することができると知っているなら、この言葉には効果があります。

イエスはこのように教えられました。ある人がイエスにこう言いました。「先生。遺産を私と分けるように、私の兄弟に言ってください。」イエスの答えはこうでした。「どんな貪欲にも気をつけ、警戒しなさい」（ルカ12・13、15）。それからイエスは、神と共にある豊かさは私たちが不安に思うこの世のものよりも価値があることを教えられました。イエスは心にターゲットを絞り、人々の目を神に向けさせたのです。

神は、子どもたちの心に悔い改めをもたらします。そして、神がそうなさるとき、私は神をほめたたえることを努めて忘れないようにしています。

というのも、世の中では、子どもを褒めるからです。彼らが物事をうまく成し遂げたときに祝福すると、自尊心が育まれます。これは一見励みになりそうですが、正しいことを褒めるのは、間違っていることを叱るのとほとんど変わりません。それは彼らの振る舞いに焦点を合わせることであり、イエスを信じる信仰は無視しています。

私たちは、自己を尊ぶ心を高めるべきではありません。キリストを尊ぶ心を高めるべきです。子どもたちに対しては、一番良い励まし方で励まさなければなりません。それは、イエスがあなたの内に、そしてあなたのために、いてくださると知ることから生まれる励ましです。子どもに成長が見られるとき、私はその子の人生にどれだけ神が働いておられるかをできるだけ伝えるようにしています。このような小さな励ましが、積み重なっていくのです。

あなたがグループのリーダーや、キャンプのカウンセラー、アシスタント、アッシャー（案内係）など、直接聖書を教える以外の役割を担っているとしても、あなたは子どもたちに非常に大きな影響を与えています。あなたは、レッスンを教えている人よりももっと多くの自由な時間を子どもたちと共有していることでしょう。その時間をぜひ使ってください。イエスについて話し、豊かな時間にしましょう。

福音のディスカッション

多くのプログラムには、レッスンを教わる時間とは別にディスカッションの時間が設けられています。あなたがこの時間に携わるなら、ぜひ子どもたちが毎日の生活に福音を結びつけることができるように助けてあげてください。親として、クラスで学んだことを子どもに尋ねる時も、同じようにしてほしいと思います。私の場合、投げかけるべき良い質問が思いつかない時は、四つの基本カテゴリーを思い浮かべることにしています。これは、福音が私たちの毎日の行動に影響を与える四つの要素です。

福音が与えるもの	ディスカッションのための質問
感謝	・イエスについて学んだことで、感謝すべきことは何ですか？　そのとき、イエスのことを覚えるために何ができますか？
確信	・神がご自分の民をどのように力づけ、ご自身に仕えさせ、従わせるかについて、何を学ぶことができましたか？ ・私たちは、神のより良いしもべになるために、御霊からどのような助けが得られますか？（御霊から得られる助けの例――祈り、聖書、教会の人のサポート）
希望	・イエスに従うことが楽しく価値のあるものなのは、なぜだと学びましたか？ ・ときどきイエスより良いと感じるものは何ですか？　イエスを第一に考えると犠牲にするものが多すぎると感じることがあれば、話してみましょう。そのような時に、どうすればイエスが一番だと信じることができますか？
安らぎ	・自分の力が十分でないと恐れることについて、何を学びましたか？　イエスにあって赦されていることに感謝しましょう！ ・失敗を恐れて、神のためにすることを避けていることはありますか？　失敗しても神は受け入れてくださると知っているあなたは、どのように勇気が湧いてきますか？

見てのとおり、子どもたちが何をすべきかについて、それほど心配する必要はありません。あな

たはただ、福音と聖書のレッスンを思い起こさせるだけで、それらが自ずと子どもたちの背中を押してくれます。神が彼らの人生にどのように働きかける必要があるか、生徒たち自身の口で話してもらうのが、一番良い場合が多いのです。

福音のワーシップ

多くのプログラムには、賛美する時間、ワーシップタイムがあります。この時間を担うリーダーは、福音の雰囲気を創り出す大きなチャンスを握っています。その雰囲気はプログラム全体に影響するでしょう。神への適切な賛美は、福音から離れていくことは絶対にありません。むしろ、賛美は**福音から**発し、**福音ゆえに**私たちは神をほめたたえるのです。

もしあなたが賛美リーダーなら、語る言葉、そして選ぶ曲によって、あなたは福音を教えています。賛美の曲を紹介しながら、子どもたちに福音を思い起こさせましょう。**私たち自身**をほめたたえるような曲ではなく、神をほめたたえる曲を選びましょう。私たちの感情を歌うことは悪いことではありません。詩篇にもさまざまな喜怒哀楽が盛り込まれています。しかし、聖書的なワーシップは、私たちの感情を神の人格と救いのみわざに結びつけます。「新しい歌を主に歌え。主は　奇しいみわざを行われた」（詩篇98・1）。

気持ちが高まるようなワーシップタイムを演出することに媚（こび）を売り、イエスを後回しにすることは、恐ろしいほど簡単なことです。私もその罠に陥ったことがあります。気分を盛り上げるため、あるいはエネルギーを発散させるために、子どもたちに賛美を促したことがあります。その時はうまくいったかもしれませんが、私も、その歌の歌詞も、神についていっさい語っていなかったということもありました。ユースグループは特に、音楽のスタイルに左右されやすい傾向があります。音楽はその集まりを盛り上げる燃料となり、グループのアイデンティティになります。

私は良い音楽が大好きです。しかし、生徒たちのアイデンティティは**イエス**であるべきです。彼らは実際、私たちが福音を与えてくれるのを**渇望**しているのです。

このことについて、数年前に考えさせられたことがありました。私はユースグループのリーダーとして、一時間の祈禱会を任されていました。参加する子どもたちにとっても、丸一時間祈るのは初めてのことです。集中力を保つのも大変でした。そこで、半分ほど時間が経ったころ、私は急遽、賛美を一曲入れることにしました。「祈りのことばを賛美にして、少し一休みしよう。」

私はみんなを見回しました。ワーシップバンドはありません。プロジェクターも設置していません。ギターすら、ありませんでした。思いつきが過ぎたかな、と一瞬考えましたが、私たちは礼拝堂にいたので、讃美歌の本はありました。私は一冊手に取り、祈りについての讃美歌から知っているものを選びました。歌詞は古いものですが、イエスの人格とみわざをほめたたえる、深みのある讃美歌です。私は、その讃美歌の番号を大きな声で言いました。讃美歌の本を手渡し、五番の歌詞まで、伴奏なしで賛美しました。

それは、上手な歌声とは言えませんでした。ぎこちないし、音程も外れがちでした。しかし、最後まで歌い終えて、頭を下げ、また祈りに戻ろうとしたとき、私は一人の女の子が隣にいる子に小声でこう話すのを聞いたのです。「さっきの、イケてたよね。私、今まで、讃美歌の曲なんて歌ったことなかった。」イケてた⁉

かしこまった雰囲気が良かったのでしょうか。確かに若い人は、時に新しいスタイルよりも伝統的なものを楽しみます。しかし、彼女が讃美歌から歌ったことを「イケてた」と感じたのは、おそらく今まで彼女が慣れ親しんできたエンターテイメントの枠が取り払われたからではないでしょうか。それは、美しい言葉で表現され、謙遜な心で歌った、イエスへの祈りだったからです。

格好いい音楽、エネルギーに満ちたリーダー、楽しいゲームがあるハイテンションなイベントがあれば、子どもたちはきっとイエスに夢中になる、と人々は言いますが、私はそれを聞くたびに面食らってしまいます。本当でしょうか？　確かに全部良いものではあり、子どもたちが音楽や、リーダーや、ゲームに夢中になることは事実でしょう。しかし、彼らがイエスに夢中になることを願うなら、私たちはイエスが見えるようにしなければならないのではないでしょうか？

福音？　それとも子どもだましの演出？

ゲームやそのほかの楽しい活動は多くのプログラムに含まれていますが、これらも気をつけて扱わなければならない部分です。これらを利用するのは子どもたちをグループに引き込むためにすぎない（彼らを引き込みさえすれば福音を伝えることができるから）、と自分たちに言い聞かせるとき、その「おとり商法」的なメッセージは、子どもたちにも伝わっています。

どうぞ、誤解せずに聞いてください。楽しい活動は、イエスとの人生にふさわしいものです。私たちは喜びの民です。楽しいことは良いことです。とりわけ、子どもたちの年齢が上がってくると、教会にいる同年代の仲間や大人たちとの社会的な関わりが必要になってきます。そこに、新しい子どもたちを招き入れる必要性も加えると、当然シンプルなレッスン形式のミニストリーから拡大していかなければならない理由はいくらでもあります。あなたがゲームを担当するとしたら、その中で交わされる形式張らない会話を通して、キリストの愛を示し、キリストのことを伝える機会が多く生まれるでしょう。それは素晴らしいことです！

しかし私は、楽しい社交的なイベントを**最大の目玉として**子どもたちを教会全体のミニストリーに引き込むことは、やはり賢いやり方ではない、と思っています。子どもたちの興味を惹きつけるための手段として楽しいイベントを提供する、そして福音をおまけの副菜として提供する、というようなことがあってはいけません。**イエスは、副菜ではないのです。**

もし、教会学校に来る幼い子どもたちを夢中にさせるために、ジャングル探検隊や宇宙飛行士にならなければならなかったり、ユースグループを一つにまとめるためにお祭り騒ぎのゲームを企画しなければならないとしたら、私はその時点で失敗しています。このような子どもだましの演出は、イエスよりも、ジャングルや宇宙ステーションやお祭りのほうがワクワクするだろう、というメッセージを鋭く発しているのです。イエスのほうがワクワクする存在なのであれば、イエスこそが最大の目玉になるべきではないでしょうか？

イエスは「わたしのもとに来て、楽しい時間を持とう」と人々を招くことはされませんでした。イエスに近づき、生きる人生は、想像しうるかぎり最高に素晴らしい人生であるにもかかわらず、です。また、楽しい仲間になろうとも言われませんでした。当然、それも最高でしょう。イエスは人々を、ご自身のもとに招かれました。イエスは、神の国で弟子をつくり、仕えるよう、人々を招かれたのです。イエスは福音を宣言し、「わたしについて来なさい」と言われました。

もし私たちが、イエスこそ私たちの最高の喜びであることを率直に話していたらどうでしょうか？　もし、最初から子どもたちをイエスに出会わせるため、福音に出会わせるために招いていたら？　そしてイエスが私たちに与えてくださる喜びと自由の結果として、多くの楽しみをも得ることができたら？　私たちが子どもたちとともに素晴らしい救い主に仕えた結果、私たちの間に素晴らしい信頼関係が生まれたとしたら？　違いはわずかかもしれません。しかし、これらが発するメッセージは、グループ全体の雰囲気を変えるはずです。

私たちは、教会に来る子どもたちの中に、聖霊が働きかけておられる子どもがいることを信じなければなりません。そのような子どもたちがたった一度でもキリストの本当の姿を味わったなら、もう彼らは決してかつての場所に戻ることはなく、神の国に属する者となるのです。ただ楽しい時間を過ごしたいだけ、という子どもたちのご機嫌を取るよりも（それが教会らしい楽しい時間であったとしても）、世が与えることのできないものを渇望している子どもたちに、私たちはいのちを提供しなければならないのです。

ぶどうが再び教えてくれたこと

ぶどうの話に戻りましょう。バイブルマネー問題を解決したと思ってから、数年が経ちました。やがて、教会学校全体の決定事項として、バイブルマネーは報酬としてではなく、プレゼントとしてのみ配られることになりました。欲張ってしまう気持ちをなくすために、お店の日も年に一回、クリスマスに開催するだけに減らしました。これは、子どもたちが自分のためだけでなく、贈り物としてほかの人のために物を買いやすくするためです。

私は今も、ぶどうの話を教えています。このレッスンは、毎年お店の日の前の週に教える特別なレッスンにしました。教会らしい振る舞いをして神の承認を得ようとする必要はないことを、子どもたちにきちんと理解させるようにしています。問題解決。ですよね？

しかし、そうはいきません。昨年のお店の日、あれほど私が教えて説明したのにもかかわらず、バイブルマネーを受け取るのを待っている子どもたちの間で、買い物の計画について話しているのが聞こえたのです。それは、自慢話でした。みんな同じ分だけバイブルマネーをもらうので、どれだけの金額を消費できるかについては、自慢できません。ですから、子どもたちは自分がいかに寛大か、いかに良いことをしようとしているかについて、自慢し合っていたのです。

「私は、このお金を全部使って、家族のためにプレゼントを買うんだ。」

「お菓子は買わないの？　だって、ほかの人にもプレゼントあげたほうがいいに決まってるでしょ？　私はそうするわよ。」

一人の内気な女の子は、そのお喋りに加わっていませんでした。代わりに、その子は私の腕を引っ張って、私を見つめてニッコリ笑い、こうささやいたのです。「私だって、自分のお金を全部ほかの人のために使うつもりだよ。」そうだろうね、と私は思いました。彼女は本当に寛大な心の持ち主で、ほかの子どもたちからのプレッシャーがなくとも、初めから人のためにプレゼントを買っていたことでしょう。実際、私ももう少しで、この優しい女の子に「いい子だね、誇りに思うよ」と言ってしまうところでした。しかし、何かが私にささやいたのです。それこそが彼女の求めているる言葉だ、と。彼女は、私の承認を求めていました。自慢話を耳にして、その子も、誰かから褒められたかったのです。

私はその女の子の目を見て、静かにこう言いました。「私は、君に自分勝手な態度で買い物してほしくはない。だけど、プレゼントばかり買ったからといって、威張ってほしくもないんだ。君のお金をどう使おうと、君の自由だよ。その使い方次第で、君への愛が増えたり減ったりすることはないし、神さまも同じだよ。」

そう口にしてみると、言い過ぎたかな、と私は少したじろぎました。寛大であることが、大したことではないかのように聞こえただろうか、と心配になりました。しかし、振り返ってみると、この一言こそがその状況で必要な言葉だったと悟りました。神の恵みを教えるには、それだけ極端な言い方をしなければ、伝わらなかったのです。

私は、グループ全体に呼びかけました。「私たちみんな、同じだけのバイブルマネーをもらったこと、忘れていないよね？」　私はそう尋ねました。「それは、クラスでどれだけよく学んだかによって、神さまにポイントをもらったわけではないからだったよね。」子どもたちはうなずきました。「それと同じように、人のために何かをしたからといって、神さまのポイントをもらえるのでもないんだよ。だから、人にプレゼントをあげたことを誇らないように、気をつけよう。神さまが君を神さまの子どもとしてくださるのは、君がその資格を獲得したからじゃなくて、イエスさまがよいお方だから、なんだ。君は神さまの前で、あるいはみんなの前で、自分が人のために何かをしているんだって、証明する必要はないんだよ」。

そして数年前、私が子どもたちの欲張りを指摘した、その同じ教室の中で、私たちは一緒になって、自分本位のプライドについて祈りました。私たちは、お店の日が自分たちの罪を浮き彫りにしたことを告白しました。どうか、自分勝手な態度を取ったり、見せびらかしたりせず、買い物ができるようにと、神に助けを求めました。自分のためにお金を使っても悪く思わず、人のためにプレゼントを買っても、自分は人より良いことをしたと思わないよう、祈りました。どう買い物をしようと、私たちの確信はイエスの内にあるように、と祈りました。

ご存じだと思いますが、良い知らせ（福音）は、決して古い知らせにはなりません。福音には、常に、新しく学べることがあります。福音は私たちを変え続け、たましいの奥底を探り続け、より根深い罪を摘み取っていくのです。

私たちは、その後、無事に買い物をしました。とても良い一日となりました。

Q&A

――霊的な振る舞いに対して、報酬を与えることは必ずしも悪いことでしょうか？　そのような報いを得ることで、子どもたちは霊的なことがらが重要なことだと学ぶことができるのではないですか？

その考えにも一理あります。報酬を与えることが**時には**良いことである理由は、それでしょう。ただし、気をつけて実践すればの話です。福音の環境を創るためには、生徒たちのことを知ること、そして彼らがいかにイエスを忘れてしまいやすいかを知ることが必要です。どのような子どもたちが集まっているかによって、働きかけ方も変わります。それでも、基本的には私は報酬システムをお勧めしません。霊的なことがらが重要だと教えれば、子どもたちは教会らしい振る舞いをするようになるかもしれませんが、目指すべきゴールはそこではありません。私は子どもたちに福音を教えたいと願っています。福音は私たちに、(1) 最高の報酬は物ではなく霊であること、そして、(2) その報酬は自分の力で得るものでも、自分の宗教的行いに値するものでもない、ということを教えてくれます。

子どものミニストリーで用いる演出が適切かどうかを試す一つの方法は、その同じ演出を大人のミニストリーでも使うとしたらどうか、と考えてみることです。大人が教会に休まずに来たり、聖句を覚えたり、新しい友達を礼拝に連れてきたりしたことで、表彰されたとしたらどうでしょうか？　おそらく、それはおかしいと思うでしょう。子どもっぽいから、というよりも、神はそのようにはされないから、と考えるはずです。私たちはそのような良い行いを、神を愛するからするのであって、表彰されるためにするのではありません。

――あなたは、自分の罪を子どもたちに告白することについて話していました。本当にそれは賢いやり方でしょうか？

罪の告白の内容は、適切なものでなければいけません。気をつけなければならない点が二つあります。(1) 罪によっては、その詳細を信頼できる少数の人以外に話すのは適切ではありません。また、多くの罪は子どもに話したり、教師と生徒の関係で話したりするのに適していません。(2) 自己陶酔に陥らないように注意しなければなりません。自分自身を不安げに見つめてはいけません。確信をもってイエスを見つめるべきです。

これらの罠に気を付けるなら、正直な告白は福音を力強く伝えてくれます。罪の告白は、私たちが恐れずに堂々と罪を認める自由を得ていることを語ります。なぜなら、私たちの希望は、行いや外見ではなく、イエスの内にあるからです。また、罪の告白は、私たちがその罪を捨て、堂々と、大胆に悔い改めることを望んでいることを語ります。これも、イエスによるものです。

今すぐイエスが見えるように

この章には、誰にとっても自分に当てはまる部分があるはずです。あなたにも、すぐにできることがあったのではないでしょうか。あなたの役割に適用できることを選び、実践してみましょう。

教会学校クラスのスタッフのために――この章の冒頭で述べた「福音の環境の四つの原則」から、

自分用にチェックリストを作りましょう。例えば以下のように作ることができます。

罪を意識する

□私たち（自分も含め）はみな罪に悩んでいることを認めた。
□子どもたちが自分ではなくキリストに確信を得られるように励ました。

恵みを意識する

□神がすべてを惜しみなく与えてくださることを祝い、その模範となった。
□子どもたちの人生に成長が見られたら、それは神のみわざであることをほめたたえた（子どもを褒めるのではない）。

心に焦点を合わせる

□表面的な振る舞いを強制するより、心の態度を指摘した。
□規則を破る子どもにも、守る子どもにも、自分の振る舞いよりイエスを信じるよう勧めた。

イエスを喜ぶ
□イエスほど私たちに楽しみを与えてくださる存在は、ほかにないことを伝えた。
□祈り、賛美、聖書を通して、イエスとつながることを大切にした。

クラスが終わるたびに、チェックリストを確認し、自己採点してみましょう。これを、クラス後の習慣とすることで、あなたが創り出している環境を継続的に把握し、より福音に適した環境にしていくことができます。

両親のために――前述のチェックリストを家庭に取り入れてみましょう。夜に確認し、その日一日子どもたちとどのように接することができたか自己採点をしてみます。フルタイムで育児をされている方には、このタスクは霊的に特に難しいものであることを追記しておきます。毎晩リストを見ては落胆したり、リストどおりに振る舞うことができず、自分の失敗を責めたりしてしまいがちになります。ですから、チェックリストをしながら、**神に目を向けましょう**。子どもたちの信仰を育てるのは、あなたではなく神が成し遂げてくださることであること、そしてあなたが失敗を繰り返しても神はあなたを愛し、あなたを用いてくださることを覚え、感謝しましょう。あなたと子どもたちがよりいっそうイエスを喜ぶことができるよう、神の助けを求めましょう。

すべての人のために――子どもたちと過ごすとき、その雰囲気が良いものか試すために、ときどき

「あなたのために私が一番望んでいるのは何だと思う?」と子どもたちに尋ねてみましょう。彼らの返答に、あなたはがっかりするかもしれません。福音をどれだけ強調しようと、子どもたちにとって、あなたの目的は彼らを良い子にすること、聖書の知識を教えること、楽しませること、だと考えているかもしれません。他にも、予想外の答えが飛び出してくるでしょう。しかし、その答えから、何を変える必要があるかが見えてきます。子どもたちはあなたが話したほんの一部しか覚えていないものです。では、何が彼らの心に残ったのでしょうか?　心に残るものとは、たいていあなたが一番喜びをもって伝えたことです。ぜひ、イエスを一番の喜びにしてみましょう。

ディスカッションリーダーのために――この章で紹介した、福音が与える四つの要素（感謝、確信、希望、安らぎ）から、ディスカッションのための質問を書き出してみましょう。ほとんどのレッスンは、これらのテーマのいずれかに当てはまります。ディスカッションをリードする時に、これらの質問を手元に置いておけば、福音に結びつけるための質問を少なくとも一つは用意できるはずです。

賛美（ワーシップバンド）リーダーのために――あなたが定期的に使う賛美リストを確認してみましょう。その中で、福音を語っているものは何曲ありますか?　このような場合、歌詞を書き写して、全体を読み、最もよく福音を表現している歌詞に丸を付けてみるという方法をお勧めします。そうすることで、丸を付けた歌詞が記憶に残り、次にその賛美をリードする時に子どもたちにその歌詞に込められた真理を伝えることができます。賛美リストの中に、神をほめたたえていないもの、また福音をほめたたえていないものがあれば、それらを別の曲と入れ替えることも検討しましょう。

礼拝（ワーシップの時間全体）リーダーのために——あなたがワーシップの時間に特定のスタイルを取り入れているなら、それを次回、変えてみましょう。普段、最新機器の設備を駆使して演出しているなら、すべて使わずにやってみましょう。いろいろな動きや振り付けを取り入れているなら、全員で静かに賛美してみましょう。その変化をずっと続ける必要はありません。しかし、いつものスタイルを変えてみることで、私たちは**礼拝するお方**を楽しむのであって、**礼拝のやり方**を楽しむのではない、というメッセージを伝えることができます。それが、スタイルを変えた目的だということを、子どもたちに伝えるのも良いでしょう。

アッシャー、アシスタント、メンターのために——今度、何らかのミニストリーイベントの手伝いをするときは、一人の子どもを選んで心に留め、その子にイエスのことや福音のことを伝え、励ますことをあらかじめ決めておきましょう。イベントのたびに毎回違う子どもを選び、これを繰り返します。そうすることで、あっという間に素晴らしい励ましの言葉かけができるようになります。

両親のために——あなたにも、励ましの言葉かけができます。子どもを教会のイベントに連れて行くたびに、イエスについて何か一つ伝えましょう。または、クラスで良い時間を持つことができるように一緒に祈ることもできます。短く、一言だけの祈りや励ましの言葉で十分です。それだけで、メッセージはしっかりと伝わります。また、この章で紹介されたディスカッションの質問を、あなたも準備しておくと良いでしょう。家に帰る道中、彼らが学んだことについて尋ねる際に、これらの質問が良い話題となります。

注

1　John Arrowsmith, *Armilla Catechetica: A Chain of Principles* (Edinburgh: Thomas Turnbull, 1822), 208. 日本語訳は本書訳者による。

第９章　罪と悪しきポップソングとの戦い——福音を人生のすべての場面に

喜びの油は、とりわけ傷ついた心に注がれる。
——トーマス・ワトソン[1]

友人の近況などをチェックしながらパソコンをいじっていると、ダイレクトメッセージを示す通知バーに色がついているのに気が付きました。私へのメッセージかな？　誰から送られてきたのか確認するために、私は通知バーをクリックしました。それは、よく知っている十代の男の子、アレックスでした。

彼からメッセージが来たことに、私は嬉しくなりました。アレックスを教えていた頃から数年経ちましたが、彼はずっと良い教え子でした。福音のメッセージを好み、私に絶えず話しかけてくるタイプの子どもでした。ときどき教会で話すこともあります。彼は私に抵抗なくいろいろなことを分かち合ってくれるので、私も彼の励ましになるよう努めていました。まさに、かつての教え子は、ずっと教え子だという感覚です。

プライバシーを守るために、彼のメッセージをそのままここに引用することはしません。しかし、だいたいの内容は以下のとおりでした。

クランペンハウワー先生へ

先生は、良くない曲を流すパーティーについてどう思いますか？　昨晩、僕はパーティーで楽しい時間を過ごしましたが、今になっては自分が罪人に思えます。パーティーでは誰もお酒を飲んでいませんでしたが、僕の友人が数人、歌ったり踊ったりしていて、その曲がセックスやドラッグについての曲でした。僕も楽しくなって一緒に踊ったりしていました。今、僕はそのことに罪悪感を抱いています。僕は、神さまに対して罪を犯してしまったのでしょうか？　それとも、僕が自分に厳しすぎるのでしょうか？

そして、彼は自分が踊っていたポップソングの曲名を記し、いかに楽しかったか、そしてその後、いかに自分が罪人になったような気持ちになったかを語っていました。私はその曲を知らなかったので、歌詞を調べてみました。確かに、健全とは言い難い歌詞でした。

私は彼に、どんな言葉をかけるべきでしょうか？

関係性ベース……だけではない

私がアレックスに送った返事について話す前に、一つだけ言わせてください。私たち教師は、一週間に一度、一時間だけ、または準備された家庭のデボーションタイムの時間だけ、教師をしているのではありません。準備したレッスンも教えますが、私たちはフルタイムの教師です。私たちのやることすべて、そして子どもたちとの関わりすべてが、何らかのレッスンを教えています。

子どもを持つ親は、このことを誰よりも分かっています。子どもたちと人生を分かち合い、学んだことを適用することで、彼らに教えたことは活き活きとしたものになります。だからこそ、子どもたちと時間を過ごすのは、聖書から教えるのと同じくらい重要です。教会や、さまざまな活動、キャンプ、そのほかクリスチャン団体で働く人々は、子どもたちや彼らの家族と人生を分かち合うことができます。多くの教会では、これを関係性ベースのミニストリーと呼びます。私もこの考えに賛同します。ただし、イエスはもっと強い言葉を使われたことを、私たちは理解しているでしょうか。

イエスがその生涯の最後に弟子たちに与えられた、きわめて重要な教えの一つは、このような言葉でした。「わたしはあなたがたに新しい戒めを与えます。互いに愛し合いなさい。わたしがあなたがたを愛したように、あなたがたも互いに愛し合いなさい。互いの間に愛があるなら、それによって、あなたがたがわたしの弟子であることを、すべての人が認めるようになります」（ヨハネ13・34〜35）。イエスは人々を、愛ベースの人生に招かれました。関係性ベースのミニストリーに付随する友情やもてなしは、最低限のものにすぎません。イエスが私たちに、イエスとともにある人生を与えてくださったのなら、私たちもその人生を人々と分かち合うべきなのです。

クリスチャンのコミュニティ（集まり）は、本来なら嚙み合わないであろう人々が、キリストにある深い交わりを形成する集まりです。彼らは食事を分かち合い、住む場所や所有物を分かち合います。互いに罪を告白し、重荷を分かち合います。多くの教会ではこのような関係性が見られません。なぜなら、一人ひとりが孤立しているからです。その中でつながりを生み出しているのは、子どものミニストリーや、ユースミニストリーであることがほとんどです。そのため、教師は人々を教会の交わりの中に迎え入れるというユニークな立場に置かれています。あなたの教会も、この働きのために、あなたを必要としているでしょう。

そもそも、この働きは、子どもたちの人生に強く語りかけます。私は内向的な性格ですから容易にはできませんが、妻の助けを得ながら、家族を食事に招くなどして、長く続く真実の友情を築いてきました。そのような家族の子どもたちとは、よく連絡を取り合っています。そのため、一つの成果として、私は教室の外でも彼らの信仰や悔い改めの手助けができるようになりました。私が教室内で教えることを、彼らが適用する外の世界で助けることができるのです。

アレックスは、そのような子どもたちの一人でした。彼の両親は私をよく知っていて、私が彼の人生に関わることを喜んでくれました。実際、アレックスは私を信頼しているからこそ、自分の罪について話そうと思ったのでしょう。

敵はだれ?

私がアレックスに**言わないよう注意すべき**ことがありました。まず、やっても許されることは何か、ということです。これを言ったところで、何も変わりません。これはイエスに従う者として、間違った態度です。同時に、手を引くべき罪が何かということについても、話すべきではありません。道徳的な改革は、クリスチャンとしての成長とは異なります。アレックスが求めていたのは、正しい行いと悪い行いの裁定基準ですが、私の答えは、ただ彼にルールを与えるより深く掘り下げたものでなければなりませんでした。

第二に、彼の基準が高すぎるからといって、罪の解決を求めなくていいという考えは間違いです。確かに、アレックスのように神の基準に見合うようになろうとする子どもは、罪を犯しても気にしない子どもより、かなり先を行っているように思えます。しかし、神の御前でパフォーマンス（外見だけの振り）をすることも、神を無視することも、どちらもイエスを素通りしていることには変わりません。「まぁ、神さまの顔色を伺っておけばよかったと思っているくらいだから、大丈夫だよ」とは言えません。また、彼が普通の子たちよりも正しい振る舞いができていたと祝福してあげることもできません。もちろん、もっと悪質なパーティーに参加している子どもたちもいます。しかし、アレックスも、少しだけとはいえ、罪を犯しました。たとえそれが他の罪に比べれば軽い罪であっても――そうである保証はありませんが――それで安心できるわけではありません。彼の良心が痛んだのは、良いことです。そして私も、その良心に耳を傾けよと、彼に勧めるべきです。

忘れないでください。福音は、変化を伴います。私たちは、人生を通して、罪に対抗する聖霊の戦いに加わるのです。そして、その戦いを真剣に戦わなければなりません。クリスチャンは神との和解を得ている、そのとおりです。しかし、これは同時に、私たちが罪との戦いの最中にあることを意味します。罪に対抗するこの戦いは、悔い改めであり、それは神の恵みの一部でもあります。クリスチャンであれ、罪は犯します。時に深刻な罪を犯すこともあります。しかし、イエスの名を背負い、人生の新しい生き方を得て、よりいっそうイエスのように行動することを選択していくことができるとは、なんという祝福でしょうか！

アレックスは決して、自分に厳しすぎることはありませんでした。罪と戦うことは正しいことでした。彼の問題は、その罪との戦いが、神との戦いのように感じたことだったのです。パーティーではあまり淫らな行動をとってはいけないと分かっていながら、彼はそのことを反省するよりも、神から非難されているように感じていました。彼は、もっと良い振る舞いをして自分の価値を証明したいと願いましたが、その罪はあまりにも楽し過ぎました。彼はいら立ち、神に良く思われようと努めながらも、内心では自由に楽しめたらいいのにと願っていました。それでも、不安を拭いきれない自分にも気付いていたのです。

アレックスは罪と戦う必要がありましたが、**神のために**パフォーマンスをするのではなく、**神とともに**戦わなければなりませんでした。罪を嫌わなければなりませんが、そのことに得点を求めてはいけません。彼には福音が必要でした。

私がアレックスに言ったこと

聖書は、信仰の振る舞いを試すために多くの手段を用います。慰めもあれば、約束もあります。

警告や命令もあれば、手本もあります。知恵ある教師は自分の教え子のことをよく知っており、これらのうちどれを必要としているかを感じとることができます。また、知恵ある教師は、教え子が罪から生じる厳しい結果を時に受け入れなければいけないことを知っています。

私は、子どもたちが直面するあらゆる困難に対応できる、完全なカウンセリングのガイドラインを提供するつもりはありません。私にその資格はないからです。私はただ、あなたが子どもたちに彼らの罪について話すとき、福音を除外しないようにと、念を押しておきたいだけです。子どもたちが、福音を基礎として持っているなどと思い込んではいけません。このことをしっかり叩き込んでください。

罪の戦いは、一人の戦いではありません。子どもたちはキャプテンと一緒に戦いに参加するのです。キャプテンとともに戦うということは、キャプテンが自分たちの敵ではなく味方であるということを知り、信頼することが求められます。パウロは、自身のメッセージを「神に対する悔い改めと、私たちの主イエスに対する信仰」（使徒20・21）とまとめています。神のために生きることは、悔い改めと信仰が編み込まれた状態であることを意味します。

これを念頭に、私がアレックスに何を言ったかというと、以下のような内容でした。

アレックスへ

やあ、連絡ありがとう。君からのメッセージ、嬉しかったよ。

君が、どの音楽を聴くべきか、友達とどう振る舞うべきかも含めて、神さまを敬う生き方をしたいと願っていて何よりだ。私たちは、人生のあらゆる部分に目を向け、常にイエスさまを信じて行動する必要がある。君がそのことについて私に尋ねてくれたことを嬉しく思うし、君がご両親にもこのことを話していることを願うよ。君のご両親も、どういう行動が神を敬うものであるか、一緒に考えてくれるはずだよ。

君がとった行動には、おそらく罪も含まれていただろう。私たちが罪の気配を感じるとき、たいていそこには罪がある。そうだとすれば、どうしてその罪の行動が楽しく感じたのかということを考える必要があるんじゃないかな。その行動の根底には、いったいどういう自己中心的な思いが潜んでいたのか？　本来はイエスさまから得るべき何かを、その行動が与えてくれるように感じたのだろうか？　それを見つけて、悔い改めるんだ。神さまは、罪に抵抗するために必要な力を君に与えてくださるから。

ただ、覚えておいてほしいことがある。悔い改めをするとき、その後の行動が良くなったからといって、神さまにもっと好かれるということはない。同じように、次もまた罪を犯したからといって、神さまがもっと君のことを嫌うということもない。君は、自分の努力で神さまの基準に達することができるという希望を、すべて捨てなければならない。そのかわりに、イエスさまに信頼する必要がある。

神さまが君をどう思っておられるか、と考えるとき、その基準が、パーティーでどれだけダンスを踊ったか、それがどんな曲だったか、あるいはそのほかどんな行動をとったかに左右されるなんて、考えてはいけないよ。神さまが君をどう思っておられるか、それは、イエスさまにかかっているんだ。イエスさまに結ばれているなら、君は神さまに心から愛される、神さまの子どもなんだよ。

これはつまり、君と神さまは常に味方同士であることを意味する。君が罪を犯すときでさえ、神さまは君に敵対することはない。だから、もし父なる神さまとの関係が罪によって傷ついたと思ったら、父なる神さまのみもとに戻ることだ。神さまにごめんなさいと言ったらいい。神さまは君を赦してくださるから、感謝しよう！　祈り、賛美して、父なる神さまの慰めを感じてほしい。

父なる神さまのそばにいると、罪に対して真の悲しみが生まれ、次に罪と戦うときに力が与えられる。しかし、君が再度失敗したとしても（聖なるものへと変えられるまでには時間がかかるものだから）、そのたびに、神さまのもとに戻るんだ。イエスさまを信じ続けること。それが、神さまの子どもがいつもすべきことであり、これ以上の最善策はない。

神さまは、君の罪の息の根を止める力と決意を持っておられる。そして、その罪があろうと、君を愛しておられる。だから、先に罪と戦わなければ神さまのもとに来られないと思わないでほしい。神さまのもとに来なければ、罪と戦うことはできないのだから。

君のために祈ってるよ。君も、私のために祈ってくれると嬉しい。私もときどき、楽しいからといって罪を犯してしまうことがある。君も私も、もっとイエスさまを信頼し、もっと愛することを学ぶことができると確信しているよ。そうすれば、罪を憎むことも容易になってくるはずだ。神さまが私たちの内に、必ず働いてくださるよ。

ぜひとも近いうちに、直接会って話し、一緒に祈ろう。

どうでしょうか?

あなたの考えを聞く前に、一つ失敗したことを伝えておかなければなりません。私の返答には、近いうちに会って話し、祈ろうと書いてありますが、この後私は連絡を取ることを怠ってしまいました。確か、教会でも彼に会ったので、当たり障りのない会話は交わしましたが、勇気が出ず、後日会う約束はできませんでした。念入りに返答のメッセージを返し、その中で良いことを言ったものの、結局この内向的な性格と恐れに負けてしまいました。本音で語り合い、真剣に祈るのは、ちょっと恥ずかしいと思ってしまい、怖くてこの話題を出せなくなりました。そういうわけで、私は絶好の機会を逃してしまったのです。

どうか、私の（悪い）例から学んでほしいと思います。勇気をもって、神に信頼してください。親であるみなさん、子どもたちにとことん働きかけてください。教師であるみなさん、絶好の機会が訪れたときに、子どもたち、そして彼らの家族に、とことん働きかけてください。私のような意気地なしにならないように。

それでも、アレックスへのメールから良いことも生まれました。アレックスは私の返答に感謝してくれて、喜んでくれたようでした。そして、それ以来、罪に思い悩む子どもたちに何を言うべきか思い出す必要があるときに、私はこのメッセージを見返すようになりました。このメッセージには、私が常に忘れないようにしている、罪と戦うための四つの福音の原則が含まれています。それらを、確認してみましょう。

罪と戦うための四つの原則

原則①――あなたがイエスにあってどういう存在かに注目する

自分の振る舞いを変えようと考えるとき、多くの人はまず今の行動を考え、そこから改善すべき点を考えます。クリスチャンはこれとは違う考えを持つべきです。出発点は、イエスです。私たちは自分の行動を出発点とするのではなく、イエスを土台とするべきです。

もし、信仰をもっている子どもたちに、行動を変えてほしいと願うなら、直感に反することかもしれませんが、彼らが自分の行動に注意を**払わない**ように教えなければなりません。まずは、彼らが**どのような存在であるか**を思い起こさせることが必要です。彼らは、イエスと結ばれているのです。

私はときどき、子どもたちを試すためにこう尋ねます。「今日の君のことを、神さまはどう思っておられるだろうか？　神さまはどんな顔で君を見ておられると思う？」[2]

子どもたちは、ほとんどの場合、この質問を、今の自分は神の要求にどれだけ応えられているか、という質問と捉えます。そして、大半の子どもには、自分が神の目から見て「かなり良い」以上の評価を受けていると胸を張る勇気はありません。神はきっと自分にがっかりしていると思う、というのが、ほとんどの答えです。この答えこそ、彼らが神に対してパフォーマンス重視の考えを持っていることを示しています。子どもたちは神の基準に十分届いていることを期待し、神のきよさの基準が甘くなることを期待しているのです。あまりに馬鹿げたことではありませんか。

私は子どもたちに、彼らが神の基準に達する望みはないけれど、もしイエスのものとなるなら、神はいつも満面の笑みを浮かべて彼らのことを思ってくださる、と伝えています。彼らは義と認められ、徹底的に赦されます。彼らは神の子どもとして愛され、養われます。イエスは、彼らのために死んでくださったのです。

私は、イエスとの親しい関係を強調します。子どもたちは、遠く離れたイエスから祝福を受けているのではありません。むしろ彼らは、花嫁が花婿と結ばれるように、イエスと親しく結び合わされています。イエスが持っておられる権利や特権、鍵を持っておられるところでは、子どもたちにも同じように与えられています。「あなたがたは、……聖徒たちと同じ国の民であり、神の家族なのです」（エペソ２・19）。

サタンは、このような宣言を否定するのが大好きです。サタンは子どもたちの罪を指差し、おまえには神の約束など当てはまるものか、とささやきます。しかし、サタンは嘘つきです。

子どもの良心に問いかけると、自分はすべての神の戒めを破っていると言うかもしれません。子どもの心は常に悪に引き寄せられるように感じることでしょう。しかし、信仰によってイエスにすがることは断じて悪いことではないどころか、それこそが解決方法だと、神のことばは語っています。イエスに対する信仰は、繰り返される過ちをも打ち負かすのです。

私たちは何度も何度も同じ悔い改めをしているので、そのたびごとに神が赦してくれたり、我慢してくれたりするなど、信じがたいかもしれません。また、たいていは失敗し続けていること自体を認めたくありません。そうすると、罪の告白も、その罪と戦うことも、やめてしまいます。子どもたちはあきらめに入ってしまうのです。しかし、悔い改めを繰り返すことは、恥ずかしいことではなく、イエスと十字架を尊ぶ聖なる行為なのです。イエスの血には、繰り返される侮辱を十分に覆う力があります。[3]「かつては遠く離れていたあなたがたも、今ではキリスト・イエスにあって、キリストの血によって近い者となりました」（エペソ２・13）。

アレックスは、キリストの血における確信を学ぶ必要がありました。彼のクリスチャン生活は、絶えず神を怒らせまいと格闘しているだけのように感じられました。自分は「きよくなろうとしている罪人」だと思っていたのです。自分はあくまでも「罪人」であり、「きよく」なることが彼の目指す理想の姿でした。

しかし、聖書は私たちを「天の召しにあずかっている聖なる兄弟たち」（ヘブル３・１）と呼んでいます。「聖なる」私たちは、イエスにある今の私たちの姿です。「罪人」とは、本来の自分の姿から逸脱している部分のことです。罪は、悔い改めるべきものですが、私たちを定義づけるものではありません。パウロはこう述べています。「あなたがたもキリスト・イエスにあって、自分は罪に対して死んだ者であり、神に対して生きている者だと、認めなさい」（ローマ6・11）。罪が死んでいるようには、なかなか感じられないものです。ですから、私は子どもたちに、真実は何なのかを常に考えるようにと伝えています。「君たちは、すでにきよいんだよ。きよい者として振る舞ったらいい。神さまはすでに、君たちにいのちを与え、いろいろな方法で神さまに従うことができるようにしてくださった。なんて素晴らしいことだろう。神さまはさらに君たちを成長させてくださる、それを信じよう。」

福音が毎日の行動にいかに影響を与えるかを表す四つの要素（前章を参照）が、ここでも役に立ちます。

- **感謝**――子どもたちの心は神に対して冷めていますか？　イエスにおいて父がどのように彼らを愛しておられるかを教えてあげてください。子どもたちが**進んで**神に従うよう助けてください。
- **確信**――子どもたちは自分の成長のなさにいら立っていますか？　御霊が彼らに力を与えてくださることを伝えてください。子どもたちが、最もしぶとい罪に対してさえも、**大胆に**立ち向かっていくことができるよう助けてください。
- **希望**――子どもたちは罪を手放すことに価値があるのかどうか疑っていますか？　キリスト

にある神の約束を信じるよう、勧めてください。**熱心に**神に仕えることができるよう助けてください。

- **安らぎ**——子どもたちは神が怒っているのではないかと心配していますか? 子どもたちの義はイエスから来ることを確信させてください。神の戒めを**恐れることがないよう**助けてください。

原則②——水面下に目を向ける

神は自分を責めておられないという確信を持てば、子どもたちは自分の罪に対して残酷なまでに正直になれます。不安なままでいる子どもは、まだ準備ができていません。そのような子どもの深いところにある罪を指摘しようとしても、おそらく身構えるでしょう。居心地の良い、言いわけがしやすい表面的なことだけにとどまるよう求めてくるはずです。自分はイエスにあって安全なんだ、と確信している子どもだけが、罪を愛してしまう自分自身の問題や、内側の醜さを、あなたに打ち明けてくれるでしょう。

Sergeでは、私たちはよく、罪はサメのようだと話しています。[4] サメが泳いでいるとき、私たちの目に入るのは水面から出ているヒレの部分だけです。しかし、もしあなたがサメを捕まえて殺そうとしているなら、そのヒレに狙いを定めたところで、致命傷にはなりません。ヒレの下にある部分、すなわち水面下に潜んでいるサメの身体に、狙いを定めなければならないでしょう。

罪もこれと同じです。私たちの目に入る罪——嘘、爆発した怒り、欲張りな行動など——は、表面的なものにすぎません。その原因となっている真の獣は、水面下に潜んでいるのです。私たちは決して、子どもたちの表面的な罪を目立たなくしたり、頻度を少なくしたりするだけで満足してはいけません。

サメのイラストレーションはとても効果的なので、子どもたちの前でサメの絵を描いて、水面下を見るプロセスを紹介するようになりました。初めは、子どもたちにも見える分かりやすい罪からスタートします。もし私がこの話をアレックスとしていたなら、表面に見えている罪は、彼の場合、淫らな音楽を友達と楽しむ、というものでしょう。これを、サメのヒレが描かれているそばに書き入れます。

次に、水面下に目を向けます。アレックスは、自分の罪が単に「淫らな行動をとってはいけない」というルールを破ったことだけではないことを知る必要がありました。彼の心にある何かが神と対立し、その罪を生み出していることを知る必要があったのです。それは、偶像礼拝であったかもしれません。彼は自分の人生の中で、良い気分になれる何か、イエスより優先してしまう何かを、自己中心的に欲していたのかもしれません。アレックスは、自分を淫らな音楽に引きずり込んだ偶像が何であったかについては話していませんでしたが、仮に、そのような曲の持つ思わせぶりな要素から得られる興奮だったとしましょう。その曲の持つエネルギーが、イエスを愛することより魅力的に感じたのでしょう。

自己中心的な欲求が何であれ、それを水面下のサメのそばに書き込みます。

目に見える表面的な罪:
友達と悪い曲を楽しむこと

水面下の自分勝手な欲求:
性的な興奮

もし、子どもが自分で自己中心的な**欲求**を表現できなかったら、自己中心的な**恐れ**を見つけるほうが簡単な時もあります。もしかすると、その子は自分が安心できたり大切に思っていたりするものを失うのが怖いと感じているかもしれません。アレックスの場合も、彼が性的な誘惑に陥っていたかといえば、そうでもなさそうです。むしろ、彼がその行動を拒んだ場合に、友達に嫌われるかもしれないという恐れがあったのではないでしょうか。

その場合は、それをサメのそばに書き込みます。

目に見える表面的な罪:
友達と悪い曲を楽しむこと

水面下の自分勝手な恐れ:
友達に嫌われる　または
受け入れてもらえないかもしれない

ここからが、最も深い部分です。自己中心的な欲求も、自己中心的な恐れも、イエスが与えてくださる福音を完全に信じていないことから生まれています。なぜアレックスは、思わせぶりな歌詞から興奮を得ようと思っていたのでしょうか？　それは、イエスから得られる親密な関係のほうがもっとワクワクするものだということを、彼が完全に信じていなかったからです。心のきよい人は神を見る、ということも、彼は深く信じていませんでした。

　または、なぜアレックスは友達に見損なわれるかもしれないと恐れたのでしょうか？　それは、彼がすでに、イエスというこの世で最高の友を得ていること、そして神による完璧な承認があることを、完全に信じていなかったからです。これを信じていたなら、彼は淫らな友達からの承認が必要だとは思わなかったでしょう。

　この例を用いて、イラストレーションを完成させてみましょう。**イエスを信じなかった**というのが、最も深いところにある罪です。これを一番下に書き込みます。

　これは、どのような表面的な罪にも当てはまります。

- **ほかの子どもをからかっていますか？**　その子は、人気者の集団の一員であることを偶像化したのかもしれません。神の家族の一員であることが、その子の望みうる最高の栄誉だということを信じる必要があります。
- **いつも一番大きなピザをとりますか？**　その子は、この世のもの

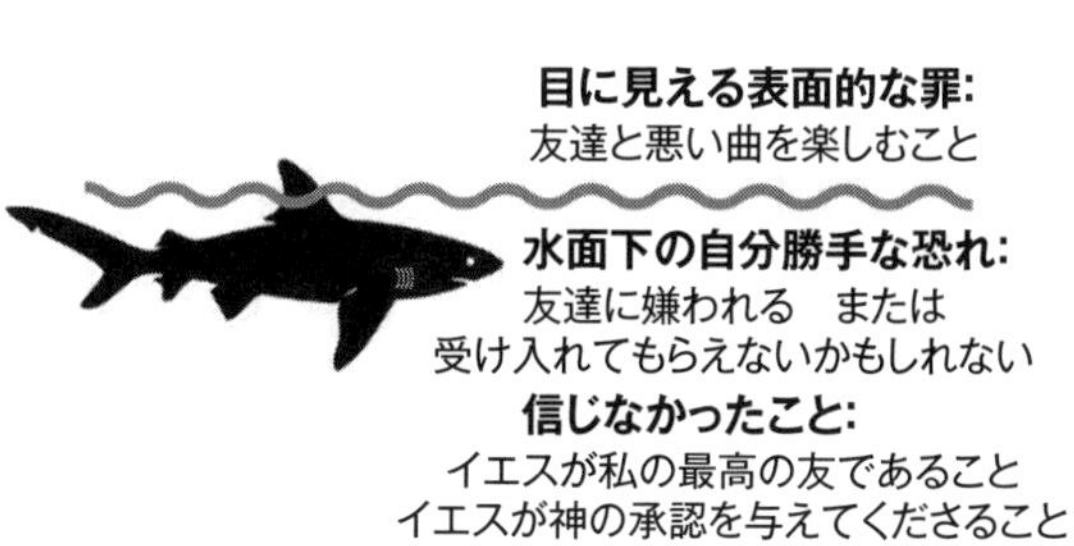

目に見える表面的な罪:
友達と悪い曲を楽しむこと

水面下の自分勝手な恐れ:
友達に嫌われる　または
受け入れてもらえないかもしれない

信じなかったこと:
イエスが私の最高の友であること
イエスが神の承認を与えてくださること

に対して欲張りになっているのかもしれません。天に蓄えられた宝こそ、キリストにあってその子のものであることを信じる必要があります。

- **ほかの子どものうわさ話をしますか？　思わせぶりな服装を好みますか？**　その子は、不安が常にあり、ほかの子に向けられる注目がうらやましいのかもしれません。その子は、イエスの父がその子の父でもあり、その父なる神はその子を完全に愛してくださることを信じる必要があります。
- **ゲームで負けると怒ってしまいますか？**　その子は、この世の中で何でも一番になることを崇めているのかもしれません。その子はキリストとともによみがえり、キリストとともに天の御座に座していることを信じる必要があります。
- **親に嘘をついていますか？**　その子は、人に正されることが耐えられないのかもしれません。家でどれだけ大失敗しようとも、その子はイエスにあって義と認められていることを信じる必要があります。または、その子はほかの罪を隠しているのかもしれません。その子の人生に神が与えられる規律は、愛に満ち、良いものであることを信じる必要があります。

不信仰を指摘するときは、子どもたちが叱られているように感じないよう、できるだけ優しく伝えるようにします。それでも、表面的な罪以上の問題と向き合うことは重要です。表面的な罪を少しの間だけ抑えることは可能かもしれませんが、その行動は必ず繰り返されます。サメはまだ、水面下にいるからです。

原則③——御霊に依り頼む

罪との戦いにおいて、信仰はきわめて重要です。なぜなら、子どもがどれだけがんばっても、その子が信じる範囲以上には到達できないからです。子どもたちを変えるのは、聖霊です。聖霊はクリスチャン人生の初めに新生をもたらし、そこから歩み続ける中で、私たちをさらにきよく変えていきます。「わたしを離れては、あなたがたは何もすることができないのです」（ヨハネ15・5）。パウロはこう書きました。「もはや私が生きているのではなく、キリストが私のうちに生きておられるのです」（ガラテヤ2・20）。アレックスは、自分の中に罪を打ち負かす力はありませんが、神の子どもとして無限の力が与えられていることを知る必要がありました。

もちろん、アレックスも努力して身を潜めるように過ごし、自分の力で特定のパーティーを避けることができたかもしれません。多くの子どもたちはそれに似たような対処法をとります。そのやり方でも、しばらくはうまくいくでしょう。ノンクリスチャンの子どもたちでさえ、より道徳的に優れた行動をとることはできます。しかし、自分自身を**きよく**することはできません。絶対に不可能です。

私は、アレックスに堂々と**神の**力に頼って罪と戦ってほしいと思っていました。神なら、アレックスの人格の核となる部分を変えてくださるからです。そのような変化に対して攻撃してくる敵は、自己過信です。自分の意志が邪魔するのです。アレックスにとって、神に従う能力を高める努力をするだけでは不十分でした。彼は、自分自身の**能力以上**のところに狙いを定める必要があったのです。御霊は、彼を内側からきよい者へと変える力と愛なる願いを持っておられます。その御霊に、依り頼むことです。このような信頼は、決して間違った方向へあなたを導くことはありません。パウロはこう教えています。「御霊によって歩みなさい。そうすれば、肉の欲望を満たすことは決してありません」（ガラテヤ5・16）。

では、子どもたちが第一にすべきことが御霊に信頼することであるなら、私たちは彼らにどのような勧めをするべきでしょうか？　御霊に信頼するとは具体的にどういうことでしょうか？　また、子どもたちは何をがんばるべきでしょうか？

答えは、神にしつこく求めることです。神が、罪を打ち負かし、成長をもたらすためにクリスチャンの生活の中で繰り返し用いられる手段があります。その手段につながる規律を実践するべきです。このような、御霊の手段は通常、⑴神のことばと、⑵祈りです。

子どもたちを神のことばにつなげるには、彼らが聖書を読むよう促さなければなりません。私は誰かが以前に、聖書を学ぶのはあまり興味がない、「御霊に従う」ほうがよい、と言うのを聞いたことがあります。**御霊が**、聖書を書いたのです。子どもたちが聖書を読み、聖書に自分の人生をささげ、その福音を味わい受け止めるとき、**それこそが御霊に従うということ**なのです。自分の考えが御霊のことばにとらえられ、それによって御霊のうちに自由に生きることができます。

子どもたちは、神によって召された牧師が語るときも、神のことばを聞くことができます。聖餐式や洗礼式など、教会の聖礼典を通して、彼らは神のことばを見て、感じて、味わうことができます。私たちは、子どもたちを励まして、教会の礼拝に参加させるべきです。彼らは信仰に生き、神に信頼し、神が働いてくださることを期待すべきなのです。

二つ目の手段は、祈りです。これは、依り頼む信仰者の基礎となる行動です。私たちは、子どもたちと祈って、祈って、祈り続けなければなりません。人と祈ることと自分で祈ること、そして絶えず祈ることを教えなければなりません。これは福音を教えることにおいてきわめて重要な部分ですので、次の章を丸ごと使って説明するつもりです。

祈ること、聖書を読むこと、教会に行くことの大切さを繰り返し強調していますが、子どもたちには、これらについて警告も与えるようにしています。この警告も、忘れないようにしてください。まず、**御霊の手段は魔法ではない**ということです。子どもたちに教えるとき、彼らに処方箋を出すかのように話してはいけません。ただ繰り返し祈ったり、繰り返し聖句を唱えたりすることで、聖霊の妖精の粉が頭に振りかけられるのではありません。これらの手段が効果的である理由は、それを実践することによって、子どもたちが御霊と交わりを持つからです。御霊は、人格を持っておられます。子どもたちは、心で御霊に出会わなければなりません。力の源は御霊であって、手段ではありません。

次に、**御霊の手段は神と取り引きするためのものではありません**。これらの規律を重要なものとして教えるのは良いですが、気を付けてください。子どもたちは、一日のうちにある程度の聖書を読まなければ、または長い祈りをしなければ、神を怒らせてしまうのではないかと思い始めるかもしれません。これらの規律が重くのしかかる義務とならないようにしましょう。もっと悪い場合は、外面だけで行うようになってしまうこともあります。これらが希望に満ちた務めであり、自分たちを神に近づけ、神の力へのアクセスを得るものであることを、子どもたちが理解できるよう教えましょう。祈りやみことばは、レースを走るための酸素です。

原則④——神ご自身を求める

神のことばと祈りに没頭する人生には、神との親密な関係性が生まれます。これが、最も究極的な部分でしょう。どんな子どもにも深い喜びを与えることができるのは、神が自分を——悩みや醜い罪を含めて——知っていてくださる、そしてなおも愛してくださる、という確信です。

アレックスには、神が提供してくださる最高のもの、つまり神ご自身を、力強く追い求めてほしいと思っていました。

妻は、夫からプレゼントされるバラの花やチョコレートを喜んで受け取ります。同時に、婚姻関係にあることから得られる法的または社会的利益も享受します。しかし、妻が最も欲しいものは何でしょうか？　妻は夫と人生を分かち合うことを最も大切にします。結婚は相手があってのものだからです。

神との関係も、これと同じです。アレックスは神に駆け寄り、神を抱きしめる必要がありました。それ以下の行動では、子どもたちは見せかけの悔い改めしかできません。良く見られるように努めながら、密かに罪をごまかすことができたらと願うのです。変化を伴わない、口先だけの「悔い改め」によって神を嘲ります。あるいは、神ご自身よりも自分が本当に欲しい祝福だけを無理にでも手に入れようと、芝居を演じるでしょう。そこには、罪に対する本当の悲しみはありません。

イエスの福音において、信仰によって父なる神に近づくこと――目が潰れるほどのきよさと、いっさい動じない神の愛を知ること――は、完全にそれとは異なります。神に近づくなら、罪に対して鋭い自覚が生まれます。過ちを悲しみます。たましいは悲嘆に暮れます。涙が流れ、告白をします。罪の責めを受け入れます。言いわけはできなくなります。信仰による恥に、神の優しいあわれみが注がれます。イエスにしがみつきます。赦しの喜びがあります。神と、信仰によるすべてのものに、感謝の愛が生まれます。罪と、不信仰によるすべてのものを、忌み嫌うようになります。

そして、従順への熱心が生まれます。罪から離れることは、**最後の**ステップなのです。だからといって、先延ばしにするのではありません。神は今、力を与えてくださるので、罪から急いで離れるべきです。しかし、完全な悔い改めは、心が砕かれ、神に近づいた時にのみ花開くのです。そして、私たちは恵みの内に成長します。そうすると、悔い改めは喜びになるのです。

Q&A

——あなたは、イエスを信じ、信頼することによって、罪と戦うことを話してきました。しかし、子どもたちはそもそも罪を犯さないようにも努力すべきではないですか？　信頼することと努力することのバランスが必要なのではないでしょうか？

違います。部分的に信頼しつつ、部分的にがんばって罪から逃げる、というアプローチは間違っています。まず、これら二つの行動が正反対であるかのように考えていませんか。この二つは、そのように機能しません。二つで一つなのです。私たちは、「目標を目指して走」る（ピリピ3・14）とあるとおり、子どもたちが彼らの人生において罪としっかり戦い、神に仕えるよう教えなければなりません。しかし、戦うための力は神から来るものです。ですから、彼らは同時に、神に信頼し、神の約束に安住しなければなりません。一貫して、熱心に、です。信頼すればするほど、行動が伴います。信頼しすぎると行動に支障が出るというような、バランスの問題ではありません。クリスチャン人生は、常に、徹底的に、その両方で一つです。

——悔い改めが神の恵みの一部分だというのは、おかしいと思います。恵みとは神が私たちに与えるものであり、悔い改めは私たちがすることなのではないですか？

実は聖書は、神から与えられた悔い改めの機会を、イエスの死と復活、そして私たちの赦しといった、福音のほかの部分と一緒にしています。「次のように書いてあります。『キリストは苦しみを受け、三日目に死人の中からよみがえり、その名によって、罪の赦しを得させる悔い改めが、あらゆる国の人々に宣べ伝えられる』」（ルカ24・46〜47）。悔い改めへの招きは神からの美しい賜物であり、先に述べたように、悔い改めの行為は常に神と**ともに**、神に依り頼むことによって、行われます。

――あなたは、アレックスとの会話の中で、彼がイエスと結ばれていることや、神の子どもであることなど、彼が絶対にクリスチャンであることを前提として話しているようでした。本当に彼がクリスチャンだと断定できますか？

アレックスが自分はクリスチャンだと告白しているので、私も彼をクリスチャンとして扱いました。絶対に断定できることはありません。しかし、前にも言ったように、子どもに何を話すかは、いずれの場合もあまり変わらないことがほとんどです。もしアレックスが救われていなかったとして、彼に福音を伝え、それを信じ、悔い改めるように説くなら、それもまた正しいことでしょう。ある時点で、子どもがクリスチャンになると宣言したなら、あなたもそれを受け入れなければなりません。特にその子どもがイエスに対する信仰を告白し、日々罪との戦いを願うことから生まれる、悔い改めの基本的な証しが見られるなら、あなたはそれを受け入れる必要があるでしょう。もしあなたが常にその子どもの救いを疑っているなら、最終的にはその子に対する神の誠実を疑うことになります。それは悪魔のすることです。それは、その子どもを助けるより、傷つけることになるでしょう。

——罪に対してあまり、またはまったく、問題視しないような子どもはどうしたらよいでしょうか？

違ったアプローチをすべきですか？

子どもたちは自分の罪を認め、その責めを受けなければなりません。サメの図を用いたり、十分な時間をとって聖書を読んだりすることも助けになるでしょう。しかし、どんな子どもでも、生涯を通して悔い改めなければならないのです。罪に満ちた生き方を特に悔い改めるべき子どももいるでしょう。神に対して自分を正当化したり、今のままで十分だと信じたりする態度を悔い改めるべき子どももいます。私が普段教えている教会の子どもたちには、後者のような悔い改めの必要性を理解するのが難しいようです。

今すぐイエスが見えるように

子どもたちとの人生のあらゆる場面で、福音を適用するために、今すぐ実践しましょう。以下にいくつかおすすめの方法を挙げています。

両親のために——年齢が上の子どもたちには、繰り返される問題行動について話し合う機会があるとき、サメの図を使ってみてください。もし、罪を告白したり、福音にあって互いを励ましたりすることにあなたの家族がまだ慣れていないなら、まずは罪についてオープンに議論して大丈夫だということを伝えなければいけません。その場合、**あなた自身の**問題行動を先に例に挙げて分かち合うことが必要かもしれません。サメの図に、(1)あなたの表面的な罪を書き込み、(2)その罪に潜んでいる偶像や恐れが何であるかを書き込み、(3)イエスに対する不信仰を一番下に書き込みます。それから、子どもとともに、同じプロセスをたどってください。子どもの心の中で起こっていることを、**あなたの考え**で話さないようにしましょう。代わりに、子どもが十分に考え、それを表現できる時間を与えてください。「水面下」の罪を探り当てたら、ほとんどの場合、その時点で祈ることがベストです。神が悔い改めをもたらしてくださるように、また信じるための励ましが与えられるように、祈ります。このイラストレーションの目的は、表面的な罪だけでなく、偶像、恐れ、不信仰などを含む罪の悔い改めをもたらすことです。

子どもたちを心のレベルで信仰の行いに導くことができるかどうかは、あなたがどれだけ彼らと豊かな時間を過ごしているか、またはどれだけ神のことばや祈りといった成長をもたらす聖霊の手段を彼らに触れさせているかによって、その能力が高まります。ぜひ、あなたの家族のスケジュールや予定を振り返ってください。一緒に過ごす時間を書き出しましょう。十分な、良い時間が取れていて満足していますか？　それとも、忙しすぎてつながりが感じられなくなっているでしょうか？　ともに祈り、聖書を読み、賛美するための時間の余裕はありますか？　あなたはそれぞれの子どもたちと、教会での祈りや礼拝に一緒に参加していますか？　満足のいく答えを出せない場合は、妨げになっている予定や約束をよくよく見直し、それらを手放しましょう！

今すぐ、一週間につき約束を一つ減らしましょう。それでも状況が改善しなければ、もっと減らしてください。あなたの予定に加え、子どもの予定も減らさなければならないかもしれません。減らす価値は必ずあります。

ユースリーダーのために――あなたの担当している子どもたちに、サメの図に書き込んでもらいましょう。両親のために説明した方法で行います。あなたが表面的な罪以上に目を向けようとしていることを、彼らも喜んで受け入れるはずです。グループで取り組む場合、初めに架空の人物を例に出してみると、うまくいくときがあります。「もし誰かに、自慢ばかりする罪があったとしたらどうだろう？　水面下には、どんな偶像や恐れがあると思う？　その人がイエスさまについて信じていない部分は何だろう？」　その後で、個人的に特定の子どもと話す機会があれば、その子の罪について、サメの図を用いながら話し合うと良いでしょう。

幼い子どもたちのために――年齢の低い子どもたちにとっては、水面下にある偶像や恐れを言葉で言い表すのは難しいかもしれません。それでも、彼らは理解しています！　そこで、幼い子どもたちの表面的な罪を注意するとき、彼らにより深い部分について尋ねてみてください。おそらく、可能性のありそうな動機をこちらから提案したり、子どもに分かりやすい言葉を使ったりする必要があるでしょう。以下はその例です。

- 「嫉妬」と言う代わりに……「ほかの人が持っているからというだけで、それを欲しがったの？」

- 「欲張り」と言う代わりに……「君が全部ひとりじめしたいと思ったの？」
- 「自尊心」と言う代わりに……「本当の自分より、自分を良く思わせたかったの？」
- 「欲望」と言う代わりに……「それを手に入れれば嬉しくなると思ったの？」

動機を正確に特定できたら、子どもがそれについて理解できるように確認しましょう。「誰でもそう感じることがあるんだよ、でも私たちは、**そう感じる必要はないんだ。**」イエスが私たちのために何をしてくださったかを話し、その動機が必要なものでないことを教えます。「君が全部ひとりじめにする必要はないんだ。だって、イエスさまは、持っておられるものすべてを私たちと分かち合おうとしておられるからね。」これを繰り返し思い起こさせることで、幼い子どもでも、罪と戦うためにはイエスを信じることが必要不可欠であると学ぶことができます。

教師たちのために——子どもたちに御霊の手段の重要性を教えるために、「聖霊の道具入れ」と書いた箱や、カバン、机の引き出しなどを用意します。子どもたちがクリスチャンとして成長するために、御霊がどんな「道具」を与えてくださるか、当ててもらいます。いくつか答えを聞いた後で、中に入っているものを紹介しましょう。聖書（神のことば）、教会の礼拝を象徴するもの（神のことばの説教、洗礼、聖餐式）、そして祈りをささげる手を表す絵や小さな像が入っています。御霊は、私たちがイエスとつながっていられるようにこれらを与え、成長させてくださることを説明してください。これは、祈ること、聖書を読むこと、教会に行くことが、神に良く思われるために行う雑事ではなく、キリストにあって成長するために用いるべき賜物であることを示す良い方法です。

注

1 Thomas Watson, *The Doctrine of Repentance* (Edinburgh: Banner of Truth, 2009), 102. 日本語訳は本書訳者による。

2 この質問は以下の資料から抜粋した。Serge, *Sonship*, 3rd ed. (Greensboro, NC: New Growth, 2013), 46; *The Gospel-Centered Life, Leader's Guide* (Greensboro, NC: New Growth, 2011), 26.〔邦訳『福音中心の人生 リーダーズガイド』ブラッシュ木綿子訳、CBI PRESS、二〇一一年〕本書での引用は本書訳者による。

3 繰り返し悔い改めることの価値については、以下の文献で詳しく書かれている。Serge, *Gospel Identity: Discovering Who You Really Are* (Greensboro, NC: New Growth, 2012), 114.

4 サメのイラストレーションはSerge のスタッフであるスチュー・バトストーンとデボラ・ハレルによるもの。デボラと私が、子ども向けの弟子訓練コースのサンプルレッスンを開発する際に、このイラストレーションを図表にしたのが最初である。

第10章　ボイラールームの教室──祈りを通して福音に生きる

祈りという偉大な務めは、天におられる神の御姿と、神の右におられるキリストの御姿をとらえるためにある。

──トマス・マントン[1]

数年前、私の教会は街の中心部にある大きな古い建物で礼拝をしていました。ミニストリーには絶好のロケーションでしたが、ときどき、不法侵入や荒らしの被害に遭うことがありました。彼らは夜に建物内に入り込み、小さないたずらをしていきます。

あるとき、数人の荒らしが子どもたちの教室に侵入したのですが、彼らは小さな祭壇をこしらえ、教室に置いてあった大きなクマのぬいぐるみに火をつけたのです。これは、なんとも気味の悪い事件でした。今回は事態を放っておくわけにはいきません。怖がっている子どもたちに事実を隠すこともできませんでした。一番年下の子どもたちは、クマさんのことを泣いて悲しみました。

それから数週間後、教会学校が始まる前に、同僚の教師が私に話しかけてきました。彼女に考えがあるとのことです。彼女は、その日、自分のクラスの子どもたちをボイラールームに連れていくことにしている、と言いました。ボイラールームには外に通じるドアがあり、そこは何度も荒らしのターゲットになっています。その場所で、みんなで祈るといいます。教会学校の時間の大半を使って、長い祈禱会をするとのことでした。彼らは荒らしをした人々のために祈るそうです。建物が守られるように、祈るそうです。神が彼らの恐れを慰めてくださるよう、祈るそうです。さらには、ボイラー自体のためにも祈るのだとか。このボイラーはたびたび故障して動かなくなることがあり、暖房が効かなくなるからです。

「あなたのクラスも、一緒にどう？」彼女は私に尋ねました。

私は戸惑いました。あまりやりたくはありません。

「少し考えてみて、決まったら教えてね。」彼女は言いました。

しかし、私は考えるつもりはありませんでした。自分のクラスはボイラールームでの祈禱会に参加させたくないと、心の中ですでに決めていました。ただ、それを不信仰に見えないようにどう伝えるべきか、分からなかったのです。

祈りたくないのはなぜか

この祈禱会に参加したくない、良い理由もあると思います。しかし、私の理由は悪いものでした。まず、私は人のアイディアに便乗することに、自分のプライドが許しませんでした。そして、それ以上に、祈禱会自体がおそらく気まずい空気になるような気がしたのです。

もちろん私も、自分のクラスでいつも祈っています。しかし、私は短く決まった言葉で、無難な祈りをすることを好みました。私の生徒たちは、ボイラールームで祈るなんて突飛で馬鹿げていると思うかもしれません。または、退屈する可能性もあります。そして、教師である私は、絶対にみんなの前で率先して参加し、立派に聞こえる祈りをしなければならないでしょう。これは私にとって、聖書のレッスンを教えるより苦手なことでした。

祈り自体にも、リスクがあります。仮に、荒らしの被害が増えたとしましょう。子どもたちにどう言いわけすれば良いのでしょうか？　祈りがまったく効かなかった、あるいは祈り方が足りなかったと思われるのではないでしょうか？　真剣に祈るせいで、見栄え良くしなければという、パフォーマンス重視の教え方になってしまうかもしれません。しかも、面倒です。祈禱会というのは、私の耐えられる時間より長引いてしまう傾向があります。

いっそのこと、正直に言ってしまいましょう。私は、祈りが好きではありませんでした。

祈りを好きになるべきだということは、知っています。なにしろ、祈りはイエスご自身のミニストリーの一部分でしたから。「イエスに手を置いて祈っていただくために、子どもたちがみもとに連れて来られた」（マタイ19・13）。この一節は記憶に残らないことが多いですが、私は覚えていました。また、祈りは「信仰の修練の主要なもの」[2]であることも知っていました。私たちは、自分自身ではなく神に信頼することで救われています。同様に、私たちは自分自身ではなく神に信頼してクリスチャン人生を生きなければなりません。これが信仰であり、祈りは私たちに信仰があることを示します。

これらのことはすべて、知っていました。それでも、私は自分のクラスを祈りの場に連れて行くことを、うまい具合に回避しようと決め込んだのです。私は何とか理由をつけて、準備してあった、何らかのレッスンを教えました。

後日、その教師にばったり会ったことは言うまでもありません。彼女は、自分のクラスで行った祈りの時間が、いかに素晴らしい体験となったかを私に話しました。悩み事を神に打ち明け、神に信頼することを実践できた、とのことでした。彼女は優れた教師でした。彼女は祈りを愛し、その姿は彼女の生徒たちにも受け継がれていたのです。

私は、そうではありませんでした。私は、自分優先でプログラムを決めました。そして、もちろんこのことは認めたくありませんでしたが、神に話しかけることは退屈だと思っていました。私はクラスで祈ることを避けていただけではありません。一人のときも、ほとんど祈っていませんでした。私は神の威厳をまったく理解できていませんでした。自分の罪の自覚も、その罪を背負うためにイエスが支払った代償も、神から離れた自分の弱さも、理解していなかったのです。私は、福音に生きていませんでした。

祈りについて罪悪感を覚える

その頃に比べると成長しましたが、私は今も、祈りはあまり得意ではありません。それにもかかわらず、その私が今、祈りについて執筆しているのです。それは、イエスの教えについての本に、祈りのことを書かないわけにはいかないからでもあります。しかし、最も重要なことは、私のような教師が、たくさん、たくさんいることを知っているからです。もし、あなたが祈りたいと思えなくて悩んでいるなら、それはあなただけではありません。私は叱ったりはしないので、安心してください。

祈れないという悩みは、ある意味当然のことです。祈りは私たちの信仰生活の中心ですから、悪魔はその祈りの生活を攻撃してくるはずだと予測していなければなりません。悪魔が私たちを祈りから遠ざけることに成功すれば、私たちは実にお粗末な教師になるでしょう。まさに偽善者です。子どもたちに神に信頼することを教えながら、私たちは自分を信頼し、子どもたちに神がいかに素晴らしい方かを教えながら、私たちはその方に自分の時間を費やすことすら惜しんでいるのです。

祈らない教師でいるのはそれほど悪いことですが、私たちは祈りが下手なことにも罪悪感を持ってしまいがちです。あなたも私も、祈る時には、必ずいつも覚えておかなければならないことがあります。それは、神は正反対の目的のために祈りを与えられたということです。すなわち、私たちが**決して**罪悪感を感じないためです。振り返って反省することはあるでしょう。しかし、罪悪感は必要ありません。私たちは、決して祈りによって責められるべきではありません。私たちがどれだけ祈りが苦手でも、です。証拠が必要ですか？　祈りについては、聖書に明確に書かれています。

祈りによって責められるべきではない理由

祈りは、イエスを通してのみ、神に近づく権利を私たちに与えます。

神が私たちの祈りを聞いてくださるのは、私たちがうまく祈るからではありません。そもそも私たちが神に祈ることができるのは、イエスと結ばれているからにすぎないのです。イエスは父なる神の右に座し、私たちの立場を保証してくださっています。イエスが良いお方であるゆえです。イエスの血が、私たちを神に近づけます。「ですから私たちは、あわれみを受け、また恵みをいただいて、折にかなった助けを受けるために、大胆に恵みの御座に近づこうではありませんか」（ヘブル4・16）。そうです、私たちは神に対してあまりに冷たい態度をとってきました。しかし、それでも私たちは祈ることが許されています。祈ることは、私たちがいかに完全に赦されているかを示す証拠です。祈らないことも、赦されているのです。分かるでしょうか？　神は、私たちが失敗作ではなく、いかにキリストにあって義と認められているかを思い起こさせるために、祈りを与えられたのです。

祈りには御霊の助けが含まれる

神は、私たちの粗末な祈りや短すぎる祈りを叱りつけてやろうと、目を光らせているのではありません。神は私たちが弱いことを知っておられます。したがって、神は私たちの祈りのパートナーです。「同じように御霊も、弱い私たちを助けてくださいます。私たちは、何をどう祈ったらよいか分からないのですが、御霊ご自身が、ことばにならないうめきをもって、とりなしてくださるのです」（ローマ8・26）。神を感心させようとがんばる必要はありません。私たちは、祈りのパートナーの前で、ありのままでいることができます。祈りがどれだけ難しいか、神の前で認めましょう。私たちに助けが必要であることを、神はすでに**知っておられる**のですから。

祈りは父と子としての体験

弟子たちがイエスに祈り方を教えてくださいと言ったとき、イエスは初めに、神を「父よ」と呼ぶことを教えられました。イエスと結ばれているということは、その同じ「父」を持っているということです。神は、私たちの祈りの生活がどれだけ子どもじみたものであろうと、その祈りを聞きたいと願っておられます。私たちは、イエスが常に知っておられた愛なる父と子の交わりに入るのです。罪の責めは消え去り、喜びに置き換えられます。

つまり、こういうことです。もしあなたが、自分の祈りの生活を振り返った時に私が感じるような、不誠実、偽善、無慈悲、よそよそしさ、頑固さ、高慢、怠惰、無価値、思いやりのなさ、そのほか自分を責めるような感情を抱いているなら、確実に、あなたは祈る必要があります。祈りは、まさしくそのような、頑固で愚かなろくでなしのためにあるのです。祈りはそのような罪の責めがすべて消え去り、罪人が恵みに安らぐ場所なのです。

脅すことも、感心させる必要もない

まだ祈り方を学んでいる身としては、ぜひともあなたに忘れてほしいことがあります。それは、自分の乏しい祈りの実績です。その冷え切った心を理由に、祈りをやめないでください。イエスこそが、あなたに祈りの資格を与えるすべてでありますように。

イエスは永遠にわたって、父なる神に頼ることを楽しみ、あらゆる考えを分かち合ってこられました。今、**あなたも**イエスに結び合わされています。あなたも、父なる神にいつでも、何でも、どのような状態でも、近づく特権を持っています。それを信じ、祈ってください！　神があなたに祈りを突きつけ、あなたが頻繁に祈らなかったり、心から祈らなかったりしたら、あなたの人生が悪い方向にいくとか、ミニストリーが失敗するなどと脅しているとは、決して思わないでください。そのような祈りは、人生の悩みを増やすだけです。イエスはそのように祈られませんし、あなたがイエスにあって祈る時も、そのような祈り方はしません。

エリヤは祈りの手本を示している一人です。「エリヤは……雨が降らないように熱心に祈ると、三年六か月の間、雨は地に降りませんでした」（ヤコブ５・17）。エリヤは子どもが生き返るようにと神に祈りました。また、カルメル山で、主が天から火を送ってくださるよう祈りました。エリヤは悩みの中にある時も祈りました。イゼベル女王から逃げている時も、彼は自分が死ぬかもしれないと祈りました。しかし神は、エリヤに近づき、力と励ましを与えられました。

エリヤの人生とその働きは、彼が祈りによって神に依り頼んだからこそ、力強いものとなりました。しかし、私がエリヤにまつわることで一番好きなのは、エリヤの神への祈りとバアルの祭司たちの偽りの祈りとの違いです。カルメル山で、バアルの祭司たちは自分たちの神のほうが先に火を送ることを願い、一日中懇願しました。「彼らはますます大声で叫び、彼らの慣わしによって、剣や槍で、血を流すまで自分たちの身を傷つけた」（I列王18・28）。彼らは自分たちの神が要求することを行ったのです。バアルの神を崇める者の祈りは、バアルのために何かをすれば、バアルが祈りに答えてくれるというものでした。大声で叫び、自分の身体を傷つけるなど、祈りが聞かれるために、**とにかく何でも、何かを**しなければなりませんでした。

どうか、私たちが真の神に祈るとき、そのような祈り方をしませんように！　私たちの神は、私たちが神のために血を流すことを要求されません。神ご自身が、私たちのために血を流されたのです。私たちの神は、バアルよりずっとすぐれた神です。偽りの神でなく真実の神であり、弱い神でなく力強い神であり、辛辣な神ではなくあわれみ深い神です。何よりも、私たちの神は「あなたはわたしのために何をしたのか」と尋ねてこないという点で、この世で考えうるどの偽りの神とも異なります。私たちの神は、「**これが、わたしがあなたのためにしたことだ**」と宣言される神です。

神に祈ることは、私たちの義務です。これは確実です。神は祈りに相応しいお方です。間違いありません。しかし、神が祈りを与えられるおもな理由は、神が私たちの父であるからです。神は、祈りから生まれる益が私たちに還ってくることを心から喜ばれます。[3]

よく祈る教師

そうであれば、あなたも私も、よく祈る教師であるべき理由は十分にあります。まずは、一人で祈ることから始めなければなりません。父なる神と一対一の時間を過ごすことを学び、それを楽しめるようにならなければなりません。ボイラールームの一件が教えてくれたように、喜んで祈る教師にならないかぎり、祈りを中心としたレッスンはできないのです。

他の教師たちに話を聞いてみると、よく祈る教師はさまざまな方法で祈ることについて学んでいます。あなたにぴったりの方法がどれかは分かりませんが、まず福音を信じることからスタートしなければならないことには変わりありません。祈りは、弱さをもって力を得ることです。ですから、あなたも祈りを用いて、自分を信頼するのではなく、イエスを信頼してください。あなたの人生とあなたの教えるレッスンに新しい力が注ぎ込まれるよう、御霊に祈り、御霊が進んでそのみわざを成し遂げてくださることを信じましょう。

もしあなたが、とりわけ勉強好きな教師で、私のように聖書の勉強は好むけれど祈りに没頭する時間を持つのに苦労しているなら、ぜひ詩篇を読んでみてください。詩篇は最高の祈りです。私はたびたび、詩篇やほかの聖書の祈りを選び、その箇所を学ぶところから始めます。そして、その祈りに動かされるままに、その言葉を神にお返しするようにして祈るようにしています。詩篇はまさに、御霊が私たちを助ける方法の一つです。どう祈っていいか分からない時のために、御霊は詩篇という祈りのガイドブックを与えているのです。

これ以上、一人での祈りが成功するための公式を与えるつもりはありません。そこまでいくと、まるであなたの夫または妻との話し方について指図するようなものだからです。祈る時はマニュアルどおりに祈るのではなく、心が促されるままに祈るべきです。ただし、あなたの祈りの生活を子どもたちに紹介し、祈ることを教えるためのアイディアはいくつかあるので、紹介したいと思います。

アイディア①——「その場祈り」

あなたが祈りのミニストリーに力を注ぐために、何か一つだけ実践するなら、「その場祈り」をお勧めします。これはどういう意味かというと、例えば子どもやスモールグループが、あなたに問題を打ち明けたり、悩みを口にしたりしたとき、活動をいったん止めて、その場ですぐに彼らと祈るという方法です。もしレッスンの最中にそれが起これば、レッスンを中断して祈ります。もし、教室の外やグループ外でそれが起これば、その場所で祈ります。家であれ、旅行中であれ、教会であれ、街の中であれ、子どもが求めれば一緒にすぐに祈りましょう。

こうすることで、物事の大小にかかわらず、**あらゆることにおいて**、私たちの希望は神にあるということを子どもたちに教えることができます。ミニストリーや人生のどの場面にも神がともにおられることを教え、何事にもまず神を見上げる習慣を築くことができます。つまり、信仰の条件反射です。私たちはこのような祈りを通して、イエスが私たちのために勝ち取ってくださった、父なる神に近づく権利を楽しみ、用いることができます。福音に生きるうえで、これほど基本的なことはありません。

もし、このような祈りの習慣があなたのクラスや家庭で根付いていないなら、「その場祈り」は初めは気まずく感じるでしょう。その心配ゆえに、私は今まで数え切れないほどの祈りの機会を取り逃がしてきました。どうか、あなたは同じ失敗をしないでください。心配があろうと、子どもたちと祈ってください。あなたは彼らの教師、または親なのです。彼らのために祈るべき存在です。とにかく実践すること、そうすれば慣れてきますし、周りもその習慣に順応していきます。

多くの場面で、祈ることしか選択肢がないこともあります。最近、私は夏期バイブルスクールで大人数のグループレッスンをしました。賛美の時間になって子どもたちが集まっているとき、私はよく知っている女の子が部屋の隅に一人で座っているのに気がつきました。見ると、静かに泣いています。私は彼女の隣にしゃがみこんで、どうしたの、と尋ねました。彼女はまるで堰を切ったように話し始めました。どうやら、彼女のお姉さんが家で意地悪をしてくるようです。お母さんはそのことについて何もしてくれません。そして今、彼女は友達にまで嫌われてしまったらどうしよう、と怖くなったのでした。

先ほど言ったように、私はこの女の子のことを知っていました。彼女がよく泣き真似をして注意を自分に向けることも知っていました。ですから、彼女の言うことをそっくりそのまま受け入れて、お姉さんやお母さんが悪いと決めつけることはしたくありませんでした。それでも、確かにお姉さんやお母さんが悪い可能性もあります。それを確かめる術はありませんでしたし、正直私が解決すべき問題でもありません。女の子は心を乱しているのですから、私の仕事は、どちらかの味方になることなく、彼女を助けることでした。

　私は、習慣に頼りました。その女の子に、一緒に祈っていいかと聞きました。彼女はうなずき、私たちはその場で一緒に祈りました。私は神に、家族同士が互いに優しくすることができるように助けてください、と祈りました。彼らが互いに赦し合うことができるようにと、祈りました。彼女と友達との関係についても祈りました。それだけです。短い祈りでしたが、真剣に祈りました。私が祈り終わると、彼女は見るからに気分が良くなっているようでした。彼女は、私にお礼まで言ってくれたのです。

　決して、彼女の抱える問題を大したものではないと払いのけ、さっさと次に進みたかったから、祈ったのではありません。そうではなく、その状況で彼女が祈りを必要としていたから、祈ったのです。私も彼女も、心の内をすべて知っておられる、御父に目を向けなければなりませんでした。私がどうこうするより、神に解決していただくべき状況でした。そのとき私が彼女に教えられる最も大切なことは、私たちが悲しみや怒りの中にいるとき、神は聞いてくださること、そして助けてくださるということです。

　このような機会は、常に訪れます。この時は、私は忘れずに祈ることができました。機会を求めていれば、あなたも忘れずに祈ることができるでしょう。

アイディア②――ルールなしの祈り

クラスの中で、グループで祈る時間をリードするとき、私たちはよく「ルールなし」の祈りと呼ぶ方法で祈ることにしています。これは何かというと、祈りの時間の間、基本的な祈りの態度などのルールは適用されますが、それ以外はいっさい特別なルールを定めない、というものです。目を閉じる必要もなければ、手を合わせる必要も、頭を下げる必要もありません。また、祈る内容、祈る長さも、それが明らかに罪につながらないかぎり、自由です。この方法を取り入れるのは、祈りとはすなわち信仰深げな姿勢や、流暢な言葉や、高潔な願いで、神を感心させるためのものだという考えを、子どもたちに植え付けないためです。子どもたちが、ほんのささいな願いや小さな感謝を抱えて祈るとき、それが成熟した姿や霊的な姿を現さなくとも、いつも御父に近づく習慣を身につけてほしいのです。

特に、年齢の低い子どもたちと一緒にこの祈り方を実践する場合、私はしばしば口を挟まないよう意識しなければなりません。彼らの祈りを評価したくなってしまうからです。自分のひざのすり傷のために祈ったブライアンの祈りより、がんを患うアリシアのお婆さんのための祈りのほうが優れているのでは、などと考えてしまうのです。宣教師のために祈ったジョエルの祈りは、飼い猫が家具の上で飛び回るのをやめますようにと祈ったヘザーの祈りよりもよっぽど重要だ、と決めつけてしまいます。

もちろん、ほかの祈りよりも重みのある祈りも、あるかもしれません。しかし、ルールなしの祈りは、いかなる希望や不安をも受け止め、それを御父に委ねるなら、すべて優れた祈りであることを確信させます。もし、子どもが自分の犬のことを気にかけているなら、その犬のために祈って当然です。その子どもが成長すれば、心配事もより「重みのあるもの」に変化していくことでしょう。その子がいつでも、彼の祈りが変わらず自由で、身構えないものであってほしいと願うばかりです。その子の心配ごとを、御父に委ね続けてほしいと願います。成熟した問題も子どもじみた問題も、人生のあらゆる心配ごとを、御父に委ね続けてほしいと願います。「あなたがたの思い煩いを、いっさい神にゆだねなさい。神があなたがたのことを心配してくださるからです」（Ⅰペテロ5・7）。

私はときどき、神にお願いできることをリストアップして、子どもたちの祈りのビジョンを広げようと努めています。以下は、祈りのカテゴリーの一部です。

- 問題があるときの助け
- 日々の守り
- 信仰が深められるための助け
- クリスチャンではない人々の救い
- 教会の働きと宣教
- リーダーや役割を担っている人々

リストがなくても、初めの二つのカテゴリーに関しては、子どもたちはめったに忘れません。私は、感謝と賛美と告白の祈りだけでなく、そのほかあらゆることについて祈ることを、聖書が教えていると子どもたちに伝え、彼らの祈りの視点が広がることを願っています。ただし、子どもがこのリストをすべてクリアしようと躍起になって祈っているときは、私はリストを隠すことにしています。リストを網羅すれば、祈りが良くなると思っているからです。それは違います。そのように祈るなら、祈りがただのパフォーマンスになってしまいます。

アイディア③——祈りに関するあなたのアイディア

子どもたちと一緒に祈るには、もっと昔からよく実践されている方法がたくさんあります。私は、子どもたちが集まる時に祈ります。去っていく時に祈ります。次のプログラムに移るときにも、祈ります。ほかのグループを招いて、一緒に祈ったこともあります。大人を招いて祈ってもらったこともあります。宣教師にクラスを訪問してもらい、彼らの働きのために祈ったこともあります。ほかの教師の中には、生徒たちに祈りの日記を記録させている教師もいます。すべて、良いアイディアです。

まだまだあります。しかし、もしあなたが自分のアイディアを考え出すことができたら、そのほうがもっと良いでしょう。本当の悩みは、いつ、どこで、どうやって祈るのがよいか、という点です。それはすなわち、**祈りたい**と思っているかどうか、なのです。もしあなたが祈りたいなら、そのための良い方法はいくらでも思いつくでしょう。

ヤコブはこう言っています。「自分のものにならないのは、あなたがたが求めないからです」（ヤコブ4・2）。当然その後に続くのは、なぜ私はもっと頻繁に求めないのか、という問いです。なぜかというと、それは私がいまだに高慢で、自分を信頼しているからでしょう。私は人に頼ることが好きではありません。神に頼ることでさえ、同じです。

私は今も、苦労して学んでいる最中です。あなたもそうかもしれません。ですから、私に言えることは、イエスのたとえ話に登場する、真夜中にパンを求めて友達の家のドアをしつこく叩いた人のように恥知らずになれ、ということです。自分のことだけ考えていた友達も、仕方なくベッドから起き上がって助けの手を貸しました。あなたには、自分を顧みず、喜んで与えてくださる、もっと良い友がいるではありませんか。イエスは、あなたのためにとりなしの祈りをするために、今も**生きて**おられるのです。イエスは必ず、すぐに応えてくださるでしょう。

さらに、あなたは祈ったさまざまなこと以上のものを得るはずです。祈りの中で、あなたは神ご自身に出会うことができます。これこそ、イエスにある救いの目的です。神は、私たちが神とともにいることを望んでおられます。祈りをささげるとき、私たちは、本来行くべき場所にたどり着いているのです。

今すぐイエスが見えるように

もしあなたが私のように祈ることが難しいと感じているなら、何よりもまず、今しばらくこの本を読むのをやめて、祈りましょう。あなたが祈りについて感じていることを御父に伝え、より良い祈りの時が持てるように主の助けを求めます。さあ、やってみましょう。今すぐです。

——読むのをやめて、祈ります——

これであなたも、まずは御父に話すということをし始めました。では、子どもたちのために働くうえで、さらに祈りを活かしていくためにできることを考えてみましょう。以下のアイディアのうち、いずれかを試すことから始めてみても良いでしょう。

両親のために——「その場祈り」が最も大きな影響力を持つのは、家庭で実践される時です。今日から取り入れてみましょう。誰かが心配そうにしていたり、悩みを口にしたりしたら——それがどんな小さなことでも——時間をとって、祈りましょう。ほとんどの場合、作業をしたり運転をしたりしながらの、とても短い簡単な祈りになるでしょう（もちろん短くなければならないことはありません）。そんなことをしていたら、一日の間で何度も時間を作ることになるだろうと心配しているなら、そのとおりです！　それは、「絶えず祈」るための良い手段となり（Ｉテサロニケ5・17）、家族の中でも、常に神に依り頼む感覚と、神とともに生きる喜びが生まれます。

教師やグループリーダーのために——あなたが働きかけている子どもたちに、祈りに自信がない様子があったり、声に出して祈ることに引け目を感じている様子があったりすれば、祈りの暗黙のルールをいくつか撤廃して（ルールには意識的なものも、無意識的なものもあります）、プレッシャーが軽くなるよう努めましょう。祈る時の姿勢や、声の大きさなどは定めず、特に相手の祈りを評価しないように気を付けてください。評価とは、祈りの内容や、霊的な祈りかどうか、などです。子どもに向かって「上手に祈れたね」などと言うことも、祈りをパフォーマンスとして扱うことになり、ほかの子どもたちの緊張感を高めてしまいます。祈りに対する感謝は、誰が何をどのように祈ったかより、ともにさまざまな賛美や心配事を持って、御父に近づくことができた喜びに向けるようにしましょう。

ミニストリーリーダーのために――次のチームミーティングなどで、祈りのためのアイディアを分かち合いましょう。ほかの教師たち、グループリーダー、カウンセラー、そしてメンターたちに、子どもたちとやってみてうまくいった祈りのアイディアを分かち合ってもらいます。あなたも、子どもたちを有意義な祈りに巻き込むために、どのような方法が有効か、アイディアを練ってみましょう。お互いに、**誰を**招いて私たちのために祈ってもらえるか、または招いた誰かのために私たちが祈ることができるか、**どこで**祈るか、**どのように**自分たちの祈りをフォローしていくか、など、話し合います。これについて、十五分ほど時間をとるだけでも、創意工夫に満ちたたくさんのアイディアが生まれるでしょう。

すべての人のために――一緒に祈る子どもたちが、いつも同じような祈禱課題に飽きているようなら、聖書が私たちに祈るよう勧めている、さまざまな祈りのカテゴリーを提案し、子どもたちのビジョンを広げることを考えてみましょう。前述したリストを、もう一度提示しておきます。

- 問題がある時の助け
- 日々の守り
- 信仰が深められるための助け
- クリスチャンではない人の救い
- 教会の働きと宣教
- リーダーや役割を担っている人々

「あなたがもっとできるようになりたいと思っている信仰の行いで、私たちに祈れることはある？」「教会の働きの中で、私たちが祈れることは何かな？」など、子どもたちに尋ね、彼らの考えを聞いてみてください。ただし、誰が一番良いアイディアを出せるかというような、祈禱課題コンテストになってしまわないように。子どもの心にすでにある心配事なら、何でも、一番良い祈禱課題になります。

また、祈りに満ちた生活をするための良い方法として、日々のルーティンの中に短い祈りを加えるというものがあります。多くの人は、食事をするたびに祈っています。ほかにも祈りを加えられるタイミングはないでしょうか。

(1) 朝起きたらまず御父に祈り、挨拶（あいさつ）をする。
(2) 車に乗った時や仕事場の椅子に座った時に、その日一日が守られるよう祈る。
(3) 寝る前に心配事や感謝を祈り分かち合う。

(4) そのほかスケジュールに合うタイミングで祈ってみましょう。

とにかく、一日を通して、祈る習慣をできるだけ増やすことです。そうすることで、常に御父の臨在を感じることができるようになるでしょう。一日の中で何が起ころうとも、祈りつつ対応することができるようになるはずです。

注

1 Thomas Manton, "A Practical Exposition of the Lord's Prayer," *The Complete Works of Thomas Manton* (London: James Nisbet, 1870), 1:64. 日本語訳は本書訳者による。

2 ジャン・カルヴァン『キリスト教綱要　改訳版　第3篇』(新教出版社、渡辺信夫訳、二〇〇八年)、三四八頁。

3 ジャン・カルヴァン、同書、三五〇頁。

第11章　未経験のままのスキー——福音が最大の希望となるように

恐れるな。ただ、信じて待て。そして、祈れ。すべてを一度に期待するな。クリスチャンはキノコのように瞬く間に成長することはない。むしろ、樫の木のように、その変化はほとんど分からないほどだが、時間が経てば、深く根を張りめぐらす偉大な大木になる。

——ジョン・ニュートン[1]

礼拝までの時間、コーヒーをすすりながら、行き交う友人たちと挨拶(あいさつ)を交わしていた時のことでした。ある十代の男の子が、私のほうに向かって歩いてきました。彼が私に声をかけてくれるのは珍しいことではありません。私は彼に親しみを感じていましたし、彼もそう思ってくれているようでした。私は彼に、最近どう？　と尋ねました。しかし、彼はおしゃべりをしに来たわけではなさそうでした。何かのお誘いのようです。

その週の後半に、彼は家族とスキーに出かけることになっていました。一緒にスキーに行きませんか？　彼は上目遣いで私を見つめ、明らかに「ＯＫ」の返事を求めていました。

「うーん……」どうしよう、なんて言おう？

スキーという問題

一つ知っておいてほしいことがあります。私はスキーができません。私はコロラド州に住んでいます。この州に住んでいるなら誰もがスキーをするかのように思われますが、それは、私以外のみんなのことでしょう。私も、人生の中で、スキーをしたことが何年も前にありました。非常に痛い思い出です。身体の痛さもありましたが、プライドも傷つけられました。私は習得が遅く、協調性もなく、その時その場で「スキーは嫌いだ」と決めつけてしまいました。それ以来、一度もスキーはしていません。

誰かにスキーに誘われても、たいてい「私はスキーをしないんだ」と断ります。それでも諦めてくれない時は、私はスキーを習ったことがないし、習いたいとも思わない、と白状します。しかし、この男の子の家族はスキーをこよなく愛していました。彼はおそらく三歳ぐらいのころからスキーを始めています。私が思うに、彼にとってはスキーのやり方を知らない人なんて、自転車に乗る練習をしたことがない人のようなものでしょう。完全なる臆病者の負け犬です。

この子とスキーに行くのだけは勘弁です。しかし、スキーができないことも、この子にだけは知られたくありません。別に大したことではないと笑顔で返され、教えてあげますよと言ってくれるかもしれませんが、そんな恥ずかしいことはありません。

「そうだな、私はあまりスキーが好きじゃないんだよ。」私は言いました。「それに、絶対に君ほどスキーが得意じゃないし。」

「大丈夫ですよ。」彼は言いました。「そんなこと気にしません。ぜひ、来てください。」

「いいや、スキーは、ちょっと私には向いていないんだ。」

彼は目を伏せました。私は事実上、彼が楽しいと思うことを一緒にして過ごすのは嫌だ、と言っていたのです。彼は二度と私を誘いにきませんでした。

福音を教える——あなた自身に

彼の誘いを受けて、私は多くの意味で失敗しました。何よりもまず、その男の子と彼の両親との良い関係性を築くことができる、絶好の機会を逃しました。私の頭に初めに浮かんだのは、どうすれば恥をかかずにすむかということでした。恥をかかないことが、私の偶像となっていたのです。私はそのことを、神に仕えることよりも前に位置付けました。さらに深めると、私の不安は、私が福音を信じることができていない証拠でもあります。神にあってイエスが私に与えてくださる評価に満足できず、私はこの世で得られる評価を守るために、嘘をつきました。

私は、自分で教えていることを**実践しませんでした**。私は、イエスの義に安らぐことをしなかったのです。イエスを見ることにも、イエスを愛することにも失敗し、へりくだってイエスに応えることもできませんでした。私は教師でありながら詐欺師となり、生ける水を子どもたちに勧めながら、自分ではその水を飲まなかったのです。

冗談を言っているのではありません。生徒は、誠実な教師と偽物の教師とを敏感に見分けます。

子どもたちにとって、誠実であることほど、教師に求めているものはありません。格好良いこと、楽しいことより、大事です。むしろ、聖書をしっかりと教えてくれることよりも大事なのです。子どもたちは、私たちが日々の生活においてクリスチャンとして生きていることを期待し、その姿を必要としています。私たちが、パウロの言ったように振る舞うことを望んでいるのです。「私たちの福音は、ことばだけでなく、力と聖霊と強い確信を伴って、あなたがたの間に届いたからです。あなたがたのところで、私たちがあなたがたのためにどのように行動していたかは、あなたがたが知っているとおりです」（Ⅰテサロニケ1・5）

このように福音を教えることは、なんと骨の折れる仕事でしょうか。私はヘマをしてばかりです。しかし、どれだけ罪深い失敗があろうとも、失望しないでください。福音は私たちに、とてつもなく大きな希望を与えます。私たちは、日ごとに、一時間ごとにでも、絶えず、悔い改めることができます。そして、神の赦しを何度でも何度でも味わうことができるのです。神が私たちを聖徒として扱ってくださり、子として愛してくださることを、私たちは信じることができます。そして、さらに大きく信じることができるのです。私たちは回復することができます。

もちろん、どうしても偶像に仕えてしまい、神の約束より自分の恐れを優先してしまうということが起こるでしょう。しかし、クリスチャンとしての成長というのは、以前ほど罪を犯さなくなって、自分の力でやっていけるようになることでしょうか。そうではありません。むしろ、イエスに絶えず依り頼むことを学び、信仰が増し加えられ、私たちの弱さにあってイエスに信頼するようになることです。私たちが福音を教えなければならないのは、生徒たちだけではありません。まずは、私たち自身の心に福音を教える必要があります。私にとっては、それが何度も何度も必要です。毎日でも、必要なのです。

キャンプで過ごした最悪の一週間

数年前、私は山の中で一週間行われる子どもバイブルキャンプで教えたことがありました。キャンプに参加していたのは、二、三十人の小学校高学年の子どもたちと、四、五人の中高生の奉仕者（ヘルパー）、数人のカウンセラー、キャンプリーダーたち、そして教師の私でした。

キャンプが始まるやいなや、私はいら立っていました。子どもたちが私の思っていたように反応を示さなかったからです。それが誰のせいかも明らかでした。中高生たちです。私にとって、奉仕者として来る中高生たちはバイブルキャンプの内容に興味をもって参加してくれるものだと思っていました。彼らは、フリータイムなどに、学んだ内容について年下の子どもたちと話してくれたりします。しかし、今回の中高生は、まるで興味などないかのように振る舞っているのです。私のレッスンに参加しようともしません。中には、レッスンの最中に、私たちが集まっている部屋の真ん中を歩いて横切っていく子もいて、それが気を散らす原因となりました。

私は、キャンプの参加者が毎朝デボーションで使うための冊子を作る係になっていました。その冊子は中高生も使うとのことだったので、私は苦労して、彼らにとっても有意義な内容を盛り込むようにしました。しかし、中高生のほとんどは、デボーションに参加すらしなかったのです。小学生の子どもたちがデボーションタイムをもっている間、彼らは寝坊したり、雑用をしたり、座っておしゃべりしたりしているだけでした。ある日の朝などは、数人で水風船を投げ合っていたほどです。

キャンプの責任者が言うには、彼らには寝不足になるような雑務があったり、レッスンの時間にほかの仕事があったりするとのこと、そして彼らの振る舞いに関する問題は本人たちの心を大切にしながら注意しているとのことでした。責任者は、もちろん正しいことを言っています。私も自分のことばかり考えていてはいけません。そこで、私もあまり文句を言わないよう努めました。ささいな妨害にすら対処できないような、自分勝手な教師に見られたくありませんでした。

しかし、内心では、感情が煮えたぎっていました。誰も、私のメッセージを褒めていない。自分の株が上がらないばかりか、本来良い手本となってくれるはずの――そして**私を**引き立ててくれるはずの――中高生たちは、まったく、全然なってない！

溢れ出した罪

ある日の午後、キャンプの参加者たちは水遊びを楽しんでいました。中高生の奉仕者たちはそのサポートをするはずでしたが、彼らは前日の朝から続いていた自分たちの水風船合戦に夢中になっているようです。すると、一人の中高生の男の子が、バケツの水を抱えた別の子を追いかけて、小学生がゲームをしている真ん中に突っ込んでいくのが見えました。私は、怒り爆発です。

私は彼を引っ張ってきました。「君はサポートをするためにここに来ているんだ。」私は彼を怒鳴りつけました。「君はずっと自分勝手に、自分たちが楽しむことばかり考えているじゃないか。君の仕事は年下の子どもたちを助けることだろう。自分勝手な行動はもう終わりだ！」彼は呆気にとられたようでしたが、状況は理解したようでした。彼は、その一週間で目立って悪さをしていたわけではありませんでしたが、そろそろ中高生のうち誰かが正されなければならない頃でした。

私は自分で、罪を犯している自覚がありました。当然です。自分のメッセージによってもたらされるはずの栄光が理想どおり叶わないからといって、こんなふうにまくし立てるなんて、自分が一番自分勝手なやつではないか、とすら、どこか心の奥底では分かっていました。しかしもうそのときは、どうでも良くなっていました。とにかく、妨害を止めて満足していたのです。

自分の罪と向き合おうと思ったのは、翌朝になってからでした。キャンプは終盤に差しかかっていました。私は、キャンプファイヤーで語るメッセージを準備していました。それは、自分のプライドを捨て、今週聞いた福音を心に抱くこと、そしてイエスへの新しい愛とイエスに仕える熱心を胸に帰路につくことを、子どもたちに勧めるメッセージでした。

神は時に、こんなジョークのような方法で語られます。

その朝、神は私に恵みを与えてくださいました。今まで、実に数え切れないほど、私は自分で初めに福音をしっかりと握りしめないまま、子どもたちと向き合っていたことに気付かされました。

今回も、自分の罪深さを目の当たりにし、私は救い主の御前に進み出ました。私は批判的な態度を認めました。私はキャンプの中で、自分は人より優れていると考え、自分こそ彼らの振る舞いを裁くべき人間だと思っていました。私にはプライドがあり、自分のレッスンの結果がそのプライドを満たしてくれないと、イライラしていました。私は良い教師であることを偶像化していました。自分のクラスが秩序正しく、生徒たちがしっかり学ぶことを切望し、それが自分の力で実現されることを望んでいました。私はこれらを神よりも大事にし、神より信頼していました。それは、自分が価値ある存在だと実感するためでした。それればかりか、私はこの勝手な妄想に、ほかの人をも巻き込もうとしました。人が自分の働きに感嘆し、ほめたたえてくれることを望みました。私は彼らに崇められたいと願ったのです。

　私は、ただ間違いを犯しただけではありません。この罪は、決してこの時だけのものではなかったことを認めなければなりませんでした。この一週間、不満を抱え続けた結果、もともとあった罪が吹きこぼれたというだけです。私の自己中心的な考えがあまりに強かったため、自分の中にあった良い願いさえもねじ曲げられ、ほとんど自分のことしか考えられなくなっていました。子どもたちに福音の力を感じてほしかったというのは、もちろん本心です。しかし、罪は私の良い目的さえも歪め、ミニストリーを行う大きな目的は、私の自己満足のためになってしまったのです。中高生の奉仕者たちについても同じです。彼らは、確かに問題を起こしていました。しかし、罪は私の心を揺さぶり、その結果、彼らに対する注意も、ただ自分の評価を守るためだけの行動になってしまいました。

福音に立ち返る

その一週間で初めて、私は本気で祈り、自分の罪を告白しました。そして、昔から好きなガラテヤ人への手紙を開きました。私は「今の悪の時代から私たちを救い出すために、私たちの罪のためにご自分を与えてくださ」った、イエスを見る必要があったのです（ガラテヤ1・4）。冒頭の言葉から始まり、私はガラテヤ人への手紙全文を読みました。神がすべてを――その週、私が心に抱えていたもやもやでさえも――知っておられ、それでもなお、神は、恵みによって私を選び出し、御子を私に見せてくださることを読みました。イエスが私を愛して、私のためにご自身をささげてくださったことを読みました。私がのろわれた者であったこと、しかしイエスが私の代わりにのろわれた者となってくださったことで、私を贖ってくださったことを、読みました。神が私をご自分の子としてくださったことを、読みました。そのようにして、私は子として、相続人となったことを、読みました。私の父は、愛する子にすべてを分け与えてくださるのです。

それに比べれば、この一週間、私が追いかけていた栄光など、なんと情けないものでしょうか。パウロの言葉が私の胸に突き刺さるようでした。「しかし、今では神を知っているのに、いや、むしろ神に知られているのに、どうして弱くて貧弱な、もろもろの霊に逆戻りして、もう一度改めて奴隷になりたいと願うのですか」（同4・9）。私は、このみことばを嚙み締めました。私は時に、石のように頑なです。福音は、いつもすぐに私の心に響くわけではありません。しかし、私は自分がキリストにあって何者なのかを改めて思い出しました。私は、神の子どもです。それにふさわしい振る舞いをしたいと、私はもう一度願いました。

もちろん、それは死ぬことを意味します。日々、この世の安っぽい栄光に死ぬことは、福音の一部分でもあります。また同時に、これはガラテヤ人への手紙で、パウロ自身が大きな字で書いたところです。パウロは最後に、それまでのすべての福音の中から、重要な結論を自ら手書きで書き加えて、手紙を締めくくっています。「しかし私には、私たちの主イエス・キリストの十字架以外に誇りとするものが、決してあってはなりません。この十字架につけられて、世は私に対して死に、私も世に対して死にました」(同6・14)。神の子どもは、もはや人がどう思うかということのために生きていません。その代わりに、自分の評価はすべて、イエスにつながっているのです。

言葉の意味からも明らかですが、死は痛みを伴います。しかし、その一週間、私がずっと抜け出せずにいた自己満足の泥沼から足を踏み出すのは、実に心地よい恵みでした。その過程の中で、私は、子という立場にある感覚を再発見し、喜んで御父に私を修正していただきたい、間違いをねじ曲げ、形を整えていただきたい、と願うようになったほどでした。

私は聖書を置き、キャビンを後にしました。そして、キャンプファイヤーの場所に向かって歩き出しました。するとそこに、一人でベンチに座っている子がいました。昨日私が怒鳴りつけた、中高生の奉仕者の男の子です。今こそ、死ぬ時です。

私の中の変化

私はその子の隣に座りました。「やあ、実は、昨日私がとった態度を謝りたいんだ。」私は彼に言いました。「あれは、意地悪だったし、私は怒りに身を任せていた。あんなふうに君に話すべきじゃなかった。」

「いいえ。」彼は言いました。「僕も叱られて当然でした。先生は正しかったと思います。僕はやるべきことをしていなかったんだし。」

「それは問題ではないんだよ。」私は言いました。「そうだとしても、私が間違っていた。私は、君のためになることより、自分の気持ちを満足させるためだけに、あんなことを言ってしまったんだ。悪かった。」

「そうですか。」彼は言いました。「ありがとうございます。」

あぁ、ここで終わることができたら、どれだけ簡単だったでしょうか。私は楽なほうに流されそうでした。ここで、その場を離れて立ち去れば、謝罪の言葉を告げた、ふところの大きな大人です。「謝罪」に見せかけて、実は自分の評価を上げることができるのです。死なずして、謝罪。どうしようか、と私は迷いました。私は自分が神の子どもだと、本当に信じているのか、と自問しました。

私は、続けました。「私は嫌な人間になっていた。」私は彼に言いました。「人からすごいと思われたくて、そう思われていないとイライラして、意味もなく君に八つ当たりしてしまった。こう言われてもよく分からないかもしれないけど、君が叱られたのは、私の自分勝手な問題ゆえなんだ。

どうか、赦してもらえるだろうか。」

彼は、もちろん、と答え、私も言うべきことを言うことができました。もう、スーパーティーチャーを気取るのは無駄なことです。私は、一人の救われた人間にすぎません。福音は、私が周囲をあっと言わせるような男ではないことを思い出させてくれました。

この後、すべてが良くなり、子どもたちも最後のメッセージにとてもよく応えてくれた、と言えたら良かったのですが、正直なところ、あまり覚えていません。しかし、もっと悪い方向にいく可能性は十分にありました。最後のメッセージが響かなかったとしても、私の中には変化が起こり、それはもっと重要なことでした。不機嫌な態度は消え去り、喜びが戻ってきました。自分が何かを得るためではなく、イエスのために教えるようになっていました。またイライラすることが起こるかもしれないと思っていましたが、そうだとしても、今度は周囲の人のことを先に考えて対処する心構えがありました。むしろそのようなことが起これば、小さなことでも、自分に死んで愛を示すための良い機会となると思っていました。

この状態がずっと続いた、ということも言えたら、どれだけ良かったでしょうか。しかし、そうはいきませんでした。そのように機能するものではないのです。私たちがイエスにつながっている必要性は、なくなることはありません。キャンプから家に戻ったとき、私はこの一週間のことにがっかりして、また怒りを覚えてしまい、もう一度自分を福音につなぎ直す必要がありました。これからも、いつでもそうでしょう。何度も、何度も、そうするのです。私のたましいは、人に気付かれ、認められ、称賛を受けることを、信じられないほどに渇望しています。私は、イエスの生ける水をバケツいっぱい一気飲みしなければなりません。決して、その渇きを癒やすためにほかの酒を手当たり次第飲みあさらないように。

教師のための福音

ミニストリーで教える場合も、家庭で子どもたちに教える場合も、子どもたちのための働きが順調であるように見えることが、自分の価値を高める材料になってしまいがちです。私にとっては、それが傲慢として現れることが多いですが、反対に自分自身を落ち込ませる原因にもなりえます。プライドは、自己憐憫（じこれんびん）の裏返しです。自分のパフォーマンスに執着しすぎるのです。

私たちは気をつけなければいけません。私はこの本全体を費やして、ほとんど一つのことだけを勧めてきました。それは、イエスのために、ということです。その期待に応えようと、私たちは容易にがんばり過ぎてしまうのです。すぐに、プレッシャーを感じ始めるでしょう。そして、うまくいけば、私たちは自惚（うぬぼ）れてしまいます。うまくいかなければ、がっかりして、罪悪感に苛（さいな）まれます。

教師たち、そして親たちは、特にこのことに敏感でなければなりません。教会にいるほかの人々が聖書の学びに参加し、イエスにある喜びに注目している中、私たち教師のための訓練やレッスンプランは、どうすればもっと上手に仕事ができるか、という内容なのです。そのため、私たちはほかの誰よりも福音を食さなければなりません。次週きっとうまくやりますと誓ったところで、なんの役にも立ちません。私たちはまず、自分のような出来損ないをも用いて、愛してくださる神に、感謝するところから学ばなければならないのです。

　ですから、ここに、**あなたへの**福音を届けます。あなたのミニストリーや子育てが、自分中心の考えに縛られて内向きになっていると感じたら、目を外に向けてイエスを見上げてください。そして、悔い改めましょう。**イエスが**あなたに与えてくださる承認を味わいましょう。イエスがもう一度、あなたを御霊で満たしてくださること、そしてあなたの人生にも、子どもたちのための働きにも、イエスが新しい力を注いでくださることを、信じましょう。イエスは、あなたが知っているどんなものよりも、どんな人よりも、確かで、永遠で、誠実なお方です。とりわけ、あなたが失敗した時は、イエスのもとに駆け寄ってください。

　私は、失敗ばかりしています。この本には、成功したレッスンや、子どもたちと交わすことのできた良い会話を記しましたが、それはみなさんの助けになりそうなケースを分かち合いたかったからです。どうか、このような成功例が毎日起こっているとは思わないでください。行き詰まることも、多くあります。そのうちのほとんどは、私の落ち度によるものであり、ときには明確な原因さえ分からないものもあります。そんなとき、私たちの誰もが信じるべき福音があります。

　神はなおも、あなたが関わる子どもたちとの働きを、祝福してくださることを信じましょう。

　あなたは常に完璧にできないかもしれません。しかし、神はいつも完璧なお方です。良い日にも、ただ神の恵みにのみ信頼することを忘れずにいましょう。あなたの賜物やスキルによって子どもたちが神に近づくのだという考えは、捨ててください。これは、**神の働き**です。その働きに、神は不完全なあなたを用いられるのです。この働きは、壮大な、きよい働きです。どうか、この働きに参加し続けてください。福音をいつも口ずさみ、あなたの宣べ伝える救い主が、その福音を用いて多くのたましいをご自身のもとに引き寄せてくださることを信じましょう。

神は、なおもあなたを愛しておられることを信じましょう。

教師としての失敗は、大きく感じられて当然です。しかし、十字架はそれよりも大きいのです。あなたの罪は、確かに、語るメッセージを汚すでしょう。しかし、イエスは赦し、回復させ、罪深い人々を用いてくださいます。あなたが何度、同じ罪を告白し、悔い改めてきたか、イエスは数えておられません。ですから、何度でも、イエスのもとに立ち返りましょう。感謝にあふれ、信仰に満たされた教師になってください。あなたは、子どもたちにイエスのことを伝えているだけではありません。子どもたちと**ともに**、イエスのうちに安らぎを得ているのです。

あなたは御父の息子または娘であることを信じましょう。

今日の神への従順がどれだけ乏しいものであろうと、今週のレッスンの準備がどれだけいい加減であろうと、昨日子どもたちに示した愛情がどれだけ少なかろうと、関係ありません。あなたの立場（ステータス）は変わらないのです。あなたは、神の子どもです。天の御座の前で、あなたは兄弟であるイエスの隣に立つのです。あなたは、イエスの名を共有しています。あなたは、イエスと鍵を共有しています。あなたは、イエスの御霊を共有しています。あなたは、イエスが御父から感じておられる喜びを共有しています。そして、いつの日か、あなたはイエスの栄光を共有するのです。そのことを、**しっかりと**理解してください。そして、感謝と畏れに満ち、出ていって、教えてください。

弱いことは悪いことではないと信じましょう。

確かに、あなたは悩み苦しむ、罪深い存在です。その弱さを受け入れましょう。そして、力強い救い主に目を向けてください。あなたの救い主は、十字架という弱さにあって、罪と死と悪魔に打ち勝ったお方です。イエスはあなたの人生においても、弱さを用いてくださるでしょう。あなたが**イエスの**力に安まるその時まで、主はあなたをへりくだらせます。そして、あなたもパウロのように、もはや弱さを隠すのではなく、それを誇るようになるでしょう。あなたは、十字架以外は何も知らないと語り、力強く教えるようになります。

これらはすべて、子どもたちにイエスを見せることの一部です。それは、あなたが個人的に福音にどう当てはまるかを示します。

この章の最後には、あなたの教え方や子育ての向上のための実践的なステップを書き加えることはしません。なぜなら、たった一つの最も実践的と言えるステップに集中してほしいからです。それは、信仰を深めることです。**あなたが**イエスを見なければなりません。イエスを知れば知るほど、あなたはイエスに仕えるようになるでしょう。イエスのほうが、あなたのために多く仕えてくださっていたという確信が日々新たにされるからです。

神は、預言者エレミヤを通して、突き刺すような非難のことばを語っておられます。「わたしの民は二つの悪を行った。いのちの水の泉であるわたしを捨て、多くの水溜めを自分たちのために掘ったのだ。水を溜めることのできない、壊れた水溜めを」（エレミヤ2・13）。これはまさに、あのキャンプでの一週間の私です。私は神が与えてくださるものに背を向け、自分の水溜めを作りました。それは、この世の栄光を溜めるためでした。私はいつも、このような誘惑にかられます。聖書の知識、ミニストリーのスキル、牧師からの評判、他の親からの称賛の声――私はこれらを蓄え、飲みほしているのです。これらは、いかにも信心深そうに見える「教会らしさ」という名の水溜めを満たしてくれます。しかし、その水は沼地の泥水にすぎません。

私が知っているほとんどの教師や親たちは、子どもたちとの働きの中で、神との生きた、心安らぐ、喜びに満ちた関係性を持つことに苦労しています。私のように、不安や自信過剰のせいで横道に外れてしまうのです。失敗を恐れたり、人からの評判を崇めるあまり、石のような心になってしまいます。

やわらかい心なら、どれだけの違いが生まれることでしょうか。福音という油に浸されたやわらかい心は、凝り固まることなく、神のみこころのままに自由に形を変えます。罪の味も、楽しめるものではなくなるはずです。その心は、イエスの歌を感動のままに歌います。それは大胆に、喜びに満ちた聖なる歌となり、老いも若きもその救い主に惹きつけられるでしょう。

注

1　John Newton, *The Works of the Rev. John Newton* (Edinburgh: Thomas Nelson and Peter Brown, 1836), 211. 日本語訳は本書訳者による。

最後に　真の教師とは

この本を締めくくるのは、チャールズ・スポルジョンの言葉です。私がいくら言葉をかき集めても、彼ほど華麗に語ることはできませんし、私がいくら大胆に挑んでも、彼ほど鋭く語ることはできません。スポルジョンの説教を読むとき、私は十九世紀のロンドンで彼が説教している姿を想像してみることにしています。一八六七年四月十四日、彼は王立農業大学の講堂で演壇に立ち、「キリストの測り知れない富」について説教しました。

当時、スポルジョンは世界で最も人気のある説教者でしたし、農業大学の講堂は世界で最も優美な建物でした。高さおよそ二十三メートルもあるアーチ型のガラス天井と、一万人を収容できる座席数がありました。その日曜日の朝に集まったのは、その二倍の数です。すし詰め状態の講堂で、現代のような音響設備がない中、人々は耳をこらしてスポルジョンの語るパウロの言葉に聞き入りました。「すべての聖徒たちのうちで最も小さな私に、この恵みが与えられたのは、キリストの測り知れない富を福音として異邦人に宣べ伝えるためで」す（エペソ3・8）、と。

スポルジョンの声は、彼が想像しうる以上の範囲にまで響き渡りました。今から少し前のある日、私はこの説教の朗読をダウンロードし、まさに珠玉のような言葉を発見しました。スポルジョンは、私がこの本を通してずっと伝えようとしていることを語っていたのです。以下、その説教の抜粋を凝縮してここに引用します。

　我々の使徒［パウロ］……は自分の弱さを知り、それを告白していたが、彼を決して悩ませなかったことが一つある――彼は、自分が何を宣べ伝えるかということについて、決して困惑しなかった。……パウロの最初の説教から最後の説教まで、その首を台の上に置き、彼の証しを血で封印するその瞬間まで、パウロはキリストを説き、ただキリストのみを説いた。……

　真の教師とは、キリストを説くことのできる教師である。……十字架にかけられたキリストが、その人のたましいの大きな喜びであり、その人の教えの骨髄であり、その人の宣教の脂肪であるなら、その人はキリストの大使としての召しを証明したのである。……

　あぁ、キリストのみを語るとは！――この一つのテーマに永遠に結ばれ、縛られるのだ。イエスについてのみ語り、「富んでおられたのに、あなたがたのために貧しくなられ」た、栄光に輝く神の御子の驚くべき愛についてのみ語るのだ。これこそ、「蒔く者のための種、食べる者のためのパン」としてのテーマである。これこそ、説教者の唇のための生きた石炭、聞く者にはすべての扉を開く鍵である！　これこそ、地上の吟遊詩人のためのメロディー、天上のハープ奏者のための歌である！　主よ、我々に、ますます教えたまえ。我々はこれを人々に宣べ伝えん！[1]

この説教を初めて見つけてしばらく経ってから、このスポルジョンの聴衆の中に、その日、アメリカから若い教会学校の教師が来ていたことを知りました。彼の名前は、ドワイト・L・ムーディーです。この説教に心をとらえられた彼は、ロンドンから帰国し、今まで以上にいっそうキリストを語ることを決意し、最終的には、その世代で最大の福音宣教団体を立ち上げました。

このようなことが起こるのです。一人の教師が別の教師に影響を与え、その教師が生徒に伝えます。一人の親が別の親を励まし、その親が子どもたちに伝えます。その生徒や子どもたちが成長して、ほかの人々に伝え続けます――そのようにして、それぞれの世代のクリスチャンが、イエスの美しさを再発見していくのです。

あなたは、どのように加わっていきたいですか？　教室に足を踏み入れるとき、またはユースグループで集まるとき、またはあなたの子どもたちと食卓につくとき、あなたは真の伝道者として、何をしますか？　あなたより前に生きた多くの信仰深い教師たちのように、あなたはどのようにして、子どもたちにイエスを見せますか？

注

1 Charles H. Spurgeon, "The Unsearchable Riches of Christ," last modified April 29, 2013, http://www.spurgeongems.org/vols13-15/chs745.pdf. 日本語訳は訳者による。

付録　神の無償の恵みの教えは、怠惰な従順を招くか？——反論に対する十二の応答

福音を中心にした教え方について話すとき、よくある反論の一つに、罪に対して、また神に従う必要性に対して、甘すぎるのではないかという意見があります。イエスにある、完全に無償の恵みを教えるなら、心からの感謝が生まれてイエスに従うようになる、と言うと、「気が向かないかぎり従う必要はない」と言っているように思われることがあります。

それはまったくの間違いです！　私たちは、たとえ罪が一瞬良さそうに見えても——実際そのように見えることがありますが——日ごとに罪を拒まなければなりません。福音の教えが、従順を妨げるどころか、いかに従順を**促す**かという説明は、この本のあちこちに散りばめられています。しかし、多くの人がこの疑問に悩んでいるようですので、それらの説明をここに集め、一か所にまとめておくことにしました。

(1)　**心がそこになければ、そもそも神に完全に従ったとは言えません。**もし、気乗りしないまま良い振る舞いを続けているだけで満足しているなら、それはあまりにも低い目標です。神は私たちに、心を尽くして従いなさいと命じておられます（申命30・2）。神は、心のすべてをもって悔い改めなさい（Ｉ列王8・48）、心から赦しなさい（マタイ18・35）と、私たち

に言われます。さらに、イエスは最も大切な戒めとして「あなたは心を尽くし……あなたの神、主を愛しなさい」と言われました（同22・37）。子どもたちが、強いられてではなく、心からの感謝から喜んで従うことを助けるように教えることは、神の律法を軽く扱っているのではありません。むしろ、真剣にそれと向き合っています。そのように教えることは、目標値を高く設定しているということです。すなわち、神が設定された目標値に合わせているのです。

（2）**愛に基づいた従順は、そのときの感情に左右されません。**愛に基づく従順は、感情にとらわれているだけだという考えは、間違っています。あなたが愛している人のことを思い浮かべてみましょう。その人を心から愛しているとしても、時にその人に仕える気分になれないこともあるはずです。しかし、その人を愛しているからこそ、結果的にはその人のために仕えるでしょう。愛には、その瞬間の感情を超えた願いが宿ります。神を愛するクリスチャンは、誘惑の中にあろうと、感情の入り混じる中にあろうと、神に従いたいという、絶えることのない内在的な願いを持っているのです。これが、愛の持つ性質です。

（3）**救われた人々が恵みを言いわけに罪を犯すのでは、という疑いは、救いと恵みに対する見解があまりに小さすぎるゆえです。**もし、神が私たちのためにしてくださったことが罪の赦しだけであったなら、確かに、恵みがあればいくらでも罪を犯していいと思うようになるかもしれません。しかし、ローマ人への手紙6章には、私たちが神の恵みを楽しむとはいいえ、罪を犯し続けることはないというパウロの説明があります。それは、恵みには赦しのほかに、もっと多くのものが含まれるからです。私たちはキリストと結ばれています。私たちはキリストにあって生かされ、霊的に成長しています。そのため、私たちは内なる御霊のみわざに根差した、新しい従順の手本を持つようになったのです。子どもたちが救いの見解を学ぶとき、そこに「聖なる招き」（Ⅱテモテ1・9）の恵みにある喜びが含まれているなら、そのような恵みを教えることが「罪を犯しても大丈夫」などという考えをもたらす心配はありません。

(4) **将来の幸せがどれほど壮大なものかを私たちが理解しているなら、自分が確かに救われていると知ることが、怠惰な振る舞いをもたらすことはありません。**救いを本来のスケールどおりに大きなものとして理解している場合に知ることができる、もう一つのことは、私たちはいつか、罪から完全に解放されて喜びにあふれるということです。この約束の美しさを理解すればするほど――そしてそれが神の恵み深さによって成就することを確信するほど――私たちは今の人生における罪をも克服したいと願うようになります。しっかりと恵みにとらえられた子どもたちは、天国をほんの少し味わっています。それを味わったなら、彼らはもはや天国行きの人間として生きることを渇望するようになるのです。

(5) **神の恵みがあるなら、罪を見逃してくれるだろうという考えは、新しく生まれ変わった人の持つべき考えではありません。**パウロは、ローマ人の手紙6章で、私たちの新しい人生には新しい生き方があると言っています。「どのくらい見逃してもらえるか？」という、かつての生き方は、古い、この世的な人生のものです。私たちは、そこから自由になったではありませんか。罰を免れられるギリギリのラインで従っておけば良いという考えは、もう存在しないはずです。もしあなたの教えが、恵みを避けてそのような考えに迎合するなら、あなたはキリストに生きる者としての動機ではなく、古い、この世の動機を用いていることになります。クリスチャンが服従するのは、イエスに忠誠を誓っているからです。律法に基づく考え方は、最小限のことしかしませんが、愛に基づく考え方は、最大限のことをします。どちらが、より完全な従順なのでしょうか？

(6) **私たちの心が神にとらえられないかぎり、信仰にかなったことを一貫して行うことは不可能です。**状況が良い時や、特別な決意がある時、またほかの人が見ている時には、それなりに罪に抵抗するよう自分を律することができるかもしれません。しかし、それ以外の時は、たいてい自分の心が勝ってしまうものです。私たちは自分の愛するもの（または人）に仕えます。より一貫して従順であり続ける唯一の方法は、罪深い愛を排除し、神に対するより大きな愛と置き換えることです。

(7) **神が私たちを喜んでくださっていることに確信がなければ、私たちは本当の意味で神に従うことはできません。**神が私たちを永遠に、そして揺るぎなく愛しておられるということを心から信じていないなら、神のための行動はすべて、神に良く思われ、神の愛を得るため、またはその愛を保つための策にすぎないでしょう。それは単なるごまかしであり、従順ではありません。私たちはただ自分のための「従順」な行いをし、自分自身に仕えるようになります。そのような自己中心的な行いや信仰の履き違えは、信仰にかなった振る舞いではありません。

(8) **神の恵みを知ることによって、私たちは神の律法に真剣に向き合うようになり、その結果絶望に陥ることはありません。**神の恵みを教えられない教師は、子どもたちに従順を押しつけすぎないよう気を付けなければいけません。なぜなら、子どもたちはいとも簡単に、絶望したり、高慢になったりするからです。子どもたちが、たとえ何が起ころうと神の恵みを確信していれば、そのような心配はいりません。教師は**もっと力強く**、神に従順であることを教えることができるでしょう。従順についてより厳しく教えても、絶望したり、自分を正当化しようとしたりする心配は少ないからです。恵みが多ければ、生ぬるい教えが可能になるのではなく、より厳しい教えが可能になるのです。

(9) **もっと効果的に罪と戦い、神に従うためには、私たちは福音を信じることに集中しなければなりません。**神が求めておられる最も基本的な良い行いは、信じることです。「神が遣わした者をあなたがたが信じること、それが神のわざです」（ヨハネ6・29）。不信仰は、それ以外のすべての罪の根源です。子どもたちが、福音を聞いてそれに応答することで、自分の信仰を強めることを学ばないかぎり、罪に対する戦略も隙だらけのものになるでしょう。心を見つめないまま表面的な罪に苦しみ、行き詰まってしまいます。目に見える特定の罪を取り上げるだけのアプローチと比べて、福音の戦略は、全人生における従順を掲げる真剣勝負です。

⑽ **イエスに対する信仰から生まれた良い行いでないかぎり、それは「良い」行いですらありません。**「信仰から出ていないことは、みな罪です」（ローマ14・23）というほど、信仰は何よりも重要です。聖書では、このようにも書かれています。「信仰がなければ、神に喜ばれることはできません。神に近づく者は、神がおられることと、神がご自分を求める者には報いてくださる方であることを、信じなければならないのです」（ヘブル11・6）。子どもたちが、イエスにあって得られる恵み深い報いについて学び、それを信じるとき、そこに真の従順に欠かせない土台が築かれるのです。

⑾ **神は、そのいつくしみをもって、私たちの従順を励ましてくださいます。**確かに、神の赦しが簡単に得られると思い込むがゆえに、自分の罪を軽く見ている人は常にいます。しかし、パウロはこの問題を解決するために、恵みを教えるのをやめなさい、とは言いません。その代わりに、恵みは逆の効果をもたらすように設計されていると説明しています。「それとも、神のいつくしみ深さがあなたを悔い改めに導くことも知らないで、その豊かないつくしみと忍耐と寛容を軽んじているのですか」（ローマ2・4）。神のいつくしみは、人がそれを正しく理解したとき、悔い改めに導きます。子どもたちが、神の愛がどれほど豊かで、十字架の

あわれみのうちに自分たちに深く届いているかを知るなら、彼らは神のように罪を憎まざるをえなくなるのです。

(12) **私たちの経験は、「もし神の恵みを愛しているなら、喜んで神に従う」という聖書の教えと一致しています。** 恵みに強く心をつかまれ、罪があるにもかかわらず神に愛されていることをしっかりと理解し、神に感謝していながら、罰から逃れられるからといってあらゆる罪に溺れてしまう子どもなど、今まで一度も見たことがありません。そのようなことは、起こらないのです。恵みに対する真の感謝は、常に謙遜をもたらし、子どもたちを**喜んで**従う者へと変えていきます。恵みについて書かれている聖書の箇所からも、私たちはこのような結果を期待すべきです。テトスへの手紙2章11〜12節が良い例です。「実に、すべての人に救いをもたらす神の恵みが現れたのです。その恵みは、私たちが不敬虔とこの世の欲を捨て、今の世にあって、慎み深く、正しく、敬虔に生活（するように教えています。）」キリストの内に真の喜びを感じている子どもたちは、私の知るかぎり、皆この箇所に当てはまります。彼らは、誰にも見られていなくとも、喜んで従います。周囲からのプレッシャーを感じている子どもたちは、二重生活を送ることになります。家や教会では信仰深い姿を装っていますが、それ以外の場所ではこっそり隠れて罪を犯しているのです。

＊　＊　＊

ここまで全部読んでも、まだとまどいを感じておられるかもしれません。これほどの恵みを教えることは、やはり間違っていると思われるでしょうか。

しかし、それも当然のことかもしれません。福音は、この世の感性からすると、まったく馬鹿げています。罪に囚われた人々を強制的に従わせる方法について、私たちが知るかぎりのすべての常識に反しているのですから。しかし、私たちはもう囚われの身ではありません。キリストにあって自由になったのです。福音の力を実感した私たちは、イエスに最も喜びを感じている時に、最も進んで従うことができることを知っています。私たちは今も、罪と戦っています。しかし、私たちは最も崇高な動機をもって、永遠に神を礼拝する存在となりました。そして、神の恵みによって、今日の私たちの歩みはすでにその素晴らしい奥義を映し出しているのです。

レッスンテーマの索引

天地創造（創世1章） 205
ノアと洪水（創世6〜9章） 199
アブラハムとロト（創世13章） 113
幼子モーセ（出エジプト2章） 188
紅海を渡る（出エジプト14章） 206
荒野のマナ（出エジプト16章） 205
十戒（出エジプト20章） 94、158、189
シナイ山での契約（出エジプト24章） 197
金の子牛（出エジプト32章） 194
岩の裂け目に立つモーセ（出エジプト33〜34章） 197
バラム（民数22〜24章） 177
アカンの罪（ヨシュア7章） 8
ギデオン（士師6〜8章） 189
サムソン（士師13〜16章） 196
ハンナ（Ⅰサムエル1章） 190
神に呼ばれたサムエル（Ⅰサムエル3章） 22
メフィボシェテとダビデ王（Ⅱサムエル9、16、19章） 96、102
エリヤとバアルの祭司たち（Ⅰ列王18章） 322
エステル（エステル記） 145
「主は私の羊飼い」（詩篇23篇） 193
「真実な証人は偽りを言わない」（箴言14章） 201
ヨナ（ヨナ書） 191
ぶどう園の労働者たち（マタイ20章） 253
ペテロがイエスを否定する（マタイ26章） 134
死に向かわれるイエス（マルコ8〜10章） 156
祭司ザカリヤ（ルカ1章） 91
少年イエス（ルカ2章） 43
魚を捕ったペテロ（ルカ5章） 124
ツァラアトの癒やし（ルカ5章） 235
良きサマリヤ人（ルカ5章） 225
マリアとマルタ（ルカ10章） 216、224
ニコデモとイエス（ヨハネ6章） 81
五千人の群衆に食べさせたイエス（ヨハネ6章） 134
姦淫の罪で捕えられた女（ヨハネ8章） 259
「子どもたちよ　両親に従いなさい」（エペソ6章） 228

訳者あとがき

あなたがたの名が天に書き記されていることを喜びなさい。(ルカ10・20)

『見せよう イエスさまを――福音に生きる子どもたちを育む』(原題 *Show Them Jesus: Teaching the Gospel to Kids*)を最初に私に紹介してくださったのは、マーク・ボカネグラ牧師(海浜幕張めぐみ教会)です。同じ神学校出身の彼が、在学中に実践神学の課題図書として本書を読み、牧師として働く今も何度も何度も読み返している、「ぜひこの本を、日本の教会のために!」と熱意をもって翻訳を依頼してくださったことが始まりでした。マーク牧師の福音に対する熱心と、祈りとサポートに心から感謝いたします。さらにこのプロジェクトをともに進めたＴＲＥＥメンバーの老松望さん、ケリー・ニコラスさん、宮下牧人さんに加え、オンラインでの読書会を通して、福音の喜びを分ちあってくださった大塚萌さん(シカゴ在住、トリニティー神学校在籍)に深く感謝いたします。この読書会の内容はＴＲＥＥのブログで読むことができます(https://www.treeresourcesjapan.org/)。また、いのちのことば社の山口さんは本書を出版する意義に共感してくださり、真摯な思いをもって、出版への道を作ってくださいました。心よりお礼申し上げます。

著者ジャック・クランペンハウワーは、自らの肩書きをBible teacher(聖書の先生)としています。三十年以上にわたる、一教師としての体験談が綴られる中で、彼は驚くほど自分に正直です。しかしそれは、彼が何度も福音に立ち返るからこそ見せられる一面でしょう。著者は、福音を教える教師としての、とまどい、ためらい、後悔、そして喜びの瞬間を、ありのままに書いています。また、著者が大きく影響を受けたという、各章に引用されるピューリタンの言葉は、福音の根幹、信仰から生まれる従順について、読者に深く語りかけます。

みなさんがこの本を手に取られたきっかけは、さまざまでしょう。もしかすると、序章で著者がいきなり「この本は教会学校の教え方を簡単にする本ではありません」と言うのを見て、驚かれたかもしれません。それでも、子どもたちの声が聞こえてくるような現場のストーリーに、うなずき、なるほど、と引き込まれ、この幼く若いたましいのための使命に、新たな確信を得られたでしょうか。中には、同意できない内容や疑問もあるかもしれません。しかし、途中でやめないでください。各章の最後には、Q＆Aとして、それらの懸念や疑問に対する応答があります。ぜひそれらを参考になさってください。

この本は、教師だけでなく、親として受け取れる助言も豊富です。今回翻訳を仕上げるプロセスの中で、学びの機会として、夫と一日一章ずつ読み進めて分かち合いのときを持ちました。三人の息子たちとの普段の会話や祈りに意識して加えたいことなどを話し合えたことは、とても大きな益となりました。

メフィボシェテがダビデに告白したように（3章）、教会に通う子どもたちが、王なるイエスの存在そのものを愛する者となりますように。そして何より私たち自身が、名が天に書き記されていることを喜び、大胆に、福音を、イエスを、子どもたちに見せることができますように。本書がその一助となれば、幸いです。

楠　望

ジャック・クランペンハウワー（Jack Klumpenhower）
「Bible teacher（聖書の先生）」として30年以上の経験から教会学校カリキュラムを多数執筆。世界各地の教会、キャンプ、カンファレンス、ミッションスクールなどで子どもたちにイエス・キリストについて教えてきた（宣教団体Serge主催含む）。邦訳されている共著書として『福音中心の子育て ―― リーダーズガイド付き』（CBI Press）がある。妻と2人の子どもたちとともにコロラド州デュランゴ在住。

楠 望（くすのき のぞみ） 2011年、米国カリフォルニア州Westminster Seminary Californiaにて聖書学修士号（MABS）を取得。訳書に『ニューシティーカテキズム デボーション集』(CBI Press)、『信仰というレース ―― 使徒信条から学ぶキリスト教入門』（電子書籍、いのちのことば社）、『旧約聖書の基本 ―― 各書の内容・著者・時代・文学ジャンル・つながり』（共訳、いのちのことば社）、『「箴言」の読み方 ―― 命に至る人生の舵取り』（あめんどう）、『教会とは何か（クルーシャルクエスチョンズ）』（共訳、いのちのことば社）がある。

見せよう イエスさまを
―― 福音に生きる子どもたちを育む

2024年11月25日発行
2025年5月25日再刷

著 者 ジャック・クランペンハウワー
訳 者 楠 望
印刷製本 日本ハイコム株式会社
発 行 いのちのことば社
〒164-0001 東京都中野区中野2-1-5
TEL03-5341-6920／FAX03-5341-6921
e-mail:support@wlpm.or.jp
http://www.wlpm.or.jp

新刊情報はこちら

Printed in Japan
ISBN978-4-264-04529-8